Kohlhammer

Die Autoren

Prof. Dr. Stephan Ellinger, Dipl.-Pädagoge, Soziologe (M. A.) und ev. Theologe, ist Inhaber des Lehrstuhls für Pädagogik bei Lernbeeinträchtigungen an der Universität Würzburg.

Lukas Kleinhenz, Bildung und Erziehung bei sonderpädagogischem Förderbedarf (B. A.), Bildungswissenschaft (M. A.), ist wissenschaftlicher Mitarbeiter am Lehrstuhl für Pädagogik bei Lernbeeinträchtigungen.

Stephan Ellinger
Lukas Kleinhenz

Soziale Benachteiligung und Resonanzerleben

Entfremdungsprozesse in der Schule

Verlag W. Kohlhammer

Dieses Werk einschließlich aller seiner Teile ist urheberrechtlich geschützt. Jede Verwendung außerhalb der engen Grenzen des Urheberrechts ist ohne Zustimmung des Verlags unzulässig und strafbar. Das gilt insbesondere für Vervielfältigungen, Übersetzungen, Mikroverfilmungen und für die Einspeicherung und Verarbeitung in elektronischen Systemen.

Die Wiedergabe von Warenbezeichnungen, Handelsnamen und sonstigen Kennzeichen in diesem Buch berechtigt nicht zu der Annahme, dass diese von jedermann frei benutzt werden dürfen. Vielmehr kann es sich auch dann um eingetragene Warenzeichen oder sonstige geschützte Kennzeichen handeln, wenn sie nicht eigens als solche gekennzeichnet sind.

Es konnten nicht alle Rechtsinhaber von Abbildungen ermittelt werden. Sollte dem Verlag gegenüber der Nachweis der Rechtsinhaberschaft geführt werden, wird das branchenübliche Honorar nachträglich gezahlt.

Dieses Werk enthält Hinweise/Links zu externen Websites Dritter, auf deren Inhalt der Verlag keinen Einfluss hat und die der Haftung der jeweiligen Seitenanbieter oder -betreiber unterliegen. Zum Zeitpunkt der Verlinkung wurden die externen Websites auf mögliche Rechtsverstöße überprüft und dabei keine Rechtsverletzung festgestellt. Ohne konkrete Hinweise auf eine solche Rechtsverletzung ist eine permanente inhaltliche Kontrolle der verlinkten Seiten nicht zumutbar. Sollten jedoch Rechtsverletzungen bekannt werden, werden die betroffenen externen Links soweit möglich unverzüglich entfernt.

1. Auflage 2022

Alle Rechte vorbehalten
© W. Kohlhammer GmbH, Stuttgart
Gesamtherstellung: W. Kohlhammer GmbH, Heßbrühlstr. 69, 70565 Stuttgart
produktsicherheit@kohlhammer.de

Print:
ISBN 978-3-17-040440-3

E-Book-Formate:
pdf: ISBN 978-3-17-040441-0
epub: ISBN 978-3-17-040442-7

Inhaltsverzeichnis

Vorwort	7

1	Soziale Herkunft und Bildungserfolg	11

2	Kindheit in Deutschland: Ungleiche Wirklichkeiten	20

3	Weltbeziehung und Resonanzerleben	29
3.1	Moderne Weltbezüge	29
3.2	Gefährdetes kindliches Resonanzerleben	34
3.3	Dimensionen der Resonanzbenachteiligung	40
3.4	Ungleiche Schulerfahrungen	47

4	Primäre Resonanzbenachteiligung und gefährdende Lebenswelten	56
4.1	Sozio-ökonomische Gefährdung	56
4.2	Sozio-kulturelle Gefährdungslagen	70
4.3	Sozio-emotionale Gefährdungslagen	89
4.4	Sozio-physio-emotionale Gefährdung	104

5	**Sekundäre und tertiäre Resonanzbenachteiligung**	**107**
5.1	Beziehung und Interaktion – Horizontale Resonanzachse	108
5.2	Gegenstände von Schule und Unterricht – Diagonale Resonanzachse	143
5.3	Schulklima und Schulatmosphäre – Vertikale Resonanzachse	161
6	**Was muss eine Lehrkraft wissen, wollen und können, um Resonanzfähigkeit zu unterstützen?**	**177**
6.1	Lehrerbild und Schülerrolle	177
6.2	Wissen, Haltung und Fertigkeiten	179
6.3	Prospektive Lehrerbildung	187
7	**Literatur**	**192**

Vorwort

Dieses Buch wird von einer zentralen Frage im Kontext sozialer Ungleichheit strukturiert: Wie kann es gelingen, dem offensichtlich als zwangsläufig akzeptierten Muster zu begegnen, dass Kinder, die in sozialen Risikolagen aufwachsen, in der deutschen Schule signifikant weniger Erfolg haben als Kinder aus bürgerlichen Lebensstilgruppen? Es geht dabei nicht um einen weiteren Versuch, gebetsmühlenartig die unterstellte Ungerechtigkeit anzuprangern und politische Veränderungen zu fordern, sondern um die Frage, wie aus einer *sozialen Gefährdungslage* eine relevante *soziale Benachteiligung* und schließlich in der Schule eine *Lernbeeinträchtigung* wird und wie dieser pädagogisch begegnet werden kann.

Der Blick auf Lernbeeinträchtigungen, auf Schulversagen und auf die Reproduktion von Bildungsferne wird nach der *Problemfeldsichtung in Kapitel 1* (▶ Kap. 1) zunächst bewusst durch eine soziologische Brille aufgenommen.

In *Kapitel 2* (▶ Kap. 2) besuchen wir die *fiktiven Lebenswelten* von drei Mädchen und zwei Jungen, die ihre Kindheit bis zur Einschulung in unterschiedlichen Soziallagen in Deutschland verbracht haben. Die Geschichten sollen die Bandbreite der individuellen Lebenslagen, aus denen Kinder eingeschult werden, bewusst machen.

Nach diesem narrativen Überblick wird in *Kapitel 3 der theoretische Rahmen* (▶ Kap. 3) aller weiteren Überlegungen grundgelegt. Für den Zusammenhang zwischen sozialer Herkunft und erfolgreichem Lernen in der Schule, so die These, ist die *Qualität des Resonanzerlebens* in der Institution Schule entscheidend.

In *Kapitel 4 und 5* (▶ Kap. 4; ▶ Kap. 5) werden folgerichtig die *Mechanismen primärer, sekundärer und tertiärer Resonanzbenachteiligungen* entwickelt und erläutert. Hier zeigt sich, dass der frischgebackene

Vorwort

Abc-Schütze entweder seine Resonanzfähigkeit in der Schule ausbauen und vertiefen – und infolgedessen erfolgreich lernen – kann oder aber die Schule zur Entfremdungszone wird, in der sich die Weltbeziehung zunehmend gestört entwickelt.

Im neuen Umfeld begegnen dem Kind dann Lehrkräfte, mit denen die Interaktion misslingt und Angebote, die ihm nichts sagen und zudem auf eine ihm fremde Weise unterbreitet werden. Weil das Kind nicht berührt ist, sich selbst nicht als wirksam erlebt und nicht über Erlebtes staunt, wird Lernen und damit auch die Schule zunehmend fremd und schwierig.

Kapitel 6 (▶ Kap. 6) widmet sich abschließend der *Frage, was eine Lehrkraft können, wissen und wollen sollte*, um Kinder aus sozialen Gefährdungslagen ebenso wirkungsvoll beim Lernen zu unterstützen wie vorschulisch sozial ungefährdete Kinder.

Dieses Buch will einen blinden Fleck in der pädagogischen Forschung aufgreifen. Zwar ist in den letzten Jahren der Zusammenhang zwischen Resonanzerleben und schulischem Lernen angesprochen und in die pädagogische Diskussion eingeführt worden (vgl. Beljan 2019; Rosa 2016), allerdings sucht man eine erhellende Begründung dafür, dass Schule für bestimmte Gruppen überzufällig häufig zur Entfremdungszone wird, ebenso vergebens wie die notwendige Inspiration zum pädagogischen Handeln. Man könnte formulieren: »Kinder aus armen Familien sind eben dümmer« oder »Na ja, wenn er zuhause keine Unterstützung hat, muss er sich eben mit dem Hauptschulabschluss zufriedengeben – egal, wie begabt er ist«, oder auch »Ob Sie das ungerecht finden oder nicht, selbst Rassim muss diese Anforderungen erfüllen, egal, welches schwere Schicksal er zu tragen hat«. Die Überlegungen im Buch wollen an diese Stellen blicken und bisherige Überzeugungen zur sozialen Benachteiligung vor dem Hintergrund neuerer Erkenntnisse aus der Resonanzforschung weiterentwickeln. In diesem Sinne enthält das vorliegende Buch auch ein überarbeitetes Kapitel aus der vergriffenen Monografie »Förderung bei sozialer Benachteiligung« aus dem Jahr 2013.

Die Autoren danken Eva-Maria Lechner herzlich für die wertvollen Hinweise zum Manuskript und wünschen den Leserinnen und Lesern viele Aha-Erlebnisse und Inspirationen für die eigene pädagogische Arbeit. Rückmeldungen und Anregungen sind sehr willkommen und werden nicht unbeachtet bleiben.

Würzburg im September 2021
Stephan Ellinger und Lukas Kleinhenz

1
Soziale Herkunft und Bildungserfolg

Was soll eine gute deutsche Schule leisten? In seinem Werk *Wie die Kultur zum Bauern kommt* beschreibt der Soziologe Pierre Bourdieu einen Mechanismus, über dessen Gültigkeit offensichtlich auch in unserer Gesellschaft stillschweigend Konsens besteht und der trotz aller Schwierigkeiten seit Jahrzehnten gilt: Es gibt in der deutschen Schule »richtige« und »wichtige« Bildungsinhalte und geeignete und weniger geeignete Vermittlungsformen. Diese Orientierungspunkte sind kompatibel mit dem Lebensstil und dem Habitus der bürgerlichen Mitte, denn aus dieser Lebensstilgruppe stammen die Hauptakteure des deutschen Bildungswesens: Die Lehrkräfte, Verwaltungsbeamten und Ministerialräte. Diese befinden darüber, was und wie gelernt werden muss. Schulabschlüsse, Lernziele, Effekte guten Unterrichts und vieles andere sind konsequent von bürgerlichen Lebensentwürfen abgeleitet.

1 Soziale Herkunft und Bildungserfolg

Die Herausforderung einer Begleitung derjenigen, die aus dieser Sicht als gefährdet gelten, scheint konsensfähig darin zu bestehen, sie einem Bildungsparadigma zu unterwerfen, dem ihre Lebenswirklichkeit bisher nicht entsprach. Formalabschlüsse und Leistungsförderung durch pädagogische Institutionen werden damit direkt vom Anpassungsvermögen dieser Kinder an den Lebensstil und die Normen der schulisch den tonangebenden Lebensstilgruppen abhängig gemacht. Der Erziehungswissenschaftler und ehemalige Ministerialbeamte Aladin El-Mafaalani beschreibt in seinem lesenswerten Buch über den *Mythos Bildung* die Reproduktion sozialer Ungleichheit in Deutschland eben durch diese Schule. Obwohl das Bildungswesen durch die Bewertung und Stärkung individueller Leistungsfähigkeit zum Abbau herkunftsbedingter sozialer Ungleichheit beitragen sollte, wird deutlich, dass diese ungerechten Startbedingungen hier nicht nur nicht abgebaut werden, sondern vielmehr Legitimation erfahren und darüber hinaus nachweislich reproduziert werden (El-Mafaalani 2020b).

In verschiedenen Studien wird belegt, dass Lehrkräfte in unterschiedlichen Schulformen einen milieuspezifischen Habitus pflegen. Sie verfolgen einen Lebensstil, setzen Prioritäten und lassen Vorlieben und Distinktionen erkennen, die auf ihr Herkunftsmilieu zurückzuführen sind und häufig mit der Prägung eines Teils ihrer Schülerschaft kollidieren. So finden sich hier als Grundlage ihrer Einschätzung z. B. Idealvorstellungen der »heilen Familie«, des »erfolgreichen Lebens«, einer »sinnvollen beruflichen Planung« etc. Sie sind offensichtlich häufig nicht bereit oder in der Lage, ihre pädagogische Praxis losgelöst von diesen Prägungen zu gestalten, selbst wenn die Schülerinnen und Schüler damit wenig oder nichts anfangen können (vgl. Rosenberg 2008; Twardella 2008).

Sowohl die Verantwortlichen als auch die breite Öffentlichkeit scheinen sich mit der Erkenntnis abzufinden, dass Kinder aus beschreibbaren Risikokontexten in der Schule geringere Chancen haben als Kinder aus Familien ohne offensichtliche Probleme, und im besten Fall mit deutschen Akademikern als Eltern. Im aktuellen Bildungsbericht für Deutschland wird im Blick auf das Berichtsjahr

2018 wie selbstverständlich resümiert: »Die Bildungserfolge der Kinder stehen in unmittelbarem Zusammenhang mit der sozioökonomischen Situation der Familie« (DIPF 2020b, 2). Nach wie vor besteht eine signifikante Abhängigkeit zwischen sozialer Herkunft und Bildungserfolg auf allen Stufen schulischer Bildung und Hochschulbildung (vgl. Beermann 2012; El-Mafaanali 2012; Ditton 2008). Die vielerorts unterstellte Selbstverständlichkeit, nach der die Klassenzugehörigkeit und das Bildungsniveau der Eltern den schulischen Mindererfolg ihrer Kinder erklären, mutet arrogant an und bedarf zunächst einer Richtigstellung.

Grundsätzlich können unterschiedliche Bildungserfolge von Bürgerinnen und Bürgern und die resultierenden sozialen Ungleichheiten im Alltag dann als gerecht empfunden werden, wenn sie a) auf tatsächlich unterschiedliche Leistungen in der Schule zurückzuführen sind und dabei insgesamt b) von gleichen Startchancen und Ausgangsbedingungen ausgegangen werden kann.

Einfach formuliert ist soziale Ungleichheit nicht ungerecht, wenn sie auf *Leistungsgerechtigkeit* und auf *Verteilungsgerechtigkeit* basiert. Der Soziologe Rainer Geißler beschreibt in seiner Analyse des deutschen Bildungssystems bereits in den 1990er Jahren zwei grundlegende Mechanismen sozialer Differenzierung. Er nennt das eine »meritokratisches Modell«, das andere »Proporz-Modell« (Geißler 2008a, 274 f.).

Leistungsbezogene Chancengleichheit (*Meritokratisches Modell, lat. meritum* = Verdienst) entsteht, wenn alle Schülerinnen und Schüler für gleiche Leistung die gleiche Benotung erhalten und sich damit wiederum gleiche Chancen erarbeiten können. Voraussetzung ist, dass leistungsfremde Faktoren wie Geschlecht, Herkunft, Religion, Beruf, Vermögen und Bildung der Eltern oder auch Insider-Kenntnisse einer Lebensstilgruppe keine Rolle spielen, sondern Leistung »objektiv« bewertet und ermöglicht wird.

Ilka Hoffman, Vorstandsmitglied der Gewerkschaft Erziehung und Wissenschaft (GEW), sieht allerdings im schulischen Umgang mit sogenannter Begabung und Intelligenz lediglich »Konstrukte zur Legitimierung sozialer Ungleichheit« (Hoffmann 2016, 35) und kein Ergebnis objektivierbarer Verstehens- oder Bewertungsprozesse.

1 Soziale Herkunft und Bildungserfolg

Für den Schulpädagogen Nils Berkemeyer steht fest, dass es eine Unabhängigkeit von Bildungserfolg und sozialer Herkunft aktuell nicht gibt. Er folgert: »Insofern wäre die Herstellung von Chancengerechtigkeit etwas Neues für das bundesdeutsche Schulsystem« (Berkemeyer 2016, 25).

Verteilungsgerechtigkeit (Proporzmodell, lat. proportio = Verhältnis) hingegen entsteht, wenn von jeder Gesellschaftsgruppe – z. B. Akademikerkinder, Handwerkerkinder, Kinder von Landwirten, Kinder mit Migrationshintergrund und Kinder aus Hartz-IV-Haushalten – anteilig die gleiche Anzahl in den unterschiedlichen Bildungsgängen zu finden sind. Eine solche Verteilungsgerechtigkeit ließe sich auch auf Jungen und Mädchen, Stadtkinder und Landkinder und Kinder in den unterschiedlichen Bundesländern anwenden. Wenn Verteilungsgerechtigkeit herrschte und grundsätzlich davon ausgegangen werden könnte, dass schulleistungsrelevante Intelligenz, Begabung und Interesse individuelle Merkmale der Schülerinnen und Schüler sind, müssten in allen Schulformen anteilig Kinder aus den verschiedenen Herkunftsfamilien vertreten sein. Am Ende wären das z. B. in den Gymnasien 30 % Akademikerkinder und 70 % Nicht-Akademikerkinder, wobei der Anteil von Kindern mit Migrationshintergrund insgesamt 30 % ausmachte (El-Mafaalani 2020b, 60). Ganz im Gegensatz zu einer solchen Verteilung spricht der Bildungsforscher Klaus Klemm im Blick auf das deutsche Schulsystem von einem »sozialen Platzanweiser« (Klemm 2016, 22), der jedem Kind entsprechend seiner Herkunft auch die Zukunftschancen zumisst.

Regelmäßig müssen wir erkennen, dass soziales Anderssein in der Schule nach wie vor auch dann Prädiktor Nummer 1 für schulischen Mindererfolg darstellt, wenn sich damit nicht eine unterdurchschnittliche Intelligenz, eine Körperbehinderung oder sonst beeinträchtigte Leistungsfähigkeit verbindet. Die soziale Differenz betroffener Kinder mündet häufig in einen unseligen Prozess, an dessen Ende dann die einen als dumm, schulversagend und lernbehindert und die anderen als erfolgreiche Lerner, Absolventen und gute Schüler gelten.

1 Soziale Herkunft und Bildungserfolg

Dass soziale Herkunft über den Bildungserfolg – und damit große Bereiche des Lebens – eines Kindes entscheidet, widerspricht nicht nur dem in Deutschland behaupteten Leistungsprinzip des Bildungswesens, es ist auch insbesondere im Blick auf die öffentliche, von Steuergeldern finanzierte Schule zu skandalisieren, denn (vgl. El-Mafaalani 2020b, 63):

- Schulen stellen Sozialisationsinstanzen dar, in denen Kompetenzen und Leistungsfähigkeit *entwickelt* und nicht nur bewertet und verwaltet werden sollen. Schlechte Leistungen weisen demnach auf das Versagen der Institution selbst hin.
- In den Schulen werden wie in keinem anderen Gesellschaftsbereich Lebenschancen entweder *eröffnet* oder *verbaut*.
- Die Bildungsinstitutionen als öffentlich finanzierte Einrichtungen sollten sich für die tatkräftige Unterstützung *aller* Menschen gleichermaßen engagieren.
- Schulen und Bildungsinstitutionen sind als einzige gesellschaftliche Einrichtungen in der Lage, *alle* Mitglieder der Gesellschaft zu erreichen, und schließlich:
- Schulen *legitimieren* entweder ungleiche Startbedingungen oder heben sie auf.

Dem Bildungsbericht 2020 ist zu entnehmen, dass im Jahr 2018 jede(r) dritte Minderjährige in Deutschland von mindestens einem sozialen Risikofaktor betroffen war (DIPF 2020b, 2). Hieraus ergibt sich eine bemerkenswerte Aufgabe für die deutsche Schule und das dort tätige pädagogische Personal.

Soziale Gefährdungslagen im Überblick

Es soll in diesem Buch um den Prozess der Resonanzbenachteiligung einzelner Kinder und um Resonanzförderung gehen. Um die ganze Tragweite dieser Problematik zu verstehen, wollen wir einen Schritt zurücktreten und den Blick zunächst auf die nahezu unbegrenzten sozialen Differenzlinien in unserer Gesellschaft richten. Sie machen deutlich, dass jede und jeder in unterschiedlichen Aspekten anders ist. Wir können anhand des Geschlechts, der Hautfarbe, des Alters, der sexuellen Neigung, der Religion, der Wohngegend, der besonderen Begabung, des finanziellen Vermögens, der Geschwisterzahl, der Berufe der Eltern, der Bildung der Eltern, der Hobbys, der Muttersprache, der Zweitsprache, des Berufes, einer Behinderung, einzelner Gesundheitsmerkmale, familiärer Vorbelastungen und und und differenzieren. Die Merkmale sozialer Ungleichheit führen an sich noch nicht zwingend zum schulischen Versagen. *Anderssein* kann über kurz oder lang jedes Mitglied einer Gesellschaft treffen, denn es leitet sich vom Vergleich, vom sozialen Setting, von einem entstandenen Mainstream und von einer etwaigen mangelnden Passung ab. Ohne eine *Auf*wertung bestimmter Merkmale innerhalb eines Bewertungssystems gibt es keine *Ab*wertung anderer Lebens- oder Seinsformen.

Darüber hinaus gefährden konkrete suboptimale Sozialisationsbedingungen bereits vor der Einschulung die gesunde Weltbeziehung betroffener Kinder. Solche primären Beeinträchtigungen entstehen nicht in erster Linie im Spannungsfeld zwischen unterschiedlichen Soziallagen, sondern müssen als unmittelbare Auswirkung belastender und schädlicher Erfahrungen am Individuum selbst verstanden werden.

Ausgehend von den oben genannten Differenzlinien lassen sich vier Formen sozialer Gefährdung im Überblick beschreiben:

Eine *sozio-ökonomische Gefährdung* resultiert aus Armut und Arbeitslosigkeit. In Deutschland ist jedes fünfte Kind von Armut betroffen. Das geringe Familieneinkommen führt zunächst zu objektivem Geldmangel, aufgrund dessen notwendige Anschaffungen nur eingeschränkt möglich sind. Einem armen Kind fehlt vielleicht das eigene Zimmer, fehlt womöglich der eigene Schreibtisch oder sogar das eigene Bett. Kurz gesagt: Es fehlen Rückzugsmöglichkeiten, Raum für Erkundungen und Gestaltung eines eigenen Umfeldes. Allerdings fehlen ihm auch Anschaffungen, die über das Allernötigste wie Kleidung und Nahrungsmittel hinausgehen. Häufig rangieren Bildungs-

und Kulturgüter in der Priorität weit unten. Damit fehlen Inspirationsquellen für Fantasieausflüge, für die Entwicklung einer Traumwelt, für altersgerechte und inspirierende Identifikationsfiguren. Der Geldmangel kann überdies auch zu Einschränkungen im Bereich sozialer Kontakte führen: Arme Kinder haben kein Geld für Ausflüge, kein Geld für Geburtstagsgeschenke, kein Geld zum Ausgehen. Sie können nicht ohne Weiteres andere Kinder zu sich nach Hause einladen und vielleicht auch nicht auf Fahrdienste der Eltern zurückgreifen. Arme Familien haben häufig Kontakt zu armen Familien, deren Lebenswelt ähnlich begrenzt ist wie die eigene. Durch eventuelle Nebenjobs und resultierende Überforderung der Eltern sind gemeinsame entspannte Zeiten des Spielens, der emotionalen Nähe und des Beziehungsaufbaus ebenso gefährdet wie eine fürsorgliche Unterstützung im kindgerechten Erkunden der Umgebung.

Die *sozio-kulturelle Gefährdung* wurzelt häufig in der Zugehörigkeit zu Sozialmilieus, die als bildungsfern bezeichnet werden und betrifft u. a. auch Kinder mit Migrationshintergrund. Die bewusste Andersbehandlung und Laufbahnsteuerung durch die Lehrkräfte sind bekannt. Darüber hinaus finden betroffene Kinder selbst häufig keine Anknüpfungspunkte für die Ideenwelt des bürgerlichen Kindergartens und der bürgerlichen Schule, keinen Zugang zur dort gebotenen Literatur, zum Theater, zu Kunst, zu Spiel oder zu anderen Kulturgütern. Sozio-kulturelle Gefährdung entsteht allerdings nicht nur durch das komplementäre Verhältnis aufeinandertreffender Kulturen, kultureller Prägungen und Sozialmilieus. Eltern betroffener Kinder sind häufig mit der Unterstützung ihrer Kinder in bürgerlichen Institutionen überfordert. Selbst wenn sie sich engagieren wollen, wird ihnen am Ende die Schuld am Versagen oder an der Auffälligkeit der Kinder gegeben. In Fällen, in denen die Eltern an die Gerechtigkeit der Institutionen glauben, beugen sie sich diesem Urteil oder resignieren. Dies gilt im Blick auf vorschulische Institutionen ebenso wie im Blick auf die Schule selbst.

Von *sozio-emotionaler Gefährdung* sind drittens Kinder betroffen, die in sogenannten Risikofamilien aufwachsen. Hier liegt häufig eine Kumulation spezifischer Probleme vor. Dazu kann eine sehr junge

1 Soziale Herkunft und Bildungserfolg

Elternschaft ebenso zählen wie schwere oder chronische Krankheit eines Mitglieds der Familie oder Suchterkrankung und psychische Erkrankung der Eltern. Zudem gelten Familien mit überdurchschnittlich hoher Kinderzahl, instabilen und wechselnden Partnerschaften der Erwachsenen und nur einem Elternteil als Risikofamilien. Der mögliche dauerhaft erhöhte Stresslevel, eine wenig verlässliche positive Stimmung und Verlustängste belasten Kinder stark. So sind auch Traumatisierungen z. B. durch das Erleben von häuslicher Gewalt, Missbrauch und Verwahrlosung zum Bedingungsfeld einer sozio-emotionalen Gefährdung zu zählen. Das Aufwachsen in einer Risikofamilie hat für Kinder nicht zwangsläufig Entwicklungsstörungen zur Folge. Forschungsbefunde zeigen allerdings, dass Kinder aus solchen Familien ein höheres Risiko tragen, unsichere Bindungsmuster, das Gefühl der Unterlegenheit und eine erlernte Hilflosigkeit zu entwickeln.

Als vierte Form potentieller sozialer Benachteiligung lässt sich die *sozio-physio-emotionale Gefährdung* beschreiben. Grundlegende Differenzlinien sind Alter, Geschlecht, Krankheit und Behinderung. Jedes Anderssein birgt prinzipiell in den jeweiligen sozialen Kontexten das Potenzial, zu einer Bevorzugung oder zu einer Benachteiligung zu gelangen. Grundlegend hierfür ist die soziale Bezugsnorm, eine häufig missverstandene Form »objektiver Bewertung«, die nicht individuelle Verarbeitungsprozesse, sondern lediglich äußere Formen im Vergleich zur aktuellen Bezugsgruppe fokussiert. Körperliche Merkmale und Veranlagungen können von außen betrachtet »objektiviert« werden. Sie entwickeln allerdings eine individuelle emotionale Dynamik und gereichen potentiell zur primären Resonanzbeeinträchtigung, indem der Lebensraum des Betroffenen und die erlebten Rückmeldungen das Entstehen einer gesunden Weltbeziehung beeinträchtigen. Je nachdem, wie eindringlich dem Betroffenen eine körperliche Einschränkung oder ein empfundener Makel bewusst werden und in welchem Umfang ihn daraufhin Minderwertigkeitskomplexe und Einschränkungen in der Auseinandersetzung mit der Welt beschäftigen, gerät er zunehmend in die Rolle sozialer und emotionaler Deprivation.

1 Soziale Herkunft und Bildungserfolg

Soweit die vier sozialen Gefährdungslagen, mit denen knapp ein Viertel der Kinder und Jugendlichen in Deutschland in Kontakt kommen. Obwohl selbstverständlich klar ist, welche schier unendlichen Kombinationsmöglichkeiten beispielsweise bei einem vierstelligen Zahlenschloss entstehen, werden die konkreten sozialen Risiken vieler Kinder in den Erhebungen und Initiativen von Forscherinnen und Forschern häufig wie eine Art Hintergrundrauschen behandelt und die Auswirkungen auf die Lernfähigkeit entweder ignoriert oder stark vereinfachten Kausalitäten zugeordnet. Diesen soll dann möglichst mit der Entwicklung standardisierter Förderprogramme oder direktiver Lernhilfen begegnet werden. Eine Zugangsform, die nicht nur erkennbar aus dem Verständnishorizont bürgerlicher Lebensentwürfe stammt, sondern – wie zu zeigen sein wird – für die Unterstützung sozial benachteiligter Kinder und Jugendlicher ungeeignet ist.

2

Kindheit in Deutschland: Ungleiche Wirklichkeiten

Wir besuchen fünf verschiedene Familien, die in jeweils einem der 13 Stadtbezirke Würzburgs wohnen. Unsere Protagonisten sind sechs Jahre alt und sollen noch im Laufe des Jahres eingeschult werden. Ihr Leben in dieser speziellen Nachbarschaft, ihr Kontakt zu Freunden und Verwandten und die vielen kleinen und großen Sorgen und Vorlieben sind typisch für ihre soziale Lebenslage. In den kommen 27 Leseminuten sollen nicht Stereotype gebildet, sondern individuelle Wirklichkeiten nacherzählt werden.

Paula

Paula lebt mit ihrer Familie im Norden der Stadt. Ihre Eltern stammen beide aus der Gegend und haben im Stadtteil Versbach ein hübsches Einfamilienhaus gekauft. Der Ortsteil ist verkehrstechnisch gut angebunden und liegt dennoch im Grünen. Die Familie ist froh, dass sie direkt am Waldrand wohnen, denn sie »sind viele und brauchen Platz zum Atmen«, wie Mama immer sagt.

Paula hat zwei ältere Schwestern und Ludwig, den Golden Retriever. Außerdem wohnt auch Helen, Au-pair aus England, bei ihnen. Paulas Eltern sind beide Gymnasiallehrer und erzählen beim Mittagessen immer wieder lustige Geschichten aus dem Englisch- oder Geografieunterricht. Bevor Paula im September endlich auch in die Schule kommt, werden sie wie in jedem Jahr alle zusammen Urlaub in der Toskana machen. In diesem Jahr haben sie das Motto »Auf den Spuren der Etrusker« gewählt und letzte Woche schon zwei Bildbände in das Regal des Wohnwagens geräumt. Ende August werden sie ihren ERIBA und die Zelte in Fiesole aufbauen und von dort aus mit den Fahrrädern Tagestouren unternehmen. Paulas Vater hatte sie zum Geburtstag mit einem gebrauchten Pedelec in ihrer Größe überrascht. So können sie gemeinsam die Umgebung erkunden, ohne dass die Kleinste abgehängt wird.

Na ja, ehrlich gesagt ist Paula eigentlich sowieso ziemlich fit. Im Unterschied zu ihrer Schwester Franzi, die sich – seit sie ins Gymnasium gekommen ist – eigentlich nur noch in ihrem Zimmer verschanzt, hat sie keine Angst vor den Familienradtouren. Paula trainiert seit vorletztem Jahr im Hockey-Club Würzburg. Ihre beiden besten Freundinnen sind auch dabei. Und weil die ausgerechnet neben ihnen im Haus rechts und im Haus links wohnen, klappt das mit dem Fahrdienst der Eltern ganz prima. Meistens klappt es prima, nicht immer. Letzte Woche hat Paulas Vater beim Abbiegen ein entgegenkommendes Auto übersehen und konnte gerade noch zurück auf die eigene Spur. Es hat nicht ganz gereicht und die beiden Autos sind aneinander entlang geschrammt. Aber zum Glück konnten sie selber in die Werkstatt fahren und haben dort einen Leihwagen bekommen.

Paula spielt oft ausgelassen und fantasievoll mit ihrem Hund Ludwig und ihren beiden besten Freundinnen. Bei Maja im Garten haben sie gemeinsam mit ihren Vätern ein tolles Baumhaus gebaut und dort schon öfter übernachtet. Dann liegen sie in der Dunkelheit auf dem Rücken und sehen sich durch das offene Fenster die Sternbilder und die Wolken an. Manchmal klettern sie auch nochmal runter und besuchen Vivians Mutter in ihrer Werkstatt, die sie hinter der Garage hat. Dort stellt sie aus Baumstämmen Skulpturen her. Das macht sie immer erst abends, wenn die Kids im Bett sind. Vorher hat sie keine Zeit dazu.
    Paula ist ein neugieriges und lebensfrohes Mädchen.

Mia

13 Kilometer südlich von Paula lebt die gleichaltrige *Mia*. Wie jedes fünfte Kind in Deutschland wächst Mia in einer *sozio-ökonomischen Gefährdungslage* auf. Vor drei Jahren hat die Familie eine 4-Zimmer-Wohnung in einem der Hochhäuser am Heuchelhof zugewiesen bekommen. Seit dem Umzug fährt Mia, so oft sie kann, mit dem Lift ganz nach oben in den 17. Stock und erkundet von dort aus die Gegend ringsum. Genau gegenüber kann sie in die Fenster des Nachbarhochhauses blicken. Allerdings sieht sie nicht, was dahinter ist. Rechts vorbei kann man zwischen den anderen Hochhäusern bis zum Sportplatz schauen. Wenn es dunkel ist und die Scheinwerfer das Fußballfeld beleuchten, fühlt sich Mia nach New York gebeamt. Im Wohnzimmer hängt ein Plakat von New York, auf dem viele Hochhäuser zu sehen sind – und dazwischen ganz klein ein Fußballplatz, auf dem ein paar Jungs kicken. Irgendwann – »wenn wir mal reich und berühmt sind«, sagt Mias Mutter immer – werden sie alle zusammen nach New York fliegen.
    Aber dafür reicht das Geld hinten und vorne nicht. Mias Vater arbeitet seit drei Jahren als Aushilfskraft am Bau der A3-Talbrücke Heidingsfeld mit. Vorher war er arbeitslos, und was wird, wenn die Brücke fertig ist, weiß er noch nicht. Um mehr zu verdienen, hat er

sich in den Schichtdienst einteilen lassen und muss immer im Wechsel eine Woche sehr früh, eine Woche sehr spät und eine Woche nachts zur Arbeit. Mia hat ihren Vater in den letzten drei Jahren fast nur müde oder gereizt erlebt. Wenn er Urlaub hat, jobbt er bei der Schrottpresse. Dort hat er im letzten Jahr auch seinen alten Mercedes gefunden. Der sollte verschrottet werden, war aber noch fahrbereit und bis auf den TÜV topfit. Mia liebt den satten Sound des Autos, wenn sie mit offenen Fenstern an einer Mauer vorbeifahren und Papa Gas gibt. Sie ist gerne dabei, wenn ihr Vater irgendetwas zu schrauben, zu lackieren oder zu polieren hat. Im Augenblick ist allerdings der Anlasser kaputt und weil das Geld grad knapp ist, kann er nicht repariert werden. Mias Mutter arbeitet als Kassiererin bei REWE und spart jede Woche etwas Geld, damit sie alle zusammen übernächstes Jahr im Sommer vielleicht für eine Woche ins Disney-Land fahren können. *Alle zusammen* heißt: Mama und Papa, Mia, ihre große Schwester Lara und »die beiden Kleinen«, Max und Alex. Mia teilt sich mit ihrer 8-jährigen Schwester das Zimmer nach Süden, die 3 und 4 Jahre alten Jungs schlafen im Zimmer direkt neben der Eingangstür. Das Mädchenzimmer ist groß genug, dass dort zwei richtige Betten und an der Wand dazwischen ein großer Schrank stehen können. Ihre Hausaufgaben erledigt Lara am Wohnzimmertisch. Wenn Mia auch bald in der Schule ist, müssen sie sich irgendwie absprechen, denn dort liegen ja auch immer die Spielsachen der Jungs herum. Eine Möglichkeit wäre, dass sie sich ein großes Brett besorgen, das sie wie einen portablen Tisch ins Bett mitnehmen können, um darauf zu schreiben.

Wenn Mias Mutter mittags arbeiten muss, haben die beiden Schwestern im Haushalt alles im Griff. Dann kochen sie für Max und Alex Spaghetti oder Fischstäbchen und gehen rüber zum Spielplatz. Sie sind schon ein eingespieltes Team: Jacken an, Schuhe, Taschentücher, Hausschlüssel und Mützen. Die Klamotten der Jungs hatten sie früher selbst auch schon an. Auf dem Spielplatz treffen sie meistens auch Fe, Maike, Mo oder Seb. Während die Kleinen an den Geräten spielen und im Sand buddeln, machen sie Sachen für Große. Zum Beispiel beobachten sie gerne Pärchen, wenn sie irgendwo versteckt knutschen. Oder sie graben selber im Sand nach Regenwürmern, staunen über Ameisenstraßen und retten Fliegen aus Pfützen und der Abdeckung der Rutschbahn. Mia ist ein waches, interessiertes und fröhliches Mädchen. Sie genießt ihr Leben und freut sich auf die Schule.

Ben

Etwas mehr als zehn Kilometer südlich lebt Ben mit seinen Eltern, seinem Bruder und der Oma mütterlicherseits. Die Zellerau ist ein Würzburger Stadtteil, der den Ruf hat, Heimat von sozialen Randmilieus zu sein. In der Diktion unserer Risikogruppen lebt Bens Familie in einer *sozio-kulturellen Gefährdungslage*. Vater Manfred hat nach der Schule bei der Waschanlage angefangen und ist seitdem dort beschäftigt. Er verdient aus seiner Sicht nicht schlecht und schiebt in Stoßzeiten auch Überstunden am Hochdruckreiniger. Mutter Eva arbeitet auf 450-Euro-Basis im Tattoo-Studio und hilft am Wochenende in einer Diskothek im Gewerbegebiet aus. Tattoos und Graffiti sind ihre Hobbys. In der Nachbarschaft gilt sie als Künstlerin, weil sie Sachen gut aussehen lässt. Sie hat die Außenwände ihres Wohnblocks gesprayt und die Mülltonnen genial lackiert. Seit einigen Monaten probt sie in einer neu zusammengestellten Band im Keller von Haus Nummer 17. Dort hat der städtische »Sozialfuzzi« mit den Jugendlichen der Gegend Rhythmusinstrumente selbstgebaut und daraus eine sogenannte Beatstomper-Band gemacht. Musik tut auch Ben gut. Er ist oft dabei, wenn seine Mutter gemeinsam mit seinem Bruder Linus Teil der 12-köpfigen Truppe ist. Linus geht seit drei Jahren zur Schule, aber darüber wird in der Familie schon lange nicht mehr geredet. Oma hat neulich mal gesagt, dass sie froh ist, wenn die Jungs aus der Schule raus sind und die selbstherrlichen Lehrer nicht mehr ertragen müssen. Solche Äußerungen klingen in Bens Ohren merkwürdig, denn er will gerne erst einmal überhaupt in die Schule kommen. Seine Mutter hat damals erwidert, Linus soll seine Noten nicht persönlich nehmen. Hauptschulabschluss wäre genial und alles drüber nur

Spießerscheiß. Ben hat von seinem Freund Yusuf aus dem Nachbarhaus neulich ein Buch geschenkt bekommen. Er kann natürlich noch nicht lesen und weiß deshalb nicht, wovon das Buch handelt. Seine Mutter meinte, er sei jetzt der Buchaufseher der Familie. Das Buch steht auf seinem Schrank und er hofft, dass bald noch mehr dazu kommen.

Yusuf hat vier Geschwister und ist schon sieben Jahre alt. Seine beiden Brüder arbeiten in Schweinfurt und seine Eltern sind Rentner. Ben ist gerne bei Familie Celik. Sie sind entspannt, nehmen sich Zeit und interessieren sich dafür, was er denkt und wie es ihm geht. Sie wollen ihren Sohn Yusuf in der Schule unterstützen, haben aber selber als Jugendliche in der Heimat keinen Abschluss erworben. Yusufs Mutter war nur zwei Jahre in der Schule und hat außerdem keine Vorstellung davon, wie das deutsche Schulsystem funktioniert. Letztes Jahr haben sie sogar die Eingangsuntersuchung verpasst, deshalb kommt Yusuf jetzt erst mit Ben in die Schule. Ganz anders als bei Ben zuhause reden Yusufs Eltern positiv von der Schule, fragen nach Linus und ob er gute Noten hat. Ben und Yusuf freuen sich auf die Schule, sie stellen sich vor, dass sie später den älteren Menschen in ihrer Wohngegend vorlesen könnten und wollen dann auch einen Einkaufsdienst organisieren, weil sie ja auch Preise vergleichen können und sich später ein Moped kaufen wollen.

Ben hat viele Ideen und freut sich darauf, in der Schule bald mehr Freunde zu haben und Lesen und Schreiben zu lernen.

Jenny

Sechs Kilometer nordöstlich von Ben streift Jenny mit ihrer Halbschwester Aischa durch die Straßen des Stadtteils Lindleinsmühle. Die beiden verstehen sich trotz der vier Jahre Altersunterschied gut. Sie schlafen zuhause in einer Hängematte und kennen beide ihren leiblichen Vater nicht. Dafür ist praktisch jeden Monat ein anderer Mann bei Mama, der dann oft auch für eine Weile bei den drei Frauen wohnt. Im Bad riecht es eigentlich immer nach fremdem Männerschweiß, und beim Essen ist es nie wirklich entspannt. Neulich hat der aktuelle Lover Jenny eine Ohrfeige verpasst, weil sie »Iih!« geschrien hat, als er den Deckel der Pfanne hochhob. Sie mag nun mal definitiv keinen Spinat, und er ist nicht ihr Vater. Jenny und ihre Halbschwester wachsen in einer *sozio-emotionalen Gefährdungslage* auf. Sie fühlen sich unterwegs in der Stadt deutlich wohler als dort, wo sie wohnen. Mutter Alina besucht zurzeit ein Berufsgrundschuljahr für Schulabbrecher und sie hasst es. Weil sie mit Haushalt, Kindern und Schule nicht zurechtkam, leben die beiden Brüder in einer Pflegefamilie. Sie sind vier und sieben Jahre alt. Toni, der jüngere, ist Jennys richtiger Bruder, Ahmet, der ältere, ihr Halbbruder. Sie mag irgendwie beide nicht, weil sie so wild sind und nicht für fünf Cent auf Mama hören. Deshalb hält sie es für gut, dass sie nicht bei ihnen wohnen, sondern irgendwo bei einer Familie in Karlstadt.

Es gibt allerdings einen Jungen, den Jenny gerne mag: Frederik ist Aischas Klassenkamerad und wohnt mit seiner Tante und deren Freund in der Wohnung schräg gegenüber. Frederiks Mutter ist kurz vor Weihnachten in die JVA Würzburg eingefahren. Seitdem ist Frederiks Kontakt zu ihr praktisch abgebrochen. In Bayern dürfen die Kinder von Strafgefangenen nicht einmal jede Woche mit den Eltern telefonieren und die Besuchszeiten sind stark beschränkt. Es heißt, die Kontaktbeschränkungen seien ein Teil des Abschreckungspotenzials der Haftstrafe. Frederik leidet sehr darunter. In die Wohnung neben Frederik ist eine Familie aus Syrien eingezogen: die Eltern und vier Kinder im Alter von drei, sechs, neun und elf Jahren.

Rassim ist in Jennys Alter und wird wohl mit ihr eingeschult werden. Sie findet ihn komisch, weil er immer wegguckt, an seinem Pullover oder Sweatshirt lutscht und sich dauernd umschaut. Frederik hat erzählt, dass Rassim letztes Jahr noch in Syrien lebte und eines Morgens mit seinem siebenjährigen Bruder zum Holzsammeln unterwegs war, als dieser direkt neben ihm von einem Scharfschützen erschossen wurde. Aus heiterem Himmel fiel er einfach um.

Jenny fühlt sich unsicher und weiß nicht genau, auf wen sie sich im Leben eigentlich verlassen kann. Zuhause herrscht immer eine gereizte Stimmung, ihre Mutter findet es wichtiger, dem Lover zu gefallen, als für ihre Töchter da zu sein, Frederik weint viel und Rassim hat 'ne Macke, das merkt jeder. Die Welt und das Leben begegnen Jenny eher beängstigend und verschlossen, hoffentlich wird die Schule nicht auch eine Katastrophe.

Unser letzter Besuch führt uns 14 Kilometer weiter in den Süden Würzburgs nach Rottenbauer. Dort wohnt *Leon* mit seiner Schwester und seinen Eltern im Neubaugebiet.

Leon

Leon wurde mit einem seltenen Herzfehler geboren und leidet selbst nach zwei Operationen im Säuglingsalter auch heute noch an einer Herzschwäche. Er wächst in einer *sozio-physio-emotionalen Gefährdungslage* auf. Seine Eltern kümmern sich rührend um ihn und tun alles, um ihn – wie sie sagen – zu beschützen. Während seine jüngere Schwester mit dem Dreirad die Garagenauffahrt runterdüst, ermahnt ihn seine Mutter schon, wenn er beim Fahrradfahren nicht durchgängig die Hand an der Vorderbremse hat. Leon wäre gerne öfter unterwegs, aber durch die Angst der Eltern ist sein Lebensradius sehr klein geworden. Jedes Mal, wenn er sich mit Interesse und Engagement einem neuen Rätsel wie z. B. der Güllegrube im Aussiedlerhof, einem Geheimnis wie z. B. dem verlassenen Haus am Ortseingang oder einer Verrücktheit wie dem gemeinsamen Regentanz mit allen Kindern aus der Straße zuwenden will, wird er von seiner Mutter zurückgehalten. Er fühlt sich schwach, kommt sich minderwertig vor, schaut oft nur noch zu, wenn die Kinder aus der Nachbarschaft zusammen spielen, und hat schon lange keinen Mut mehr, sich für seine Interessen einzusetzen. Die erlebten Einschränkungen beeinträchtigen ihn bei der Entwicklung einer gesunden Weltbeziehung. Von Jahr zu Jahr ist ihm sein gesundheitlicher Makel bewusster geworden und sind mehr und mehr Minderwertigkeitskomplexe entstanden. Er gerät zunehmend in die Rolle sozialer und emotionaler Deprivation. Aus dem kleinen Neubaugebiet werden insgesamt sieben Kinder mit ihm eingeschult. Sie kennen sich seit drei Jahren, weil sie gemeinsam in der Bärengruppe des Kindergartens waren. Leon gehört dazu, war immer dabei und wird auch immer gefragt. Er könnte glücklich sein. Aber merkwürdigerweise empfindet er kein Glück. Er ist skeptisch und zurückhaltend, wenn er daran denkt, was die Schule für ihn bringen wird.

3
Weltbeziehung und Resonanzerleben

3.1 Moderne Weltbezüge

Wir leben in einer Zeit, die von einer rasanten Steigerungslogik geprägt ist. *Mehr* gilt als gut. Mehr Bildung, mehr Geld, mehr Kontakte, mehr Ereignisse. Die Bedeutung des einen guten Freundes, auf den Verlass ist, tritt hinter die Relevanz von vielen losen Bekanntschaften und zweckgebundenen Kontakten zurück. Was zählt, ist ein soziales Netzwerk vordergründig Verbündeter, weil jeder weiß, dass Beziehungen entscheidend dazu beitragen, Türen zu öffnen. In der Schule ist es ähnlich. Dort zählt weniger, was wirklich gelernt wird, als vielmehr die Menge kurzzeitig abrufbaren Wissens in der Prüfungssituation. Auch viele Eltern verhalten sich auf diese Weise: Weil es angeblich die Entwicklung fördert, werden manche Kinder derart mit außerschulischen Angeboten überhäuft, dass der Nachwuchs neben Hausaufgaben und lebenserhaltenden Maßnahmen wie Essen und Schlafen kaum mehr Luft zum Atmen hat und ganz in Vergessenheit gerät, dass phasenweise ein bewusstes *Nichts-zu-tun-Haben* für eine gesunde Entwicklung des Kindes wichtig ist.

Wie Studien zeigen, beginnen Menschen *aufzuzählen*, wenn sie gefragt werden, ob sie mit ihrem Leben zufrieden sind (vgl. Delle Fave 2020). Im Stakkato-Stil wird eine Liste präsentiert: »Ich habe einen Job, verdiene gut, bin verheiratet, habe zwei gesunde Kinder, kann zwei Mal im Jahr in den Urlaub fahren, mein Freundeskreis ist groß und ich bewohne mit meiner Familie eine hübsche Doppelhaushälfte ... Ja, es geht mir gut.« Diese auf unterschiedlichen Ebenen erfolgende Inventur sagt in Wirklichkeit jedoch nichts darüber aus, ob die Arbeit erfüllend ist, die Ehe in einer lebendigen Beziehung oder aber in einem tristen Nebeneinander-Her besteht, ein guter Draht zu den Kindern existiert und die Doppelhaushälfte Zuhause und Geborgenheit bedeutet. Was sich hier zeigt, ist die Tendenz, dass bei der Beurteilung von Lebensqualität quantitative Merkmale die Relevanz von qualitativen überlagern. Zunehmend wird die Beurteilung von Wohlergehen an die Quantität der Ressourcen gekoppelt, daran, wie viel ökonomisches, soziales und kulturelles Kapital ein Mensch besitzt und vorweisen kann. Und daran, wie groß die persönliche Reichweite in sozialer, räumlicher und kultureller Hinsicht ist. Bei der Beurteilung des *guten Lebens* schiebt sich die Quantität des Habens zunehmend vor die Qualität des Seins.

Der Soziologe Hartmut Rosa (2016) sieht genau darin ein pathologisches Muster unserer westlichen Gesellschaften. Vor lauter Ressourcenanhäufung und Reichweitenvergrößerung jagt der postmoderne Mensch einem ständigen Steigerungswahn hinterher und vergisst dabei, dass ein gelungenes Leben nicht in den Ressourcen selbst begründet liegt, sondern in der *Qualität der Beziehung*, die er zu den Menschen und Dingen um sich herum unterhält. Sind diese Beziehungen von wechselseitigen Antwortverhältnissen geprägt, in denen sich Subjekt und Welt gegenseitig zu berühren vermögen, spricht Rosa vom Beziehungsmodus der *Resonanz*. Diese beschreibt ein sich gegenseitig verstärkendes Bewegt-Werden von Selbst und Welt. Erfahren wir Resonanz, dann gelingt unser Leben. Wir fühlen uns in Kontakt zu den Menschen und Dingen um uns herum, haben das Gefühl, von der Welt getragen zu sein, die wiederum auf uns reagiert. Resonanz meint dabei keinen bloßen Widerhall, sondern ein interaktives Geschehen, in dem zwei Seiten, metaphorisch ausgedrückt, mit jeweils eigener Stimme sprechen.

> **Resonanz**
> Resonanz ist ein wechselseitiges Beziehungsgeschehen zwischen Subjekt und Welt, das von einem gegenseitigen Reagieren aufeinander bestimmt ist. Das Subjekt wird a) *angesprochen*, tritt b) *aktiv* in eine wechselseitige Beziehung zur Welt ein und erlebt c) innere *Veränderung*. Die bewegenden Erfahrungen sind dabei d) in gewissem Sinne *unverfügbar*, d. h., sie sind nicht nach bestimmten Regeln und Formen herzustellen, sondern *entziehen sich der Planbarkeit*.

Veranschaulichen lässt sich dies an kreativen Prozessen. Da ist das Gefühl, ein Bild wird nicht nur gemalt, sondern es entwickelt sich aus dem Werk heraus etwas, das den Künstler anzieht und leitet, sodass nicht alles vom aktiven Menschen ausgeht. Genauso verhält es sich beim Improvisieren einer Jazz-Pianistin mit anderen Musikern. Es entsteht eine besondere Dynamik, von der sie sich einerseits mitreißen lässt, die sie andererseits aber auch beeinflusst und befeuert. Am Ende sind die Akteure überrascht, was sich da ergeben hat. Ähnliche Momente ereignen sich im Paartanz, beim Fußballspielen, in einem spannenden Gespräch oder beim motorradfahrenden Schwingen durch eine atemberaubende Landschaft.

Resonanz beschreibt das Empfinden, sich wirklich lebendig, von der Welt berührt und in einen Prozess verwickelt zu fühlen, dessen Ausgang man nicht vollends kontrolliert.

Dabei ist Resonanz kein bloßes Gefühl, sondern das Erleben eines Geschehens aus Berühren und Berührt-Werden, das unabhängig von der Wertung des emotionalen Inhalts ist (Rosa 2016, 298). Deshalb können wir Resonanz auch dann erfahren, wenn wir traurig gestimmt sind. Beispielsweise durch das Ende eines Romans oder Films, das uns so sehr ans Herz geht, dass wir weinen. Resonanz beschreibt das Erleben der Wechselwirkung selbst und nicht die Art des emotionalen Inhalts dieser Berührung. Sie beschreibt den besonderen Empfindungsmodus, in Beziehung zur Welt zu stehen, berührt zu sein und zugleich zu berühren. Sie beschreibt das *Angesprochensein*, das *eigene Antworten* und zugleich den *Empfang einer Reaktion* auf diese Antwort. Es handelt sich dabei also um ein wechselseitiges Kontaktverhältnis zur Welt, das erfüllend und selbstverändernd ist. Ob wir regelmäßig Resonanzerfahrungen sammeln oder nicht, formt dabei unser grundlegendes Erleben der Welt und unsere Stellung in ihr. Erfahren wir derartige Momente des In-Kontakt-Seins, haben wir das Gefühl, dass die Welt uns etwas geben kann und dass wir andersherum auch etwas erreichen können. Es entsteht eine Art libidinöse Bindung an das Leben. Die Erwartung Neuem gegenüber ist dann eher von Zutrauen und Neugierde geprägt.

Dabei bildet sich die Weltbeziehung auf unterschiedlichen Ebenen: Zu Materiellem, zu anderen Menschen, zu Kulturgütern, zur Natur und zur Gesamtheit des Daseins.

Resonanzachsen
Die Weltbeziehung bildet sich insgesamt über drei Achsen. Über die *diagonale Resonanzachse* erfolgt unsere Beziehung zu *Dingen und Objekten*. Über die *horizontale Resonanzachse* entwickelt sich unsere Beziehung zu *anderen Menschen*, sie erscheint als soziale Resonanzachse. Über die *vertikalen Resonanzachse* erfolgt unsere *spirituelle Verbindung* zur Welt, wie sich beispielsweise in atmosphärischen Kunst- und Naturerfahrungen zeigt.

Bleibt die Erfahrung von Resonanz dagegen aus und erleben wir kaum oder gar keine Momente, in denen wir uns in einem dialogischen Verhältnis zur Außenwelt befinden, macht sich *Entfremdung* breit (Rosa 2016, 316). Die grundlegende Weltbeziehung ist dann von Misstrauen, Gleichgültigkeit oder Angst bestimmt. Die Welt liegt kalt und nichtssagend vor uns, als etwas, das uns nichts angeht oder sogar eine stetige Quelle von Gefahren ist. Im ersten Fall besteht die Entfremdung in einem indifferenten, gleichgültigen Verhältnis, im zweiten in einem feindlichen, repulsiven. In beiden Fällen fehlt das, was sich auf Seiten des Subjekts als Voraussetzung für Resonanz beschreiben lässt: Eine Offenheit und ein Sich-Hineinbewegen in die Welt.

> **Entfremdung**
> Mit Entfremdung ist eine Beziehungslosigkeit beschrieben. Subjekt und Welt stehen sich *nichtssagend* oder *als Feinde* gegenüber. Es lassen sich zwei Entfremdungsmodi unterscheiden:
> *Indifferenz* beschreibt eine gleichgültige Haltung. Die Welt erscheint festgelegt und für das Subjekt unbedeutend. Deshalb erlebt sich das Subjekt umgekehrt auch als irrelevant für diese Welt.
> *Repulsion* beschreibt eine verhärtete Haltung. Das Subjekt hat das Gefühl, sich ständig gegen die Welt behaupten und ›verpanzern‹ zu müssen, weil von ihr vor allem Gefahren ausgehen.
> In beiden Fällen findet keine Öffnung zur Welt statt. Entfremdung stellt das Gegenteil von Resonanz dar: eine stumme und kalte Funkstille.

Entfremdung führt zu einem Sich-Verschließen des Subjekts – entweder durch Rückzug und Gleichgültigkeit (Indifferenz) oder durch Angriff (Repulsion). Beide Haltungen verhindern ein Sich-Öffnen, das immer auch ein Sich-Verletzlich-Machen impliziert und als Grundlage für Resonanzprozesse erscheint. Entfremdung, als Gegenbegriff zur Resonanz, stellt demnach eine grundlegende Beziehungslosigkeit, ein Abreißen der Verbindungen und Wechselwirkungen zwischen Subjekt und Welt dar.

Dadurch, dass die Vorstellungen vom guten Leben in der Moderne stark von Besitz geprägt sind und ein Glück erzeugender Status nur durch ständiges Wachstum erreichbar scheint, sieht sich der Einzelne zur fortdauernden Reichweitenvergrößerung gezwungen. Dieses ständige ›Mehr‹ führt dazu, dass die Welt nur noch unter der beschränkten Perspektive der Aneignung, des In-Reichweite-Bringens und Ansammelns erscheint und die Beziehung zu ihr unter dieser quantitativen Engführung leidet. Die Welt erscheint als ein Etwas, das in Besitz genommen und geplant werden muss, und nicht als eigenständiger Dialogpartner, dem gegenüber man sich öffnet. Anstatt auf die eigene Stimme der Welt zu hören, wird sie zunehmend verdinglicht und hörig gemacht. Sie wird funktionalisiert und verliert so ihre Eigenständigkeit. Auf diese Weise wird Entfremdung wahrscheinlich.

Wir leben in einer Gesellschaft, in der die Quantität als vorherrschender Maßstab dafür gilt, welches Leben wirklich ›gut‹ ist und nicht die Qualität unseres unmittelbaren Erlebens. Von dieser Engführung auf Quantifizierbares scheint auch die moderne Pädagogik in ihrem Blick auf Benachteiligung betroffen.

3.2 Gefährdetes kindliches Resonanzerleben

Zur Betrachtung von Benachteiligungsphänomenen erinnern wir uns zunächst an Paula, Mia, Ben, Yusuf, Jenny und Leon aus dem zweiten Kapitel. Ausgehend von ihren Lebensgeschichten lässt sich fragen: Welches dieser Kinder ist benachteiligt?

Nach quantitativen Kriterien beurteilt, wäre die Antwort klar: Mia, Ben, Yusuf und Jenny sind benachteiligt, weil ihren Familien vergleichsweise wenige Ressourcen in Form von ökonomischem, kulturellem und sozialem Kapital zur Verfügung stehen. Paula und Leon wachsen dagegen in dieser Hinsicht in einer privilegierten Situation auf und sind deshalb nicht benachteiligt.

3.2 Gefährdetes kindliches Resonanzerleben

Richten wir den Blick auf Leon, werden diese Annahmen jedoch bereits brüchig. Seine Familie ist zwar gut mit Ressourcen ausgestattet, dennoch wird ihm das überbehütende Verhalten seiner Eltern zum Nachteil. Er kann sich nicht derart frei in der Welt bewegen und Erfahrungen sammeln, wie es beispielsweise Paula möglich ist. Und auch im Vergleich zu Mia scheint er schlechter abzuschneiden. Sie wächst zwar in einer sozio-ökonomischen Gefährdungslage auf, besitzt aber dennoch einen gelingenden Kontakt zur Welt, die ihr etwas zu sagen hat, die sie sich fantasievoll aneignet und in der sie vieles erlebt.

Die Ressourcenausstattung des Elternhauses ist für sich genommen also nicht aussagekräftig genug, um die Lebensqualität und Entwicklung von Kindern hinreichend zu beurteilen. Entscheidend ist eher, ob ein Kind spielen kann und die Möglichkeit hat, seine Umgebung mit zunehmender Selbstständigkeit zu erkunden und in einen wechselseitigen Austausch mit den umgebenden Menschen und Dingen einzutreten.

Gelingendes kindliches Erleben erscheint geradezu paradigmatisch für die Beschreibung von Resonanz. Spielverhalten ist von einem wechselseitigen Berühren von Selbst und Welt geprägt. Burkhard Fuhs spricht dabei von einem »intermediären Raum, der von Innen- und Außenwelt durchdrungen ist und gleichermaßen als Arbeit an den Dingen und Arbeit an sich selbst verstanden werden kann« (Fuhs 2014, 70). Spielen lässt sich als Exploration von Weltbeziehung denken. Das Kind entdeckt die äußere Welt und dabei seine Handlungsfähigkeit. Es greift in sie ein, arrangiert sie nach seinem Willen, entdeckt sich somit als Rückwirkung des Tuns auch selbst und erfährt, *be-greift* im wahrsten Sinne des Wortes währenddessen die elementaren Qualitäten der Welt in Bezug auf eigene Handlungen und die Wirkmacht fantasievoller Weltdeutungen und -interpretationen. Die Welt ist dem Kind im Spiel nichts, das plump vor ihm liegt, sondern etwas, das sein Interesse weckt, es zu berühren vermag und zugleich emotional durch Phantasie aufgeladen wird, sodass sie den Charakter von etwas Lebendigem, Beseelten bekommt, das im starken Bezug zur eigenen Person steht. Gelingendes Spielverhalten zeigt sich hier als resonanter Weltbeziehungsmodus. Ob Spielen gelingt ist dabei relativ unabhängig von der Ressourcenausstattung des Elternhauses. Außer anhand mangelnder Ressourcen lässt sich die Benachteiligung von Kindern demnach auch an bestehendem oder fehlendem Resonanzerleben beurteilen. Maßgebend ist dann nicht ausschließlich die Frage, wie hoch das Einkommen der Eltern ist und wie viel soziales und kulturelles Kapital sie besitzen, sondern auch die Art und Weise, in der ein Kind die Welt und sich selbst in dieser Welt erleben kann. Ob es spielt, der Welt mit Zutrauen, Neugierde und Selbstbewusstsein begegnet, und wie seine Umgebung darauf antwortet.

Auch wenn eine ressourcenbedingte Gefährdungslage das Risiko für Kinder erhöht, Entfremdung zu erfahren, darf daraus nicht automatisch der Rückschluss gezogen werden, dass Kinder, die in einer solchen aufwachsen, immer und umfassend in ihrer Entwicklung beeinträchtigt sind. Gleichzeitig tendiert die Moderne dazu, auch Kindheit unter einer auf Ressourcen reduzierten Perspektive zu betrachten und ihre gesunde Entwicklung vor allem danach zu beurteilen, womit Kinder spielen, wie viel sie besitzen und wie viele Zusatzangebote sie wahrnehmen und nicht wie sie spielen und ob sie kreativ mit dem umgehen, was ihnen zur Verfügung steht.

Was hier als ›gut‹ gilt, ist nicht selten eingefärbt von den Prioritäten der tonangebenden Milieus und damit alles andere als ein objektiver Wert. Eine misslingende kindliche Weltbeziehung kann also durch spezifische Gefährdungslagen verursacht werden, muss es aber nicht. So ist denkbar, dass ein Kind objektiv betrachtet in einer Gefährdungslage aufwächst – etwa in einer kleinen Wohnung, in einem Problemviertel, mit geringem Einkommen der Eltern –, subjektiv aber in der Qualität seiner kindlichen Weltbeziehung und seines unmittelbaren Erlebens keineswegs beeinträchtigt ist, weil es zuverlässige Eltern, sichere Bindungsmuster, Möglichkeiten zu ausgelassenem Spiel und ausreichend Schutz genießt.

Gleichzeitig ist die Art und Weise, sich auf die Welt zu beziehen, soziokulturell geprägt und wird von Sozialisationsprozessen auf der Meso- und Mikroebene beeinflusst. In seinem Buch *Die Erlebnisgesellschaft* unterscheidet der Soziologe Gerhard Schulze verschiedene

3.2 Gefährdetes kindliches Resonanzerleben

»normale existenzielle Problemdefinitionen« (Schulze 2005, 232), anhand derer sich unterschiedliche Milieus innerhalb unserer Gesellschaft ausdifferenzieren lassen. Resonanztheoretisch ließe sich bei diesen prägenden Lebensstilen von Arten der individuellen Welthaltung sprechen.

Sowohl aus einer gesamtgesellschaftlichen als auch aus einer professionell pädagogischen Perspektive werden diese verschiedenen Arten der Weltbeziehung jedoch häufig nicht als Vielfalt gleichwertiger Lebensstile betrachtet, sondern einer qualitativen Bewertung im Hinblick auf gelingende Lebensführung unterzogen. Das zeigen gängige Stereotype, wie die des »Asozialen«, der »Assi-Familie«, der »typischen Unterschicht« oder anderer »gescheiterter Existenzen«, die solche Menschen auf wenige Merkmale reduzieren und maßgeblich unter dem Kriterium ihrer prekären Ressourcenausstattung erscheinen lassen.

In der kapitalistisch geprägten Moderne gilt Ausstattung als prädominantes Maß für die Beurteilung von Lebensqualität. Sobald ein Mensch auf diese oder *jene Weise gekleidet ist, derartige Produkte konsumiert, sich alltagssprachlich ausdrückt* und solche *Gewohnheiten hat*, scheint es vollkommen klar zu sein, dass sein Leben ›*irgendwie daneben ist*‹ und nicht gelingt. Eine sozialstrukturell ›*nach unten*‹ erfolgende Abweichung von bürgerlichen Standards erscheint automatisch als Abweichung vom gelungenen Leben.

Hier trägt auch die moderne Sozialforschung eine Verantwortung, weil sie sich bei ihrer Beurteilung von Lebensqualität überwiegend auf messbare Ressourcen, Status und Bildungsstand beschränkt (vgl. Rosa 2016, 22). So wird suggeriert, dass ein resonantes Weltverhältnis typisch sei für die in dieser Hinsicht gut ausgestatteten Schichten der Gesellschaft. Eine *entfremdete* Weltbeziehung erscheint dieser Logik folgend dagegen typisch für *untere* Gesellschaftsschichten. Diese offensichtlich konsensfähigen Annahmen sind in ihrer Pauschalität jedoch abzulehnen. Wie Schulzes existenzielle Problemdefinitionen zeigen, hat die Milieusozialisation zwar einen grundlegenden Einfluss auf die Welthaltung von Subjekten und die Art und Weise, wie sie sich auf Welt beziehen und darin definieren. Dies sagt jedoch nichts über die *Qualität* dieser Beziehung aus.

3 Weltbeziehung und Resonanzerleben

Da Resonanz einen Modus des Erlebens beschreibt, ist sie nichts, das durch eine gute soziale Stellung oder den Kontostand gesichert oder verbürgt sein kann. ›Untere‹, ›mittlere‹ und ›obere‹ Sozialmilieus besitzen ihre je spezifischen Arten der Weltbeziehung, die auf allen Ebenen resonant oder entfremdet sein können. Das ›gute Leben‹ oder die ›gute Kindheit‹ an bestimmte Lebensstile zu koppeln, entspricht einer gängigen modernen Fehldeutung, dass gelingendes Leben hauptsächlich in der Quantität der Ressourcen und nicht in der Qualität der Weltbeziehung gesehen wird.

Durch die Offenlegung dieses Problemfeldes entsteht die Chance, Benachteiligung unabhängig von rein ökonomischen Aspekten zu betrachten und zu kategorisieren, um dadurch alternative Perspektiven gegenüber einer zu kurz greifenden ressourcenfixierten Ungleichheitsforschung zu ermöglichen. Durch eine so entstehende Fokussierung auf das individuelle Erleben könnte auch die Schulpädagogik einen anderen Blick auf benachteiligte Schülerinnen und Schüler außerhalb der stereotypen Kategorien ›sozial schwach‹, ›bildungsfern‹ oder ›prekär‹ entwickeln.

Betrachten wir aus dieser Perspektive die Lebenssituation von zwei der eingangs beschriebenen Protagonistinnen: Paula lebt mit ihrer Familie in einem Einfamilienhaus in Versbach. Mia in einem Hochhaus am Heuchelhof. Während Paula mit ihren Freundinnen im Garten spielt und abends der Nachbarin beim Formen von Skulpturen zuschaut, tobt Mia mit ihren Geschwistern auf dem Spielplatz, beobachtet Ameisenstraßen und staunt abends über das Lichterspiel des Stadtviertels.

Sowohl Paula als auch Mia erfahren in ihrem Alltag immer wieder Resonanz. Der Kontext, in dem sie Resonanzerfahrungen sammeln, mag sich unterscheiden, nicht aber deren Qualität. Paula ist glücklich und in ihre Weltbeziehung eingetaucht, wenn sie mit ihren Freundinnen rücklings auf den Bohlen des Baumhauses liegt, den Sternenhimmel beobachtet und sich dabei sonderbar verzaubert fühlt. Mia vergisst alles um sich herum, wenn sie der nächtlich beleuchtete Fußballplatz an ihren Sehnsuchtsort New York erinnert, sie mit ihren Geschwistern auf dem Spielplatz ist oder das satte Motorengeräusch

3.2 Gefährdetes kindliches Resonanzerleben

von Papas altem Auto in ihrem Bauch kribbelt. Paula und Mia fühlen sich in diesen Momenten auf magische Weise mit der Welt verbunden und von ihr berührt. Die Art und Weise ihrer Weltbeziehung und die präferierten Resonanzräume unterscheiden sich deutlich, nicht aber deren Qualität. Beide Mädchen führen auf ihre Weise ein gelingendes Kinderleben. Eine Beeinträchtigung der Resonanzfähigkeit lässt sich nicht feststellen. Im Gegenteil: Alles deutet darauf hin, dass ihre Resonanzachsen auf allen drei Ebenen ausgebildet und intakt sind. Sie unterhalten gute Beziehungen zu Freunden, Geschwistern und Eltern. Sie setzen sich im Spiel kreativ mit ihrer Umgebung auseinander und erleben die Welt insgesamt als einen spannenden Ort.

Die Frage ist nun: Wie geht es weiter, wenn die beiden Mädchen eingeschult werden?

An Schulen wird der gesellschaftliche und bildungspolitische Anspruch herangetragen, das Interesse und die Neugierde von Kindern aus dem Bereich des Spielens aufzugreifen und vermehrt auf schulische Lerngegenstände zu richten. Aus dieser Perspektive besitzen Paula und Mia die gleichen Voraussetzungen. Beide Mädchen spielen und stehen mit der Welt auf positive Weise in Kontakt. Sie bringen ihrer sozialen und dinglichen Umgebung grundlegendes Interesse und Neugierde entgegen. Dennoch haben Statistiken eine klare Botschaft: Kinder wie Mia werden es in der Schule schwer haben und nicht selten scheitern, während Kinder wie Paula erfolgreich sind.

Offensichtlich klaffen pädagogischer Anspruch und institutionelle Wirklichkeit hier auseinander. Obwohl in der Theorie für erfolgreiches Lernen die *Qualität der Weltbeziehung*, also Neugierde, Motivation und Interesse, als grundlegende Voraussetzung angesehen wird, zeigt sich in der Praxis, dass dafür die *Art der Weltbeziehung* gemäß Milieuprägung, Umgangsformen und Habitus eine mindestens ebenso große Rolle spielt. Kinder, deren Background sich von dem der tonangebenden Milieus unterscheidet, werden in der stark bürgerlich geprägten Institution Schule benachteiligt. In Folge ihrer differierenden Milieuprägung und fehlenden institutionellen Sensibilität finden sie dort viel Unvertrautes und Unzugängliches vor. Zudem werden ihre Abweichungen von professioneller Seite häufig als Störung des schulstrukturell Geforderten bewertet. Dadurch sind Kindern aus randständigen Milieus oftmals von Beginn an schulische Resonanzräume verschlossen und ihre Schulerfahrung ist früh von Entfremdung geprägt.

3.3 Dimensionen der Resonanzbenachteiligung

Die Weltbeziehung eines Kindes formt sich im Laufe des Heranwachsens in zwei großen Bereichen aus: dem familialen Umfeld und der Schule. Dabei ist es wünschenswert, dass in beiden Kontexten Selbstwirksamkeitserfahrungen gesammelt werden können, dass sich stabile Resonanzachsen ausbilden und dass eine grundlegende Resonanzfähigkeit entsteht. Hemmungen in diesen Bereichen gründen in Familie und Lebenswelt einerseits sowie andererseits in der Schule. Sie können als spezifische Resonanzbenachteiligungen bezeichnet werden.

Familie und Lebenswelt: Primäre Dimension

Kinder aus den sozialen Randmilieus unserer Gesellschaft wachsen nicht selten in einer sozialen Gefährdungslage auf und haben im Vergleich zu anderen jungen Menschen ein erhöhtes Risiko, früh mit Entfremdung in Kontakt zu kommen. Ein Selbstläufer ist diese negative Entwicklung deshalb jedoch nicht. Insgesamt sind im Hinblick auf die Sozialisation innerhalb einer Gefährdungslage drei Möglichkeiten denkbar:

1. Das Aufwachsen in einer sozialen Gefährdungslage hat *keine umfassenden negativen Auswirkungen* auf die Qualität des Weltverhältnisses, lediglich auf die Art und Weise der Weltbeziehung, die

3.3 Dimensionen der Resonanzbenachteiligung

jedoch nicht entfremdet, sondern resonant ist. Diese Kinder wachsen trotz suboptimaler äußerer Bedingungen in einem kindgerechten sozialen Nahraum auf. Solche Kinder sind nicht primär resonanzbeeinträchtigt. Ihre Resonanzachsen sind intakt, die Weltbeziehung gelingt (vgl. Mia, Ben, Yusuf).

2. Das Aufwachsen in einer sozialen Gefährdungslage hat eine *primäre Resonanzbeeinträchtigung* zur Folge, die sich beispielsweise darin zeigt, dass sich die Kinder der Welt gegenüber eher vorsichtig und zurückhaltend oder aber latent aggressiv verhalten und eine geringe Selbstwirksamkeitserwartung besitzen. Sie haben früh erfahren, dass die Welt ein Ort der Gleichgültigkeit oder Zurückweisung sein kann. Ihre Kindheit wird unter Umständen dadurch verkürzt, dass sie früh mit Problemen aus dem Erwachsenenleben konfrontiert sind. Im Hinblick auf den Umfang gelingender Resonanzprozesse besitzen diese Kinder deshalb eine Beeinträchtigung ihrer Resonanzachsen, jedoch keine umfassende Störung der Weltbeziehung (vgl. Jenny).

3. Zudem gibt es Kinder, deren Resonanzachsen stark beeinträchtigt oder kaum ausgebildet sind. In ihrem Fall hat die Gefährdung zu einer tiefgreifenden Schädigung geführt, und es lässt sich von einer *Weltbeziehungsstörung* sprechen. Oftmals dann, wenn das Leben von Unzuverlässigkeit, ständiger Bedrohung durch Gewalt und Gefahr für Leib und Leben geprägt war. Wenn die Eigenwelt von Kindern durch Angst, Vernachlässigung oder einschneidende und grenzüberschreitende Erfahrungen verletzt wird, wirken sich diese in einer grundsätzlichen Störung der Weltbeziehung aus (vgl. Rassim).

Je nach Schweregrad und konkreter Ausformung kann eine bestehende soziale Gefährdungslage für Vorschulkinder also Auswirkungen in drei Kategorien haben.

• *Gruppe 1:* Es treten *keine negativen Auswirkungen* auf die Qualität der Weltbeziehung auf, weil Familie und Lebenswelt trotz der bestehenden Gefährdungslage ein kindgerechtes Umfeld bieten.

- *Gruppe 2:* Die soziale Gefährdung hat eine *primäre Resonanzbeeinträchtigung* zur Folge, weil die Probleme aus der Erwachsenenwelt dazu führen, dass kindliche Weltbeziehungen nicht umfassend oder nur kurze Zeit ausgelebt werden können.
- *Gruppe 3:* Wiederholt einschneidende Negativerlebnisse führen zu einer manifesten *primären Weltbeziehungsstörung*.

Schule: Sekundäre Dimension

Treffen die *Kinder aus Gruppe 3* auf die Institution Schule, wird auch dort schwer Resonanz entstehen. Diese Kinder haben eine Haltung entwickelt, die aus Gründen des Selbstschutzes von innerem Rückzug oder von Angriff und Aggression geprägt ist. Weil ein offenes Sich-Hineinbewegen in die Welt im bisherigen Lebensverlauf Gefahren, Unsicherheit und Verletzungen nach sich gezogen hat, wird diese Bewegung auch in der Schule um jeden Preis zu verhindern versucht. Hier sind erhebliche pädagogische und psychotherapeutische Anstrengungen nötig, um die Welt erneut oder erstmals als einen wohlwollenden und nicht gefährlichen Ort erlebbar zu machen.

Die *Kinder aus Gruppe 2* erlebten zwar einen teilweise eingeschränkten kindlichen Erfahrungsradius, konnten aber erste Resonanzachsen ausbilden und besitzen einen Zugang zur Welt, der unter Umständen Brüche aufweist, grundsätzlich aber besteht. Für diese Kinder ist es entscheidend, dass sie in der Schule weiter an der Verbindung zur Welt arbeiten können, auch um die brüchigen Stellen zu ›reparieren‹ oder durch neue tragfähige Bindungen auszugleichen. Die Realität sieht leider häufig anders aus. Es gelingt in der Schule oft nicht, auf die spezifische Weltbeziehung dieser Kinder einzugehen. Den anders sozialisierten Lehrerinnen und Lehrer fehlen Möglichkeiten und Ansatzpunkte, die bereits angelegten Resonanzachsen dieser Kinder anzusprechen, sie fortzuführen und auf die schulischen Lerngegenstände zu richten. So verstärkt sich die bereits teilweise bestehende Resonanzbeeinträchtigung. Die Chance, kompensierende Resonanzerfahrungen anzubieten und die Schule als ausgleichenden Resonanzraum zu etablieren, wird vertan. Es entsteht die Tendenz, dass sich die sozialisationsbedingten Resonanzbeeinträchtigungen durch den fehlenden Ausgleich in der Schule mit der Zeit zu einer umfassenden Weltbeziehungsstörung auswachsen.

Kinder aus Gruppe 1, die trotz einer bestehenden sozialen Gefährdungslage die Welt in ihrem kindlichen Erleben bisher als einen zugewandten, lebendigen Mitspieler erlebt haben, starten ihre Schulzeit mit einer ganz natürlichen Resonanzerwartung. Aber auch wenn ihre Bezugnahme auf die Welt bisher gelungen ist, passt ihre Art und Weise nicht in die schulischen Raster. Sie fühlen sich in der Schule plötzlich nicht mehr von der Welt getragen, obwohl sie das bisher gewohnt waren. Die Irritation dürfte bei ihnen also um ein Vielfaches größer sein als bei den Kindern aus Gruppe 2. Sie erfahren in der Schule womöglich zum ersten Mal umfassende Entfremdung. Diese Verunsicherung durch enttäuschte Resonanzerwartungen formt sich nicht selten in Auflehnung, Aggression oder vollkommenen Rückzug aus.

Treffen Kinder mit vom Milieumainstream abweichender Sozialisation auf die Institution Schule, findet *sekundäre Resonanzbenachteiligung* statt. Die Gründe hierfür scheinen vielschichtig, aber in dem Punkt zusammen zu laufen, dass diese Kinder schlichtweg nicht aus bürgerlichen Milieus stammen. Die bürgerlich geprägte Institution Schule benachteiligt sie im Hinblick auf passende Resonanzräume, die ihre bereits angelegten Resonanzachsen fortführen und auf schulische Lerngegenstände richten könnten. Es gelingt der Schule nicht, diese Kinder zu erreichen und auf ihre Eigenheiten und Vorlieben einzugehen. Dies führt dazu, dass sich auch diejenigen Kinder aus sozialen Gefährdungslagen verschließen, langweilen oder aktiv gegen das schulische Setting auflehnen, die zu Beginn ihrer Schullaufbahn eigentlich über eine gelingende Weltbeziehung verfügen. Die Schule wird für sie trotz einer zunächst auf Resonanz gepolten Welthaltung mit der Zeit zur Entfremdungszone, die ihre Resonanzerwartung enttäuscht. Unter dem erlebten *Nicht-Ankommen in der Schule*, den misslingenden Interaktionsprozessen und der negativen Leistungsbewertung leidet der Selbstwert des Kindes. Rasch nimmt die Selbstwirksamkeitserwartung ab und das vormals intakte Weltverhältnis erodiert.

3 Weltbeziehung und Resonanzerleben

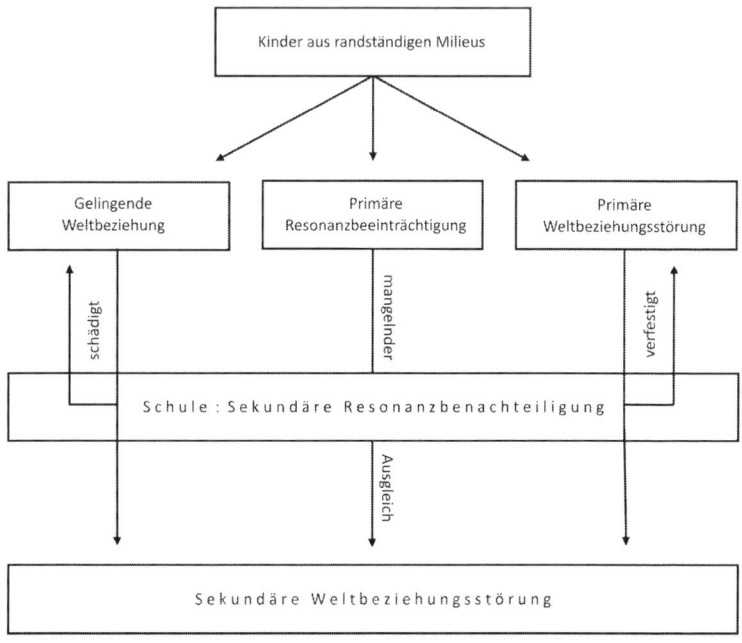

Abb. 1: Schule als sekundär resonanzbenachteiligende Institution

Der Prozess kann so weit gehen, dass sich diese Kinder nach einer gewissen Zeit nicht mehr signifikant von den Kindern aus den Gruppen 2 oder 3 unterscheiden lassen. Solche Entwicklungen fallen häufig nicht einmal auf, denn immerhin kommen die Kinder aus Familien, die in ›schwierigen Verhältnissen‹ oder ›bestimmten Stadtvierteln‹ leben. Unter Umständen werden sie von pädagogischer Seite von vornherein als benachteiligt angesehen, weshalb eine erst in der Schule greifende und durch die Schule stattfindende Beeinträchtigung des Resonanzerlebens überhaupt nicht in den fallverstehenden Blick rückt. Dass diese Kinder in der Schule scheitern, passt ins Bild der Bildungsferne, es passt in die Statistik und in die gängigen pädagogischen Erwartungen. Dass sie *erst* in der Schule scheitern, wird oft nicht gesehen oder für möglich gehalten. Was sich hier zeigt,

sind Subjektivierungstechniken, die den Einfluss der Institution Schule verschleiern. Die Ursachen für die beeinträchtigte Resonanzfähigkeit eines Kindes im schulischen Setting werden ihm selbst und seinem Umfeld zugeschrieben und als *soziale Benachteiligung* jenseits des Einflussbereichs der Schule verlagert.
Kinder aus bestimmten Lebenswelten haben im Hinblick auf die Entwicklung ihrer Resonanzachsen also oft einen doppelten Nachteil. Sie *sind* und sie *werden* benachteiligt.

1. *Primär* sind sie benachteiligt, weil ihre Lebenswelt mit einer höheren Wahrscheinlichkeit von einem Mangel an kindspezifischen Resonanzmöglichkeiten geprägt ist. Ob die Entwicklung von Resonanzachsen dabei nur erschwert oder massiv behindert wird, hängt von der Intensität, dem Umfang und der maßgeblichen Quelle der primären Resonanzbenachteiligung ab.
2. *Sekundär* werden Kinder und Jugendliche aus bestimmten Milieus zusätzlich zur oder unabhängig von der primären Benachteiligung durch die Institution Schule benachteiligt, die anderen Kindern reichhaltige Resonanzmöglichkeiten bietet, ihnen aber als Entfremdungszone entgegentritt.
3. Als *tertiäre* Resonanzbenachteiligung lässt sich dabei das Phänomen beschreiben, dass primär resonanzbeeinträchtigte Kinder ›unterer Milieus‹ in der Schule kaum oder keine diese Beeinträchtigung kompensierenden Resonanzräume vorfinden und sich die Weltbeziehung so weiter verschlechtert bzw. die Chance auf ausgleichende Resonanzerfahrungen von Seiten der Schule vertan wird. Primär resonanzbeeinträchtigte Kinder bürgerlicher Milieus finden dagegen in der Schule häufig Kompensationsmöglichkeiten vor (vgl. Leon).

Aus dieser Perspektive wird nun klar, dass Kinder aus bürgerlich geprägten Sozialmilieus mit gelingender Weltbeziehung oder auch mit primärer Resonanzbeeinträchtigung in der Schule sehr viel wahrscheinlicher auf einen Resonanzraum treffen als Kinder mit gelingender Weltbeziehung oder auch primärer Resonanzbeeinträchtigung aus sozial randständigen Milieus.

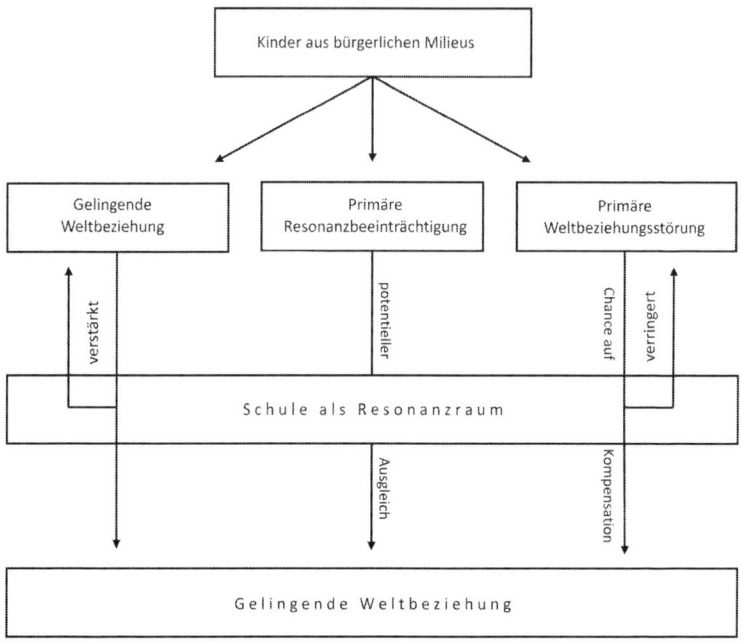

Abb. 2: Schule als Resonanzraum für Kinder aus mittleren und gehobenen Milieus

Das Theoriegebäude der primären, sekundären und tertiären Resonanzbenachteiligung soll als Analyseinstrument für die folgenden Abschnitte dienen, in denen wir uns den verschiedenen Dimensionen der Resonanzbenachteiligung zuwenden. Wir beginnen die Auseinandersetzung in Kapitel 4 (▶Kap. 4) mit der Suche nach Antworten auf die Frage, wie spezifische Gefährdungslagen zu einer primären Resonanzbeeinträchtigung führen können. Im darauffolgenden Kapitel 5 (▶Kap. 5) sollen schulische Mechanismen ausfindig gemacht werden, die sekundäre und tertiäre Resonanzbenachteiligungen verursachen und in der Summe darin münden, dass sich die Schule für Kinder aus bestimmten Milieus tendenziell eher zu einem Ort der Entfremdung als des Lernens entwickelt.

Zunächst kehren wir zur Veranschaulichung der entwickelten Theorie jedoch noch einmal zu unseren Protagonisten und Protagonistinnen aus dem zweiten Kapitel zurück. Sie sind mittlerweile eingeschult und erleben den Schulalltag auf sehr unterschiedliche Weise.

3.4 Ungleiche Schulerfahrungen

Endlich ist es so weit. Paula drückt ihre Stirn ans Fenster des Klassenraums und schaut runter auf den Schulhof. Dort stehen ... eins – zwei – drei ... 27 Abc-Schützen mit ihren Schultüten im Arm und Papa oder Mama an der Hand. »Guck mal!« ruft sie nach hinten zu ihrer Freundin Vivian, »da sind die Gelbmützen! Jetzt machen sie 'n Foto, dann schauen sie sich ihre Klasse und die Turnhalle an – und dann sind wir dran!« Auf das Willkommenslied der frischgebackenen Zweitklässler für die Neuen hat sich die Truppe von Frau Schmidtbauer vor den Ferien wochenlang vorbereitet. Die siebte Strophe haben Paula, Vivian und Georgy gedichtet. Sie geht so: »Und falls ihr müd' und traurig seid, versucht es mal mit Heiterkeit«. Insgesamt sind es zwölf lustige Strophen geworden. Frau Schmidtbauer hat sie auf ein großes Plakat geschrieben, die Mama von Ella spielt dazu Gitarre und Finns und Henris Väter werden auf zwei Cajóns trommeln. Vivians Antwort bekommt Paula längst nicht mehr mit, denn sie hat ihren Kopf wieder an die Scheibe gelehnt und zu träumen begonnen. Von damals, als sie dort unten stand. Mama und Papa waren beide dabei. Helen war auch mitgekommen und hielt Ludwig an der Leine. Sie erinnert sich, dass es geregnet hat und ihre Schultüte langsam weich wurde. Die liegt heute noch total zerknittert unter ihrem Bett. Aber der Regen war ihr damals egal, denn jetzt konnte es endlich losgehen.

Sie wusste schon vorher, dass Frau Schmidtbauer nett ist, denn sie war auch Lenis Klassenlehrerin gewesen. »Ach, *Du* bist Lenis Schwester? Na, dann kann ja nichts schief gehen, Leni ist so ein tüchtiges und nettes Mädchen!«, hatte sie dann auch ausgerufen, als die Erstklässler in einer kurzen Vorstellungsrunde ihren Namen sagen sollten. Leni geht jetzt in die vierte Klasse und hat fast nur Einser. Schule war auch für Paula von Anfang an toll. Sie erinnert sich an die lustigen Klebesticker, die Frau Schmidtbauer den fleißigen und ordentlichen Kindern in die Hefte klebte. Und immer, wenn sie zehn zusammen hatten, durften sie sich einen großen Aufkleber aus der Schatzkiste aussuchen. Morgens im *Hallo-zusammen!*-Kreis gab es eine kurze Geschichte, ein schönes Lied oder auch eine knifflige Rätselaufgabe von Frau Schmidtbauer. Und manchmal hat sie auch eine Frage gestellt, wie z. B.: »Was habt ihr am Wochenende erlebt?« oder »Wie geht es euch?«.

Dann sollten sie aufstehen und sich zum lachenden Gesicht an die Tafel oder zum traurigen Männchen an der Tür stellen und durften hinterher erzählen, warum sie dort standen. Und irgendwann vor Ostern stellte Frau Schmidtbauer einen Briefkasten auf und versprach den Kindern, jeden Brief, den sie darin finden würde, zu beantworten. Paula fand es wunderbar und schrieb ihrer Lehrerin fast jeden Tag. Frau Schmidtbauer erzählte in ihren Antworten immer ein Stückchen weiter von Tino, dem Dino.

»Kommst Du bitte!?«, Paula spürt eine Hand auf ihrer Schulter und weiß, dass es jetzt endlich losgeht. Sie trällert: »Und falls ihr müd' und traurig seid, versucht es mal mit Heiterkeit« und hüpft neben Frau Schmidtbauer die Treppe hinunter. Alles bestens in der Schule.

Auch in der Sprengelschule am Heuchelhof standen damals an dem sehnlichst erwarteten Septembertag vor einem Jahr viele Kinder mit Schultüte im großen Innenhof. Mias Eltern hatten sich freigenommen und morgens zum Frühstück Blaubeerpfannkuchen gebacken. Mia liebt Blaubeerpfannkuchen. Dann waren sie gut gelaunt mit der Straßenbahn zur Grundschule gefahren. Leider war Papas Auto noch immer nicht fahrbereit, so ein Anlasser ist teurer, als man denkt. Jetzt erinnern wir uns wieder: Mia ist eines von den rund 20 % aller Kinder, die in Deutschland in einer sozio-ökonomischen Gefährdungslage aufwachsen. Vor dem Schulgebäude gab es ein buntes Treiben und tolle Musik. Es regnete, aber das machte

3.4 Ungleiche Schulerfahrungen

ihnen nichts aus, weil der Hof überdacht ist. Von der Ansprache der Rektorin hatte Mia nur verstanden, dass sie in der Pause auch mal an der Bude von Herrn Marx eine Semmel kaufen können, wenn sie ihr Vesper vergessen haben. Dann kamen die ersten Schultage. Natürlich war es aufregend: Sie wählten den Sitzplatz aus, legten verschiedene Regeln für das Sprechen im Unterricht fest und mussten lernen, genau zuzuhören.

Dann sollten ihre Eltern die Schulsachen kaufen. Ihr Klassenlehrer, Herr Ewers, hatte eine Liste zusammengestellt: Bestimmte Hefte, bestimmte Umschläge für die Hefte, ein Mäppchen, Stifte und ein Lineal. »Oh weh«, schoss es Mia durch den Kopf, »dann wird das mit dem Auto von Papa wieder nichts. Das Geld brauchen wir jetzt für die Schule.« Mama wollte Mia einen ganz tollen Schreib-Lern-Stift zum Geburtstag schenken. Der ist aber erst im November. Deshalb behalf sich Mia erst mal mit dem Kugelschreiber ihrer großen Schwester. Aber das fand Herr Ewers gar nicht gut. Er schimpfte sie. Und überhaupt: Mia hatte von Anfang an das Gefühl, dass irgendwas nicht in Ordnung war. Erst das mit dem Kugelschreiber, dann hatte Herr Ewers etwas an ihren Pausen-Snacks auszusetzen, und schließlich wollte er im Januar mit Mias Mutter sprechen, weil sie ihm nicht angemessen gekleidet vorkam. Nach dem Elternsprechtag hatte er offensichtlich beschlossen, Mia bei der Ordnung in ihrer Büchertasche zu helfen. Dafür sollte sie ihm jeden Morgen die Buntstifte, das Mäppchen, die Hefte und ihre eingebundene Fibel zeigen. Anfangs war es noch witzig, weil er sich als ein großzügiges *Ranzen-Heinzelmännchen* vorstellte, das immer mal »OUPS!« ein neues Heft oder einen tollen Bleistift in seiner Jackentasche fand und in Mias Ranzen fallen ließ. Aber dieses Heinzelmännchen half immer nur Mia und den Jungs aus der Fensterreihe. Alle anderen hatten auch ohne seine Hilfe toll eingebundene Hefte und bunte Pausenbrotdosen. Kurz vor Schuljahresende fingen Luisa und ihre Freundinnen an, »OUPS!« zu sagen und Dinge in Mias Ranzen fallen zu lassen. Das waren dann allerdings leere Tintenpatronen, abgekaute Bleistifte oder Apfelstücke. Zu dieser Zeit war Mia schon längst die Lust auf Schule vergangen. Irgendwie war es anderes als erwartet. Ein paar Wochen lang hatten sie und ihre

Freunde nachmittags am Sandkasten noch Unterricht gespielt. Jeder durfte mal Herr Ewers sein. Toni spielte ihn am besten: »Tse Tse Tse, du ungeschickte kleine Mia, hast du heute wieder keinen richtigen Umschlag um dein Rechenbuch? Warte, ich helf' dir!«. Ordnung, Sauberkeit und Fleiß sind für Mia erst mit Schulbeginn zu einem Problem geworden. Vorher hatte sie gemeinsam mit ihrer Schwester zuhause immer ohne Probleme dafür gesorgt. Ihre kleinen Brüder konnten total schlampig sein – aber Lara und sie hatten die Wohnung abends immer in beste Ordnung gebracht. Und auch das Lernen, das Verstehen, die Aufmerksamkeit ... all das, was in der Schule wichtig ist, hat Mia offensichtlich ausgerechnet dort verlernt. Vorher galt sie im Wohnblock als »die Kommissarin von oben«, die gefragt wurde, weil sie die Sachen immer so schnell kapierte. Sie weiß selber nicht, was mit ihr passiert ist. Die Dinge, von denen im Unterricht geredet wird, interessieren sie nicht, und im Übrigen scheint auch alles, was sie sagt oder schreibt, nicht richtig zu sein oder falsch bei Herrn Ewers anzukommen. Inzwischen versteht Mia, warum ihre große Schwester Lara froh ist, nach den Sommerferien von der Grundschule verschwinden zu können und auf die Mittelschule in der Zellerau zu wechseln.

Mia wünscht sich, dass endlich Ferien sind und sie eine Weile nicht mehr zur Schule gehen muss.

Einen knappen Kilometer entfernt von der Mittelschule Zellerau wird im gleichen Jahr, wie Paula und Mia, auch Ben eingeschult. Wir erinnern uns: Ben wächst in einer sozio-kulturellen Gefährdungslage auf und freut sich schon seit vielen, vielen Monaten darauf, gemeinsam mit seinem Freund Yusuf endlich lesen und schreiben zu lernen. Sie sitzen von Anfang an nebeneinander und haben sich vorgenommen, in der Schule alles perfekt zu regeln. Als sie das Lesebuch und die Hefte einbinden sollten, hatte Bens Mutter die tolle Idee, buntes Weihnachtspapier dafür zu verwenden. Die Heftumschläge sollten sich nach den Unterrichtsfächern richten und die hatten bestimmte Farben. Aber »einfach nur blaues Papier für Mathe zu nehmen, ist doch spießig«, sagte seine Mutter, und deshalb half sie den beiden Jungs, sowohl die richtige Farbe zu treffen als auch etwas Schönes aus den Einbänden zu machen. Grünes Weihnachtsgeschenkpapier für Heimat- und Sachkunde, blaues für Rechnen, rotes für Deutsch und lila für Religion. Herr Mock war allerdings gar nicht begeistert, als er die schimmernd eingebundenen Hefte sah. Ben verstand bis zum Schluss seiner Grundschulzeit nicht, was er gegen die kreativen Lösungen seiner Mutter hatte. Das kam nämlich immer wieder vor. Zum Beispiel sollten sie im Rahmen des Musikunterrichts der Klasse einzeln etwas vorsingen. Dazu durften sie das Lied selber aussuchen. Yusuf trug ein Schlaflied vor, das er früher immer mit seiner Mutter gesungen hatte. Natürlich auf Türkisch. Ehrlich gesagt, klang das schon irgendwie komisch. Deshalb übte Ben mit seiner Mutter und ihrer Beatstomper-Band einen super Trommel-Rhythmus ein, den er mit entsprechenden Vokal-Tönen beatboxend vortrug. Er hatte gefühlt tausendmal den Auftritt von Pentatonix angeschaut und es perfekt draufgehabt. Trotzdem musste er am nächsten Tag nochmal ran und die erste Strophe von Hänschen klein singen. »Es sollte Gesang sein und nicht Blödsinn«, hatte Herr Mock gesagt.

Trotz alldem gefiel es Ben und Yusuf anfangs in der Schule. Sie hatten Freunde, mit denen sie in der Pause hinten in der Ecke des Schulhofes verschiedene Gebilde bauten. Zum Beispiel stapelten sie die Granitsteine aus dem Haufen vor der Hausmeisterei neu zu einem Marterpfahl oder sie bauten ein Zelt aus den Dachlatten in der Garage. Als es geschneit hatte, war klar, dass sie einen dicken Schneemann bauten – und im regnerischen Frühling versuchten sie, etwas Nennenswertes mit Schlamm zustande zu bringe. Die »Amigos«, wie sie sich nannten, verstanden sich gut. Sie waren die Einzigen der Klasse, die noch keinen einzigen Buchstaben lesen oder schreiben konnten. Merkwürdig, wieso konnten es die anderen alle?

Nach der Schule gehen Ben und Yusuf gemeinsam zu Celiks nach Hause, essen dort und machen dann die Hausaufgaben. Häufig sitzt Vater Celik bei ihnen und sorgt dafür, dass die Schokolade nicht ausgeht. Und er besorgt auch neue Tintenkiller, wenn sie verbraucht sind. Inhaltlich kann er allerdings leider nicht viel helfen. Im Laufe der Jahre wird die Schule für Ben und Yusuf immer mehr zur Last. Irgendwie passen sie dort nicht hin. Sie finden andere Sachen gut als die Lehrer, haben andere Ideen zur Lösung von Problemen, wissen nicht, was »*das Theater*« und »*gute Musik*« oder »*schöne Urlaubsgegenden*« sind, und haben den Eindruck, dass sie alles, was wirklich wichtig ist, von ihren Eltern, Freunden und den Menschen in ihrer Nachbarschaft lernen können.

Als die beiden in die vierte Klasse versetzt werden, stehen allein für das zweite Halbjahr 15 unentschuldigte Fehltage in ihren Zeugnissen der dritten Jahrgangsstufe. Wozu sollen sie in die Schule gehen, wenn dort doch alles aus einer anderen – irgendwie langweiligen – Welt stammt?

Jenny wird im selben Jahr *nicht* in die vierte Klasse versetzt. Die Lehrerkonferenz der Grundschule Lindleinsmühle hat beschlossen, ihr noch ein Jahr zur Entwicklung zu gönnen, bevor sie sich für den Übertritt in eine weiterführende Schule qualifizieren muss. Im Grunde ist es ihr egal, warum sie sitzen bleibt, denn sie glaubt ohnehin nicht daran, dass irgendeiner der Lehrer es wirklich gut mit ihr meint. Als sie vor drei Jahren eingeschult wurde, hatte ihre Mutter gerade mal wieder eine lautstarke Trennung hinter sich. Der Typ hatte im Zorn die halbe Wohnung demoliert und ihre Mutter geschlagen. Als er weg war, folgten – wie jedes Mal – einige wirklich schöne Tage. Ihre Schwester Aischa, Jenny und »die beiden Kleinen« schliefen dann in Mamas Doppelbett, kuschelten viel, aßen mittags zusammen Spaghetti mit allen möglichen Soßen und gönnten sich jeden Abend ein Eis und einen gemütlichen Netflix-Film. Nach der letzten Trennung hatte Mama versprochen, dass nun alles anders würde. Jetzt, wo Jenny in die Schule kommt. »Und überhaupt: Welche Schultüte willst Du eigentlich?«, hatte sie mit einem Zwinkern gefragt. Als die Einschulung nahte, tauchte dann plötzlich dieser Thomas auf. Mama war hin und weg und hatte fortan nur noch Augen für ihn. Keine Spaghetti mehr, kein Lächeln und auch keine Schultüte. Bestimmt waren nicht viele Kinder jemals bei ihrer eigenen Einschulung so wütend und traurig zugleich wie Jenny. Sie stand mit Rassim und dessen Familie im Treppenhaus und wünschte sich von der ersten Minute an, wieder heimgehen zu dürfen. Heim? Nein, heim wollte sie eigentlich auch nicht. Doch, sie wollte heim.

Sie hätte gerne das *heim* zwischen den Mackern der Mutter. Die sozio-emotionale Gefährdungslage hatte sich für Jenny dramatisch zugespitzt. Zuhause gab es nur kurz angebundene Nörgelei, den einen oder anderen lieblosen Zettel mit Anweisungen auf dem Küchentisch und Strafen, weil sie abends zu spät zuhause gewesen war. In der Schule wollte ihre Lehrerin ein gut gelauntes, fleißiges Mädchen und keine aggressive und übellaunige Zicke. Jenny saß in der vorletzten Reihe neben Rassim, der immer noch seinen Pullover im Mund hatte und niemanden ansah. Er war längst zum Außenseiter geworden und sie seine einzige Freundin. Als hätte sie nicht schon genug eigene Probleme, gab es immer öfter lautstarke Schlägereien und Gemeinheiten zwischen den Jungs aus der Klasse und ihr, weil sie Rassim verteidigte. Seit Aischa und Frederik aus der Wohnung schräg gegenüber in die fünfte Klasse einer Schule in der Stadt gewechselt waren, konnte sich Jenny auf niemanden mehr verlassen. Ihre Lehrerin hielt sie inzwischen für ein schwieriges Kind und übersah auch, wenn sie sich im Unterricht meldete. Die Schulaufgaben und Proben hat sie alle verhauen, denn sie kann ja niemanden fragen, wenn sie etwas nicht versteht. Und jetzt muss sie noch zu allem Überfluss ein Jahr länger bleiben. Ein Jahr länger an einem Ort, an dem sie nicht gemocht wird und an dem sie niemanden mag.

Leons Einschulung in Rottenbauer war gar nicht so schlecht, wie er befürchtet hatte. Für eine gute Stunde schienen die Eltern seine Herzschwäche zu vergessen. Zuerst drängten sie sich alle zusammen in das kleine Klassenzimmer, in dem die Kinder auf ihren Stühlchen an den zukünftigen Plätzen saßen und die Eltern hinten an der Wand entlang standen. Der neue Klassenlehrer, Herr Maid, begrüßte alle und wandte sich dann ausschließlich an seine »Schätzchen«, wie er sie nannte. Inzwischen wurden die Eltern von der Schulleiterin durch das Gebäude geführt.

Leon fühlte sich augenblicklich befreit. Herr Maid war witzig, erklärte, was sie in den kommenden Wochen vorhatten, und bat dann die Kids, nacheinander kurz ihren Namen zu sagen und jeweils ein Wort dazu, worauf sie sich freuten und wovor sie eher Angst hätten.

Das machte Spaß und gab Leon das Gefühl, dass er hier mit seinen Interessen und Ängsten ernst genommen wird. Seine beiden Nebensitzer sagten, als sie vor ihm an die Reihe kamen, zum Beispiel: »Mark Knobler, ich freue mich auf Gedichte lesen und hab Angst vor schlechten Noten« und: »Peter Schneider, Kopfrechnen mag ich, Schwimmen nicht so«. Dann sah Herr Maid Leon an. »Leon Guthmann, ich freu mich darauf, selber lesen zu lernen, und hab Angst vor Atemnot«. Viele Kinder hatten »schlechte Noten«, »dass ich nicht lernen kann«, »viele Fehler« oder »Sitzenbleiben« gesagt. Aber Leon hatte Angst davor, wegen seiner Herzschwäche wieder nicht dazuzugehören. Das meinte er wirklich so. Wenn Schule so weiterging wie die letzten Jahre zuhause, war nicht viel Gutes zu erwarten. Aber es kam ganz anders. Herr Maid hatte die Aufgabe nicht nur so gestellt, sondern schien die Antworten seiner Schülerinnen und Schüler ernst zu nehmen und immer im Hinterkopf zu behalten. Mark Knobler machte er klar, dass Noten am Anfang erst einmal keine Rolle spielen, und Peter Schneider genoss schon bald den Schwimmunterricht, weil Herr Maid ihn vorsichtig an das neue Element herangeführt hatte. Schon bald konnte auch Leon mit ihm über seine Ängste sprechen. Er erzählte, in Herrn Maids Augen ziemlich frühreif, wie sehr die Erkrankung sein Leben bisher eingeschränkt hat und seine Eltern sich ständig sorgten, anstatt ihn mal machen zu lassen. In den kommenden Wochen und Monaten wurde Herr Maid zu seinem Verbündeten, der ihn als »Gesundheitsexperten« immer dann fragte, wenn es um gesunde Ernährung, um Sport oder Luft ging. Wenn die Klasse Sportunterricht hatte, gab es immer eine nachvollziehbare Rollenverteilung und für alle – auch für Leon – mindestens ein alternatives Angebot, in irgendeiner Hinsicht Spitzenleistung zu bringen, ohne seine körperlichen Grenzen überschreiten zu müssen.

Schon nach wenigen Monaten fühlte sich Leon angekommen und freute sich täglich auf die Schule, auf das Lernen, auf Herrn Maid und über seine zunehmende Selbstständigkeit.

Resonanzförderung und Resonanzbenachteiligung

Resonanzförderung:

* Paula ist resonanzfähig und wird resonanzgefördert, Schule erscheint als Resonanzraum.

Sekundäre Resonanzbenachteiligung:

* Mia, Ben, Yusuf sind resonanzfähig aber treffen auf Schule als Entfremdungszone.

Resonanzförderung

* Leon ist primär resonanzbeeinträchtigt aber trifft auf Schule als ausgleichenden Resonanzraum.

Tertiäre Resonanzbenachteiligung:

* Jenny und Rassim sind primär resonanzbeeinträchtigt und treffen auf Schule als Entfremdungszone.

4

Primäre Resonanzbenachteiligung und gefährdende Lebenswelten

4.1 Sozio-ökonomische Gefährdung

Dass die soziale Schere in Deutschland deutlich auseinandergeht, ist durch umfangreiche Medienberichte und nach Auskunft des Paritätischen Gesamtverbandes allgemein bekannt. In einem der reichsten Länder Europas leben immer mehr Menschen in Armut und Arbeitslosigkeit, während die Reichen immer reicher werden (PGV 2019). Unter den entwickelten Nationen der OECD belegt Deutschland hinsichtlich der sozialen Mobilität im Land lediglich einen Platz im Mittelfeld. In der jüngsten OECD-Studie heißt es, dass ein sozialer

4.1 Sozio-ökonomische Gefährdung

Aufstieg in Deutschland rund sechs Generationen dauert (OECD 2018). Frankreich schneidet ebenso schlecht ab wie Deutschland. Während die Einkommensarmut in Deutschland kontinuierlich angestiegen ist, hat zugleich die Polarisierung der Einkommen stark zugenommen.

Auch wenn die Ursachen von Einkommensarmut sicherlich nicht eindimensional zu verstehen sind, kann die Verarmung in Deutschland als Folge einer verfehlten Bildungs- und Arbeitsmarktpolitik verstanden werden. In Deutschland lebte 2019 jeder Sechste an der Armutsgrenze (PGV 2019). Laut Statistischem Bundesamt lag das Durchschnittseinkommen (Median) einer Einzelperson in den vergangenen Jahren bei rund 1.500 Euro netto. Grundsätzlich gilt: Wer als Einzelperson monatlich rund 60 % des Medianeinkommens zur Verfügung hat, gilt in Deutschland als *armutsgefährdet,* bei 50 % als *relativ arm* und bei 40 % als *arm.* Hierbei werden staatliche Leistungen miteinbezogen. Unter einer *relativen Armut* versteht man demnach so etwas wie eine Unterversorgung an materiellen und immateriellen Gütern und eine Beschränkung der Lebenschancen, und zwar im Vergleich zum Wohlstandsniveau der jeweiligen Gesellschaft. Wer relativ arm ist, hat deutlich weniger als andere.

Das Einkommen reicht hierbei in vielen Fällen nicht aus, um ein Leben zu führen, das in vollem Umfang am gesellschaftlichen Leben teilhat. Ohne Zweifel trifft dies auf Familien mit mehreren Kindern zu, deren Erwerbstätige nicht über ein Netto-Einkommen verfügen, das wesentlich über dem Hartz-IV-Satz liegt. Wenn in einer Gesellschaft viele Mitglieder relativ arm sind, verweist dieser Sachverhalt auf soziale Ungleichheit und mahnt eine gefährliche Schieflage an.

Dabei ist wichtig zu verstehen, was es mit dem *Medianeinkommen* auf sich hat. Diese Maßeinheit unterscheidet sich vom bekannteren Begriff des Durchschnittseinkommens in entscheidenden Punkten. Das Durchschnittseinkommen in einer Gesellschaft wird errechnet, indem das Gesamteinkommen der Erwerbstätigen durch die Anzahl der Haushalte (also auch einschließlich der Single-Haushalte) dividiert wird. Man spricht in diesem Zusammenhang von einem arithmetischen Mittel. Hier wird deutlich, welche Verzerrungen bei der Grundlegung des Durchschnittseinkommens entstehen würden. In die Durchschnittsgröße fließen extrem hohe wie extrem niedrige Einkommen gleichermaßen ein und nivellieren durch die Berechnung des Durchschnitts die tatsächlichen Unterschiede. Ein Medianeinkommen beschreibt dagegen im Unterschied zum Durchschnittseinkommen das Einkommen genau derjenigen Person, die – würde man alle Einkommen der Gesellschaft nebeneinander aufreihen – exakt in der Mitte der Einkommensreihe stünde. Rechts und links stünden Personen, die etwas mehr und etwas weniger verdienen. Damit ergibt sich ein stabilerer Wert, selbst wenn die hohen Einkommen extrem ansteigen (wenn z. B. ein Manager 17 Millionen Jahresgehalt erhält) und die niedrigen Einkommen noch weiter relativ sinken würden (weil beispielsweise der Hartz-IV-Satz nicht angehoben würde). Während das Medianeinkommen in den vergangenen Jahren bei rund 1.500,- Euro monatlich lag, ist das Durchschnittseinkommen dagegen mit mehr als 3.000,- Euro deutlich höher. Um Einkommen besser vergleichen zu können, spricht man vom »*Äquivalenzeinkommen*«. Hierbei werden bei der Beurteilung von Haushalten mit unterschiedlichen Bewohnerzahlen eventuelle Einspareffekte durch gemeinsame Funktionsräume oder Geräte etc. mitberechnet. Laut Statistischem Bundesamt wird der erste Erwachsene in einem Haushalt mit Faktor 1 berechnet, Kindern unter 14 Jahren wird der Faktor 0,3 und weiteren Personen über 14 Jahren wird der Faktor 0,5 zugesprochen. Dabei wird deutlich, in welchem Ausmaß das Merkmal »kleine Kinder haben« in Deutschland zum Armutsrisiko geworden ist. Kinder führen in den meisten Fällen nicht zu einem wesentlich höheren Einkommen, behindern häufig vielmehr volle Erwerbstätigkeit und benötigen aber sowohl Zeit der Erziehungsberechtigten als auch Geld für ihren Lebensunterhalt.

Schließen wir die Überlegungen zur relativen Armut durch ein Beispiel mit Realitätscharakter ab: Das Medianeinkommen in Deutschland beträgt derzeit 1.615 Euro. Nehmen wir an, ein vollzeitbeschäftigter 35-jähriger Familienvater aus dem Gastronomiegewerbe hat eine gute Stelle gefunden und verdient innerhalb seiner Branche überdurchschnittlich viel, monatlich 2.416,- Euro brutto

4.1 Sozio-ökonomische Gefährdung

(knapp 30.000 Euro jährlich). Netto bleiben davon bei zwei minderjährigen Kindern 1.606,81 Euro.

Das SOLL anhand des *Medianeinkommens* errechnet sich nun wie folgt:
1 x 1.615 Euro (Faktor 1 für den ersten Erwachsenen) plus 805,50 Euro (Faktor 0,5 für seine Frau) plus 1.076,66 Euro (2 x Faktor 0,3 für die Kinder) ergeben 3.497,16 Euro SOLL, wenn jedem Familienmitglied *durchschnittlich* viel Geld zur Verfügung stünde (vgl. Destatis 2020, 28). Wie sieht es auf der HABEN-Seite der Familie aus? Rechnen wir zu den verbliebenen 1.606,81 Euro netto noch den üblichen Kindergeldsatz für die ersten beiden Kinder von 408,- Euro dazu, ergeben sich für die Familie 2.014,81 Euro netto Monatseinkommen. Medianeinkommen in Deutschland wäre für diese vierköpfige Familie 3.497,16 Euro. Die Familie dieses vollzeitbeschäftigten Gastronomiemitarbeiters verfügt also über weniger als 60 % des Medianeinkommens und trägt damit ein »*Armutsrisiko*«. Wohlbemerkt: vollständige Familie, lediglich zwei Kinder und vollbeschäftigte Fachkraft. Gemäß einem Dossier, das im Auftrag des Bundesministeriums für Familie, Senioren, Frauen und Jugend (BMFSFJ) erstellt wurde, gibt es Bevölkerungsgruppen, die allerdings einem besonders hohen Armutsrisiko ausgesetzt sind. Dies sind Ein-Eltern-Familien, ausländische Familien, Hartz-IV-Familien, kinderreiche Familien und Familien, in denen niemand einer Vollzeitbeschäftigung nachgeht (Böhmer/Heimer 2008, 8). Anhand dieses Beispiels wird deutlich, dass die Angst, sozial abzusteigen, nicht ganz unberechtigt in der Mitte Deutschlands angekommen ist.

Ein Armutsrisiko zu tragen bedeutet, im Alltag ständig mit der Verwaltung der wenigen finanziellen Mittel beschäftigt zu sein. Dies zwingt zu Verdinglichungsprozessen, welche resonanzfördernden Umständen entgegenstehen, die oft von einem relativ unbeschwerten Sich-Einlassen-Können und Sich-Öffnen gegenüber der Welt abhängen. Wer Sorge hat, am Ende des Monats ausreichend Lebensmittel zur Verfügung zu haben, wird beispielsweise kaum die Muße aufbringen, mit seinen Kindern einen Ausflug zu machen, auf dem ihnen dann vielleicht an der Sommerrodelbahn erklärt werden muss, dass »wir uns das jetzt nicht leisten können«. Die Welt da draußen erscheint den Kindern dann als etwas, »das wir uns sowieso nicht leisten können«. Wer möchte seine Kinder schon derart enttäuschen? Die Folgen sind Rückzug und eine begrenzte Lebenswelt. Weltausschnitte werden prädominant mit einer ökonomischen Brille gesehen. Sich das eine zu genehmigen, führt automatisch dazu, sich etwas anderes nicht leisten zu können. Natürlich macht es dann einen entscheidenden Unterschied, ob es sich dabei um die zweite Fernreise im Jahr handelt oder lediglich um das Monatsticket für den ÖPNV. Ständig zum Haushalten angehalten zu sein, zwingt zu einer verdinglichten Welthaltung, welche Resonanzprozesse erheblich erschweren und von Grund auf verhindern kann. Je älter ein Kind ist, desto mehr wird es das zu spüren bekommen. Es stellt eine erhebliche zusätzliche Herausforderung für Eltern dar, ihre Kinder diesen materiellen Mangel nicht spüren zu lassen.

Das ständig und mit hohem Aufwand verfolgte Ziel ist die Aufrechterhaltung eines materiell möglichst normalen und unauffälligen Lebens. Werner Hübinger nennt die Lebenssituation der Betroffenen einen »prekären Wohlstand« (Hübinger 1996). Dabei stellen unvorhergesehene Kosten und zusätzliche Belastungen permanent eine latente existenzielle Bedrohung dar und legen eine Art soziale Vulnerabilität offen. Die ständig präsente Angst, dass die finanziellen Mittel nicht zur Sicherung des Lebens reichen, lässt die Weltbeziehung verhärten, weil sie ständig vom Abwenden des Unheils eingefärbt ist. Es herrscht eine permanente innere Anspannung und Unruhe vor, die ein Sich-Einlassen und Öffnen gegenüber der Welt verhindert. Die Weltbeziehung ist repulsiv, da die Welt als etwas erscheint, gegen das ich mich ständig – finanziell – behaupten muss. Eine reparaturbedürftige Spülmaschine, die nötigen Winterreifen, der Schulausflug oder das endgültig stehen gebliebene Auto stellen jeweils konkrete Krisen dar. Vor diesem Hintergrund traten in den letzten Jahrzehnten neben den armen Erwerbslosen in unserem Land die erwerbstätigen Armen, die sich zur Schicht der »Working Poor« entwickelten (Butterwegge 2010, 14). Längst reichen viele reguläre Beschäftigungsverhältnisse nicht mehr aus, um ein zeitgemäßes,

4.1 Sozio-ökonomische Gefährdung

altersentsprechendes Leben zu führen. Viele vollbeschäftigte Familienväter und -mütter müssen Nebenjobs annehmen, um ausreichend Einkommen zu erwirtschaften. Dass diese zusätzliche Arbeitsbelastung dann auf Kosten der Erholung, der gemeinsamen Freizeit im Familienkreis und des Wochenendes geht, also auf Kosten der Resonanzförderung, liegt auf der Hand.

Dagegen ist in den vergangenen Jahren in Deutschland die Zahl der Einkommensmillionäre stark gestiegen. Ebenso werden laut Deutschem Institut für Wirtschaftsforschung in Deutschland jährlich Rekordsummen von rund 400 Milliarden Euro vererbt (Tiefensee/Grabka 2021). Nota bene: Das bedeutet, dass jedes Jahr z. B. 400.000 mal in Deutschland eine Million Euro geerbt wird, ohne dass dafür jemand selbst gearbeitet haben muss. Angesicht des Überlebenskampfes der arbeitenden und den Lohn dieser Arbeit versteuernden Bürgerinnen und Bürger und vor dem Hintergrund einer seit 1997 in Deutschland nicht mehr erhobenen Vermögenssteuer, kann dieser Umstand ohne Übertreibung als sozialer Sprengstoff angesehen werden. Auf der einen Seite sammeln Nachkommen immer größere Vermögen an und sind damit in der Lage, wohlhabende Traditionen zu pflegen und Privilegien unterschiedlicher Art zu genießen, auf der anderen Seite müssen Kinder die existenzielle Armut und soziale Benachteiligung ihrer arbeitenden Eltern übernehmen und dadurch Einschränkungen in den eigenen Chancen, eine gelingende Weltbeziehung zu entwickeln, hinnehmen.

Das aus pekuniärer Perspektive betrachtete untere Drittel unserer Gesellschaft verfügt über weniger als 1 % des Gesamtvermögens. Das mittlere Drittel über knapp 20 % des Gesamtvermögens, das obere Drittel über ca. 80 % des Gesamtvermögens. 30 % der Deutschen verfügen über 80 % des gesamten privaten Vermögens in Deutschland. Dabei ist das sogenannte mittlere Drittel zunehmend von Verarmung bedroht, obwohl die betroffenen Lebensstilgruppen z. T. zu den gut gebildeten und in den Arbeitsprozess integrierten Mitgliedern der Gesellschaft gehören. Aus Sicht des Staatsrechtlers Heribert Prantl verwandelt sich der deutsche Sozialstaat seit Jahren in einen Kapitalstaat: »Sozialpolitik war der Tribut, den das Kapital im

Interesse möglichst reibungslosen Wirtschaftens über hundert Jahre nolens volens zu entrichten bereit war. Weil heute der Gegner keine Kraft mehr hat, ist es damit vorbei« (Prantl 2005, 18). Gegner könnten die vielen armen Bürgerinnen und Bürger sein, die sich zusammenschlössen. Allerdings gibt es keinen »typischen Armen« wie z. B. den »einfachen Arbeiter« mehr. *Arme* kommen heute aus verschiedenen Gesellschaftsgruppen. Sie sind Akademiker, sie sind Rentner, sie sind Migranten, sie sind Alleinerziehende und sie sind Facharbeiter. Wenn einem verheirateten Bäckermeister mit vier Kindern nach zwanzig Jahren Arbeit gekündigt wird, findet er auf seinem ALG-Streifen die übersichtliche Zahl von knapp 1.300,- Euro. Sollte er dann über ein Jahr arbeitslos bleiben, wird er – ähnlich wie der sprichwörtliche Facharbeiter bei Opel in Rüsselsheim nach zwanzig Jahren Betriebszugehörigkeit – zunächst sein Gespartes aufbrauchen müssen und dann einen mageren Hartz-IV-Satz erhalten. Ein Manager, der Tausende Mitarbeiter arbeitslos macht und dann aus dem Unternehmen ausscheidet, nimmt nicht selten mehrere Millionen Euro mit und kann in den wenigsten Fällen auf mehr als zwei oder drei Jahre Tätigkeit in dieser Firma zurückblicken. Aus menschlicher Sicht nicht nachvollziehbar.

Der ehemalige Bundesminister für Jugend, Familie und Gesundheit, Heiner Geißler, führte in verschiedenen Fernsehtalkshows zum Thema unermüdlich aus, dass Hartz IV eine staatliche Form des Betrugs an Kindern und Familien sei (Geißler 2009). Die Regelsätze für alleinstehende Personen, Kinder und Jugendliche (gestaffelt bis 5 Jahre; 6–14- und 15–18-jährig) werden in den Tabelle 1–4 dargestellt.

Im Blick auf die Regelsätze für Kinder und Jugendliche weist die Bundesarbeitsgemeinschaft der Erwerbslosen- und Sozialhilfeinitiativen e. V. auf bedenklich prekäre Einzelbeträge hin. Nach Überzeugung der Mehrzahl der Bundestagsmitglieder, der Bundesratsmitglieder und des Verfassungsgerichtes stellen die Regelsätze für Kinder jedoch deren gesunde Ernährung, deren Teilnahme am gesellschaftlichen Leben und auch deren gleichberechtigte Bildungschancen sicher. Dabei sind z. B. für Bildung 0,64–1,56 € monatlich vorgesehen. Für Schuhe und Kleidung sind 36,49–44,15 € veranschlagt. Spätestens an

4.1 Sozio-ökonomische Gefährdung

Tab. 1: Regelsatz Hartz IV für eine alleinstehende Person nach § 5 RBEG

Nahrungsmittel, Getränke, Tabakwaren	150,93 €
Bekleidung und Schuhe	36,09 €
Wohnung, Strom	38,87 €
Einrichtungsgegenstände, Möbel, Haushaltsgeräte sowie deren Instandhaltung	26,49 €
Gesundheitspflege	16,60 €
Verkehr, ÖPNV	39,01 €
Nachrichtenübermittlung, Telefon, Post	38,89 €
Freizeit, Unterhaltung, Kultur	42,44 €
Beherbergungs- und Gaststättenleistungen	11,36 €
Andere Waren und Dienstleistungen	34,71 €
Bildung	1,57 €
Summe	434,96 €

dieser Stelle dürfte klar werden, dass es für viele Familien mit Kindern im Alter zwischen 6 und 18 Jahren nahezu unmöglich ist, Schuhe, Sportkleidung und stabile Alltagskleidung für verschiedene Jahreszeiten und insbesondere für ein wachsendes Kind zu finanzieren. Hinzu kommt noch der sensible Einfluss zunehmenden Markenbewusstseins in der Pubertätszeit. Für Essen und Trinken werden Sätze ermittelt, die Tabelle 5 zu entnehmen sind. Kinder und Jugendliche in diesen Lebenslagen sind durch die finanzielle Minderausstattung und die dadurch entstehenden Spannungen erheblichen psychischen Belastungen ausgesetzt, was sich negativ auf die Weltbeziehung auswirkt.

Offensichtlich ist, wovon auch der Kölner Politikwissenschaftler Christoph Butterwegge (2010, 25) ausgeht: »Die sog. Hartz-Gesetze konterkarieren Bemühungen zur Armutsbekämpfung«. Hartz IV ist nicht geeignet, Kinderarmut zu bekämpfen, vielmehr scheint es

Tab. 2: Regelsatz Hartz IV für Kinder (0–5 Jahre) nach § 6 RBEG

Nahrungsmittel, Getränke	90,52 €
Bekleidung und Schuhe	44,15 €
Wohnung, Strom	8,63 €
Einrichtungsgegenstände, Möbel, Haushaltsgeräte sowie deren Instandhaltung	15,83 €
Gesundheitspflege	8,06 €
Verkehr, ÖPNV	25,39 €
Nachrichtenübermittlung, Telefon, Post	24,14 €
Freizeit, Unterhaltung, Kultur	44,16 €
Beherbergungs- und Gaststättenleistungen	3,11 €
Andere Waren und Dienstleistungen	10,37 €
Bildung	1,49 €
Summe	275,85 €

darum zu gehen, der zunehmenden Anzahl armer Kinder und Familien eine Art »Normalität« anzudichten, so, als sei es ohne weiteres möglich, mit Hilfe der differenzierten Sätze für die Einzelbelange des Alltags ein normales Leben zu führen. Ein solches Vorgehen hat auch zur Folge, dass die prekären Lebenssituationen nicht mehr skandalisierbar sind und dass die beteiligten Erwachsenen resignieren.

Wie entwickeln Kinder in armen Verhältnissen eine gestörte Weltbeziehung?

Im Alltag eines Kindes ist Armut nicht zuerst eine Zahl auf dem Konto, sondern die permanente Erfahrung von Ausgrenzung und Missachtung. Die betroffenen Kinder haben häufig nicht die Möglichkeiten, im

4.1 Sozio-ökonomische Gefährdung

Tab. 3: Regelsatz Hartz IV für Kinder (6–14 Jahre) nach § 6 RBEG

Nahrungsmittel, Getränke	118,02 €
Bekleidung und Schuhe	36,49 €
Wohnung, Strom	13,90 €
Einrichtungsgegenstände, Möbel, Haushaltsgeräte sowie deren Instandhaltung	12,89 €
Gesundheitspflege	7,94 €
Verkehr, ÖPNV	23,99 €
Nachrichtenübermittlung, Telefon, Post	26,10 €
Freizeit, Unterhaltung, Kultur	43,13 €
Beherbergungs- und Gaststättenleistungen	6,81 €
Andere Waren und Dienstleistungen	10,34 €
Bildung	1,56 €
Summe	301,17 €

umfänglichen Sinne am Leben ihrer Altersgenossen teilzuhaben. Die Gründe sind vielfältig. Zum einen fehlt es am nötigen Geld, um hinsichtlich der Kleidung, der Musik, des Hobbys, der elektronischen Ausstattung und vieler anderer alltäglicher Dinge auf dem neusten Stand zu sein. Solche Äußerlichkeiten führen u. U. zu mangelnder Akzeptanz in einer Gemeinschaft oder seitens des Kindes zu scheuem Rückzug aus der Gruppe. In vielen Schulen raten Lehrer den Eltern schwächerer Schüler, außerschulische Lernhilfe zu nutzen. Dazu zählen Materialien zur Vorbereitung auf Schulaufgaben ebenso wie Anlaufstellen für Nachhilfe und Intensivkurse. Diese können sich arme Familien ebenso wenig leisten wie Vereinsmitgliedschaften und musikalische Förderung ihrer Kinder. Fertigkeiten in Sportarten wie beispielsweise Tischtennis und Skifahren oder die Erfahrung von Urlauben würden neben der körperlichen und kognitiven Entwicklung jedoch auch wesentlich zur Integration beitragen.

Tab. 4: Regelsatz Hartz IV für Jugendliche (15–18 Jahre) nach § 6 RBEG

Nahrungsmittel, Getränke	160,38 €
Bekleidung und Schuhe	43,38 €
Wohnung, Strom	19,73 €
Einrichtungsgegenstände, Möbel, Haushaltsgeräte sowie deren Instandhaltung	16,59 €
Gesundheitspflege	10,73 €
Verkehr, ÖPNV	22,92 €
Nachrichtenübermittlung, Telefon, Post	26,05 €
Freizeit, Unterhaltung, Kultur	38,19 €
Beherbergungs- und Gaststättenleistungen	10,26 €
Andere Waren und Dienstleistungen	14,60 €
Bildung	0,64 €
Summe	363,47 €

Tab. 5: Der ALG-II-Regelsatz für Kinder und Jugendliche (Stand 2021)

Das sind:	Kinder von 0 bis 5 Jahre	Kinder von 6 bis 14 Jahre	Jugendliche von 15 bis 18 Jahre
für das Frühstück	0,52 Euro	0,68 Euro	0,91 Euro
für das Mittagessen	0,92 Euro	1,20 Euro	1,63 Euro
für das Abendessen	0,92 Euro	1,20 Euro	1,63 Euro
für Getränke täglich	0,62 Euro	0,80 Euro	1,10 Euro

Ebenso fallen Geburtstage negativ ins Gewicht. Die Kinder haben häufig nicht ausreichend Geld, um bei einer Einladung Geschenke zu kaufen, die sie dem Geburtstagskind mitbringen können – und haben vielleicht selber nicht die Möglichkeit, den eigenen Geburtstag zu feiern.

4.1 Sozio-ökonomische Gefährdung

Möglicherweise wohnen sie beengt, schämen sich für ihr Zuhause oder haben kein Geld für die Ausrichtung der Feier. Im Laufe der Zeit werden sie dann nicht mehr eingeladen. Persönliche Kontakte und das Eingebundensein in die Gemeinschaft bedingen aber häufig ein informelles Lernen, sensible Interessensentwicklung, gegenseitige informelle Unterstützung in den unterschiedlichen Lernprozessen und die Entwicklung dispositionaler Resonanz auf der horizontalen Resonanzachse. Durch die Nebenjobs und eventuelle Wechselschichten können die Eltern die Kinder in der Erledigung der Hausaufgaben nicht ausreichend unterstützen. Armut führt auf diesem Weg zur mangelnden Teilhabe und zum Außenseitertum. Das Kind wird misstrauisch, erlebt Zurückweisung und Scheitern, findet keinen Zugang und kein Verständnis und lernt mit der Zeit folglich, den *Teufelskreis der Armut* und die Reproduktion seiner Lebensverhältnisse zu akzeptieren. Was sich so einschleicht, ist eine gleichgültige, indifferente Weltbeziehung, welche die äußere Welt und die eigene prekäre Lage darin als unabänderlich erscheinen lässt. Die primäre Resonanzbenachteiligung zeigt sich hier in fehlender Selbstwirksamkeit und dem Erleben der Welt als etwas, das mich sowieso nichts angeht und in dem mir in meinem Sosein auch keine Relevanz zukommt.

Dabei spielen neben dem Alter individuell unterschiedliche Faktoren eine entscheidende Rolle:

1. Das Familieneinkommen ist sehr gering und führt objektiv zu Geldmangel. Durch den erlebten Mangel wird das Thema Geld über Gebühr betont und das gesamte Leben um den denkbaren zusätzlichen Erwerb von Geld herum strukturiert und geplant. Striktes Sparen bestimmt den Alltag, Argumente für oder gegen notwendige Anschaffungen *werden nicht gewogen, sondern gezählt.* Das bedeutet: Weil Anschaffungen nur eingeschränkt möglich sind, wird es zunehmend schwierig, inhaltlich sinnvolle Entscheidungen gegen die Befriedigung vorwiegend dringlicher und prestigeträchtiger Anschaffungen zu treffen. Häufig müssten gebrauchte Gegenstände erworben werden und bisweilen ist die Ausstattung der Kinder stark von der jeweiligen Prioritätensetzung der Eltern abhängig. Viele arme Familien sind überschuldet, fahren niemals in Urlaub und leben unter hohem psychischem Druck. Andererseits ist häufig bemerkenswert, welches Ausmaß an Stressresistenz Kinder in solchen Lebenslagen aufbauen können – und, dass sie oft in ihre eigenen Fantasiewelten fliehen, um dort all das zu genießen, was sie im wirklichen Leben vermissen müssen. Hilfen können hier Lehrkräfte leisten, die zunächst Sensibilität für Armut entwickelt haben. Ein Kind, das ganzjährig mit Gummistiefeln zur Schule kommt, selten oder nie notwendige Schulsachen bei sich hat, im Winter zu leicht oder im Sommer zu warm gekleidet ist, hat möglicherweise ein konkretes finanzielles Problem. Eine Lehrkraft sollte dann nicht leichtfertig mit zusätzlichen Kosten umgehen, die häufig an die Schüler weitergegeben werden, sondern seine Inputs wesentlich an immateriellen Werten, Glücksmomenten und Erlebnissen orientieren.

2. Es bildet sich eine »innere Armut« (vgl. Müller 2013) heraus.
Diese zeigt sich darin, dass die betreffenden Kinder keine Veränderung mehr ermöglichen können, sondern sich äußeren wie inneren Zwängen ausgeliefert sehen. Hierdurch entsteht der paradoxe Zustand eines völligen Ausgerichtetseins auf materielle Dinge, die immerzu als Inhalt des Glücks erstrebt werden. Es könnte hier also von einer materiellen Verkürzung der Weltbeziehung gesprochen werden. Innerer Reichtum dagegen, der durch Liebe, emotionale Sicherheit und immaterielle Werte entsteht, findet zunehmend wenig Raum. Den Kindern fehlen immer häufiger die Gelegenheiten, Resonanz zu erfahren, also Eindrücke von der Welt getragen zu sein, von Erlebnissen überwältigt zu werden oder innere Verbundenheit zu spüren. Bemerkenswert sind in vielen Fällen die starke Motivation und unendlich erscheinende Energie, auf jedem denkbaren Weg Geld zu verdienen oder Geld zu beschaffen. Häufig tritt die Jagd nach demonstrativen Anschaffungen und Symbolen der Mittelschicht so stark in den Vordergrund, dass die naturgegebene Resonanzfähigkeit der Kinder der permanenten Suche nach quantitativ darzustellenden Ressourcen erstickt.

3. *Der Kontakt- und Erfahrungsspielraum ist eingeschränkt (vgl. Chassé 2010).*

Soziale Beziehungen können sich nicht – wie bei Kindern aus anderen Familien – über Vereine, bei Kinoverabredungen, »beim Shoppen« oder im Austausch über Urlaubsfahrten bilden, sondern bewegen sich häufig im sozialen Netzwerk der Eltern und der unmittelbaren Nachbarschaft. Im weiteren Verlauf bilden sich auch Freundschaften anhand der vorrangigen Aufenthaltsorte der Kinder und werden gefestigt durch Äußerlichkeiten. Arme Kinder vernetzen sich demnach nicht vorwiegend in der Musikschule, im Sportverein oder später in der *Band*, sondern innerhalb ihrer Nachbarschaft und innerhalb ihrer Schulklasse, wenn sie dort integriert sind und nicht ihrerseits aufgrund der Armut ausgegrenzt werden. Die Einschränkungen hinsichtlich der Teilhabe an Kulturgütern der Gesellschaft sind häufig bereits in der frühen Jugendphase beträchtlich. So ist auch verständlich, dass Kinder aus armen Familien innerlich oft weit entfernt sind von einer Begeisterung für bürgerliche Kunst, das bürgerliche Museum, das etablierte Theater und Literatur. Häufig spielen allerdings subkulturspezifische Kulturgüter eine wichtige Rolle. Die Arbeitsbelastung der Eltern – etwa durch zusätzliche Minijobs – geht auf Kosten der Erholung, der gemeinsamen Freizeit von Kindern und Eltern, und auf Kosten des Wochenendes, der Feiertage und der Abende. Daraus entsteht oft Einsamkeit der Kinder, die sich – unbeaufsichtigt – mit ungeeigneten Medien oder Drogen beschäftigen können.

Suchtmittel und Abhängigkeiten bilden ebenso wie Medienmissbrauch ein erhebliches Entwicklungsrisiko armer Kinder. Resonanztheoretisch betrachtet, kompensieren diese Suchtmittel mit ihrer Wirkung einen sonst resonanzarmen Lebensalltag oder betäuben die indifferente oder repulsive Weltbeziehung.

4.2 Sozio-kulturelle Gefährdungslagen

Die alltäglichen Lebensgewohnheiten und Vorlieben der Menschen in unserem Land unterscheiden sich zum Teil erheblich. In nahezu jedem Lebensbereich ließen sich ohne Probleme Geschmäcker finden, die sich diametral entgegenstehen. So beurteilen die einen die Kleidung der anderen als spießig, und beschreiben die anderen die Musik der einen als Lärm. Außerdem sind die Autos »prollig« und die Wohnverhältnisse »unmöglich«. Was für die einen ein »anspruchsvolles Wochenende« war, ist für die anderen »borniert er Mist«. Autopflege gehört für die einen neben Fußballgucken und gemütlichem Trainingsanzug zu den drei *Musts* des Wochenendes und kämen für die anderen nicht einmal im harten Lockdown einer weltweiten Pandemie in Frage.

Seit vielen Jahrzehnten versuchen Sozialwissenschaftler die Zusammensetzung der deutschen Bevölkerung hinsichtlich ihrer Werte und ihrer Lebensweise zu verstehen und zu systematisieren. Zunächst finden sich Modelle vertikaler Differenzierung, die die Bürgerinnen und Bürger in Schichten und Stände einteilen. Zugrunde gelegt werden im Wesentlichen Bildung und Qualifikationen, Einkommen und ökonomische Situation sowie ihr Status im Produktionsprozess. Durch einen solchen Zugang werden Gruppierungen zusammengefasst, die aufgrund ihrer Soziallage verbunden sind. Vor diesem Hintergrund entstand das bedeutende sogenannte *Zwiebel-Modell* von Karl M. Bolte et al. (1967):

Diese Form der sozialen Schichtung differenziert später Reiner Geißler (2011) weiter aus, indem er Ralf Dahrendorfs sogenanntes *Haus-Modell* (Dahrendorf 1965) »modernisiert« und auf den Stand der Zahlen von 2000 bringt. In der Darstellung sind bereits einzelne qualitative Aspekte zu erkennen – wenn auch ausschließlich auf Arbeit und Beruf bezogen.

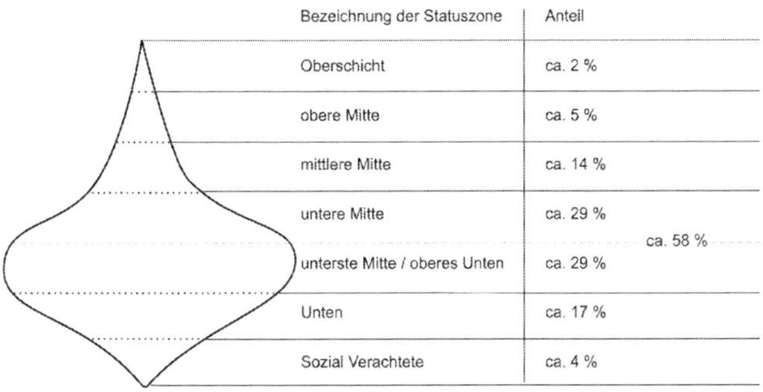

4.2 Sozio-kulturelle Gefährdungslagen

Bezeichnung der Statuszone	Anteil
Oberschicht	ca. 2 %
obere Mitte	ca. 5 %
mittlere Mitte	ca. 14 %
untere Mitte	ca. 29 %
unterste Mitte / oberes Unten	ca. 29 %
Unten	ca. 17 %
Sozial Verachtete	ca. 4 %

ca. 58 %

Abb. 3: Soziale Schichtung der Bevölkerung im Deutschland der 1960er Jahre (Bolte 1967, 316)

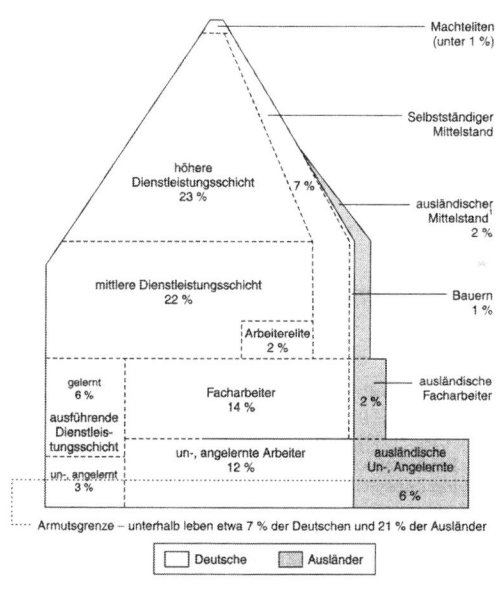

1 Selbstständige, mittlere und höhere Dienstleister
Datenbasis: SOEP 2000; N = 17.850; berechnet von *Stefan Weick*

Abb. 4: Soziale Schichtung der Bevölkerung in Deutschland 2000 (Geißler 2011, 100).

Innerhalb der vertikal differenzierenden Modelle ist es allerdings nicht möglich, Unterschiede zwischen den Lebensentwürfen und Lebensvorstellungen zu erfassen, die nicht in erster Linie Geld, Bildungsabschlüsse oder Einkommen fokussieren, sondern beispielsweise Gewohnheiten, Vorlieben, Prioritäten und den Geschmack der Menschen berücksichtigen. Es liegt hier also eine stark ressourcenfixierte Betrachtungsweise vor. Insbesondere als Grundlage für pädagogische Überlegungen interessiert uns jedoch, welche Ideen, Traditionen, Ziele und Werte Menschen in bestimmten Lebensstilgruppen wichtig, angenehm oder völlig unmöglich finden. Es interessiert uns sogar mehr, wie sie eingerichtet sind als über wie viel Vermögen ihre Eltern verfügten.

Der von Pierre Bourdieu entwickelte Begriff des *Habitus* kommt diesem Interesse schon näher. In seinem Buch *Der feine Unterschied* (Bourdieu 1982) beschreibt er im Jahr 1979 den Kulturkonsum verschiedener Gesellschaftsgruppen, indem er darstellt, dass Geschmack durch Einflussgruppen quasi anerzogen wurde. Abgrenzbare Gruppen innerhalb der Gesellschaft haben jeweils vergleichbare Lebensgewohnheiten und Interessen. Allerdings ist die Teilhabe am gesamten »Kulturvolumen« einer Gesellschaft auf unterschiedliche »Kapitalsorten« beschränkt. Bourdieu unterscheidet hier das ökonomische Kapital, das kulturelle Kapital und das soziale Kapital (Bourdieu 1983). Der »Soziale Raum« kann dargestellt werden, indem auf der Vertikalen und der Horizontalen die Ausprägung der verschiedenen Kapitalsorten miteinander in Beziehung gesetzt werden und in einer dritten Dimension beispielsweise Lebenslauf, Schichtzugehörigkeit (Herkunftsfamilie) und beruflicher Werdegang verzeichnet sind. Mit dieser Unterscheidung wird deutlich, dass statische Strukturen und überkommene Besitzverhältnisse auch wesentlich über die Teilhabe am kulturellen Leben – und damit an Bildung und Aufstiegsmöglichkeiten – in einer Gesellschaft bestimmen. »Die Kenntnis der sozialen Welt, die die Soziologie liefert, ist ohne jeden Zweifel eine der unerlässlichsten Voraussetzungen eines wirklich verantwortlichen kritischen Denkens« (Bourdieu 1983, 173).

4.2 Sozio-kulturelle Gefährdungslagen

Nachdem Jörg Ueltzhöffer und Berthold Flaig den Begriff der »sozialen Milieus« entwickelt hatten (Ueltzhöffer/Flaig 1992), setzt Gerhard Schulze im Jahr 1992 mit seinem Buch *Die Erlebnisgesellschaft* (Schulze 2005) den Startschuss für einen neuen Trend in der Sozialforschung. Ein elaboriertes Modell stellt seit dieser Zeit das Sinus-Institut in Heidelberg zur Verfügung. Allerdings arbeitet *Sinus Sociovision* marketingorientiert und verkauft die Ergebnisse seiner Studien an kommerzielle Unternehmen, die über die Lebensgewohnheiten und Geschmäcker ihrer Kunden Informationen wünschen, um gezielt Werbung platzieren zu können. Trotz dieser Einschränkung haben die jährlich aktualisierten Übersichten auch für pädagogische Überlegungen großen Wert. Die Konzeption dieser repräsentativen Befragung in Deutschland wurde in Zusammenarbeit mit dem Statistischen Bundesamt sowie mit den Statistischen Landesämtern auf der Grundlage von Kennziffern aus dem Mikrozensus erstellt. Milieubeschreibungen fassen Gruppen zusammen, die sich hinsichtlich ihrer wichtigsten Werte, ihrer Prinzipien der Lebensgestaltung, ihrer Wahrnehmung, der Gestaltung ihrer Beziehungen zu den Mitmenschen und ihrer Mentalitäten ähneln. Es geht hierbei nicht um Festschreibungen, Etikettierungen oder Vorverurteilungen, sondern um den Versuch, Strukturen in unserer Gesellschaft und Beweggründe von Menschengruppen zu verstehen (vgl. Hradil 2001). Nach einem »Modellwechsel« bei Sinus (vgl. Sinus 2011) und noch restriktiveren Kaufmodalitäten für ihre Ergebnisse stellt nun das DELTA-Modell eine sinnvolle Fortentwicklung der Sinus-Milieus dar und steht der Öffentlichkeit über verschiedene Plattformen und Veröffentlichungen auch unentgeltlich zur Verfügung (DELTA 2020). Die Daten wurden vom Delta-Institut in Penzberg z. T. bereits im Blick auf pädagogische Belange aufgearbeitet und beziehen die Ergebnisse zu den Sinus-Milieus mit ein.

Welche Werte und Lebenseinstellungen teilen nun die Lebensstilgruppen miteinander? Zum Verständnis des sogenannten »Kartoffelmodells« sind zwei Vorbemerkungen notwendig: Die neun Basismilieus sind jeweils noch in zwei Submilieus unterteilt, die z. T. polarisiert dargestellt werden. Die Submilieudifferenzierung ist

4 Primäre Resonanzbenachteiligung und gefährdende Lebenswelten

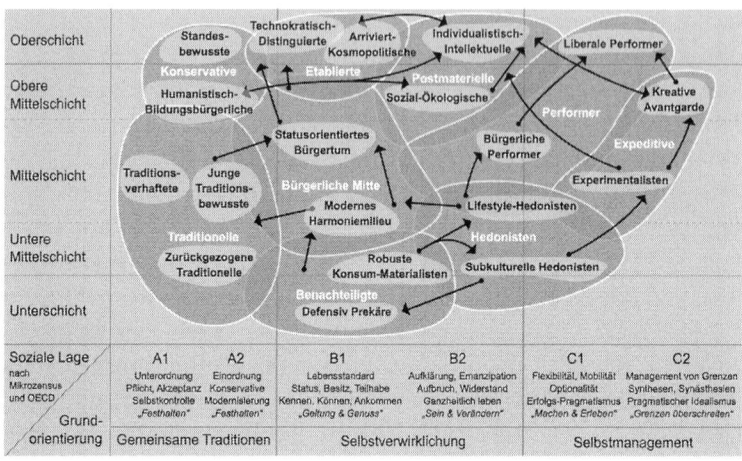

Abb. 5: Die soziale Differenzierung Deutschlands (Delta 2020)

hilfreich, um präziser charakterisieren zu können und um weniger platt Individuen zu beschreiben. Die zweite Vorbemerkung bezieht sich auf den Aufbau der Grafik als solche. Auf der vertikalen (y-)Achse finden sich die Informationen zur sozialen Lage – nach OECD und Mikrozensus. Hier bilden sich demografische, bildungsbezogene und materielle Daten ab. Auf der x-Achse findet sich die jeweilige Grundorientierung in Wertabschnitte unterteilt. Als Faustregel kann gelten: Je weiter rechts ein Milieu beschrieben wird, desto moderner, risikofreudiger und innovationsorientierter ist es. Die Wertabschnitte A bis C beinhalten verbindende Prioritäten der Milieugruppen: A = *Gemeinsame Traditionen wahren*, B = *Selbstverwirklichung suchen* und C = *Selbstmanagement finden*. Grundsätzlich lassen sich die Milieus also in Wertorientierungsabschnitten zusammenfassen (Konservative und Traditionelle = A; Etablierte, Postmaterielle, Bürgerliche Mitte und Benachteiligte = B; Performer, Expeditive und Hedonisten = C) oder in der erkennbaren Struktur des *OBEN* und *UNTEN* betrachten. Nach dieser Ordnung sind dann *klassisch gehobene Leitmilieus* von *jungen gehobenen Milieus*, von *Milieus im konventionellen Mainstream* und schließlich von *Milieus der modernen Unterschicht* zu unterscheiden.

4.2 Sozio-kulturelle Gefährdungslagen

In der gebotenen Kürze sollen im Folgenden Steckbriefe über zentrale Werthaltungen der Milieus informieren. Relevant ist dieser Eindruck verschiedener Arten der Weltbeziehung und grundlegender Welthaltungen deshalb, weil in der Schule Kinder mit diversen Milieuprägungen auf Lehrkräfte treffen, deren Sozialisation sich u. U. stark von der eigenen unterscheidet. Grundlage des Abschnittes sind die ausführlichen Darstellungen von Wippermann (2011) und die Daten auf der Homepage des Delta-Instituts (Delta 2020).

1) Zu den klassisch gehobenen Leitmilieus zählen ....

Konservative (4 % der Bürgerinnen und Bürger)
Sie stellen das deutsche Bildungsbürgertum dar und verstehen sich selbst als moralische und gesellschaftliche Autorität. Gepflegte Umgangsformen, klare Vorstellungen vom richtigen und falschen Leben und leidenschaftliches Interesse an der moralischen und funktionalen Zukunftsfähigkeit unserer Gesellschaft zeichnen das Milieu aus. Zentrale Werte sind: Pflichterfüllung, Disziplin, Erfolg und gute Vernetzung. Für *Konservative* gibt es mit dem jungen Erwachsenenalter eine klar benennbare Lebensspanne, in der wichtige Entscheidungen getroffen werden. Sie betreffen die persönlichen Lebenswerte und insbesondere die Wahl des Berufes und des Partners. Ein Wechsel in diesen Formalia ist nahezu undenkbar.

Etablierte (5 % der Bürgerinnen und Bürger)
Sich selbst verstehen sie als professionelle und kreative Querdenker, die insbesondere gegen traditionalistische Unbeweglichkeit vorgehen. Das Milieu legt großen Wert auf Stil und gute Kleidung. Im Beruf liegt die Betonung auf der Eigenverantwortung und dem Führungsanspruch. Eine Führungsrolle wird allerdings unkonventionell z. B. mit »Lockerheit« gefüllt. Die *Etablierten* arbeiten an sich und ihren Meinungen über verschiedene Aspekte des Lebens und schätzen sich beruflich als äußerst diszipliniert und fokussiert ein.

Postmaterielle (9 % der Bürgerinnen und Bürger)
Aufgeklärte Bildungselite mit individualistischer und liberaler Grundhaltung. Die Alltagsphilosophie gründet in der Kritik und der Entschlossenheit, dem Schein der Masse nicht zu trauen. Kritische Debatten aktueller Zeitgeistströmungen und eine beständige Suche nach neuen Lösungen, nach sozialer Gerechtigkeit, Weltverbesserung und kognitiver Auseinandersetzung mit Zuständen und Meinungen prägen das Leben der *Postmateriellen*. Dabei suchen sie immer auch eine optimale Form der Selbstverwirklichung, sprich: der Umsetzung ihrer Fähigkeiten und Neigungen.

2) Zu den jungen und gehobenen Milieus zählen ....

Performer (14 % der Bürgerinnen und Bürger)
Das Selbstwertgefühl speist sich im Wesentlichen aus dem, was man noch zu leisten plant. Mit stets aktuellem Wissen auf höchstem Niveau und technischer Perfektion sollen die hohen beruflichen Positionen und Verantwortungen zu neuen internationalen Allianzen verbunden werden. Kompetenzerweiterung, Fortbildung und Vernetzung sind zentrale Elemente des Lebens. Eine Selbstdefinition findet auch über den vollen Terminkalender und den ausgefallenen und hochwertigen Lebensstandard statt. Dabei stehen die eigene Welterfahrung, die Flexibilität, die Mobilität und damit das geforderte Selbstmanagement in diesem Leben im Mittelpunkt der Wahrnehmung.

Expeditive (8 % der Bürgerinnen und Bürger)
Sie sind nicht bereit, mit dem Mainstream zu leben – aber haben auch keine Ambitionen, die Welt zu verbessern (anders als die *Postmateriellen*). *Expeditive* konstruieren sich mehr als andere Milieus ihre eigene Welt. Sie sind Lebenskünstler und wollen ihre eigenen Grenzen kennenlernen und ggf. erweitern. Ihre hohe Bildung und gehobene Positionen ermöglichen es ihnen jedoch zugleich, ein »normales« – und in gewissem Rahmen stabiles – Leben zu führen, und damit, trotz ihrer unkonventionellen Einstellung, feste Lebensbezüge zu erstellen

(Heirat, Familie, eigenes Haus etc.). Diese festen Lebensbezüge sind allerdings dann häufiger einem Wechsel unterzogen als dies in anderen Milieus der Fall ist.

3) **Zu den Milieus im konventionellen Mainstream zählen ...**

Traditionelle (15 % der Bürgerinnen und Bürger)
Das Milieu erstreckt sich in vertikaler Hinsicht über drei Schichten und vereint drei Submilieus. Zum einen ist mit den *Traditionsverhafteten,* die Sicherheit und Ordnung liebende Nachkriegsgeneration zu beschreiben, die lokal in einer Art kleinbürgerlichen Welt verwurzelt ist. Sie identifizieren sich mit der Region, mit der Kirche, mit den Vereinen und wollen, dass alles so bleibt, wie es ist. Ihre einzige Sorge: dass sich ihre soziale Lage verschlechtern könnte.

Die zweite Gruppe bilden die *jungen Traditionellen,* die einerseits traditionsbewusst leben (auch eine klassische Rollenverteilung pflegen) und lokal verortet sind, sich aber andererseits von den Moralvorstellungen ihrer Eltern lösen wollen. Sie erben von den Eltern (z. B. einen Bauplatz), sind fleißig, haben enge Bindungen zu ihren Arbeitgebern und schätzen die eigene Familie sehr. Eine ihrer zentralen Sorgen: Die Region verlassen zu müssen, um beispielsweise eine andere Arbeitsstelle anzunehmen.

Zum dritten Submilieu der *zurückgezogenen Traditionellen* gehören alte Menschen. Sie leben zurückgezogen und häufig am Existenzminimum. Ihr Alltag besteht vielfach aus Warten. Sie warten im Wesentlichen auf die Abfolge der Tagespunkte im festen Rhythmus des Alltags – wie etwa auf die Mahlzeiten, die Spaziergänge, eventuell den Besuch, einen Anruf oder die Verabredung zum Kaffee. *Zurückgezogene Traditionelle* fühlen sich »jetzt übrig« und leben häufig räumlich entfernt von ihren Kindern und Enkeln.

Bürgerliche Mitte (18 % der Bürgerinnen und Bürger)
Das *statusorientierte Bürgertum* stellt ein Submilieu dar, das sich mit Gütern, Bildung und Prestige gut ausgestattet sieht und insgesamt in beruflich und familiär stabilen Verhältnissen lebt. Ihr Grundstreben

gilt dem Erhalt dieser Situation. Anzeichen dafür sind ihre Statussymbole: der dargestellte materielle Wohlstand. Ihr Engagement bringen sie in die regionale Gemeindearbeit ein und sind in den verschiedenen Bezügen meistens Wortführer. Ihre Kinder werden nach Kräften in Schule und Ausbildung oder Studium gefördert und unterstützt.

Das *moderne Harmoniemilieu* als zweites Submilieu der Bürgerlichen Mitte stellt eher die kleinbürgerliche Welt qualifizierter Handwerker, Angestellter und kleiner Selbstständiger mit ihrer modernen Form des genügsamen Lebensstils dar. Ihr Motto ist »Anschluss halten« durch Streben nach Modernität – aber kein Risiko eingehen und nichts übertreiben. Obwohl ein stetiger Begleiter die stille Sorge ist, den Arbeitsplatz zu verlieren und sozial abzustürzen, hat sich im modernen Harmoniemilieu Zufriedenheit breitgemacht.

Sie schätzen sich fortschrittlicher und moderner ein als die ähnlich situierten *jungen Traditionellen*. Insgesamt ist allerdings in der *Bürgerlichen Mitte* der Gesellschaft ein zunehmendes Absetzen von allzu kritischen, kompetenzerweiternden und nach Weiterentwicklung strebenden Gruppierungen zu beobachten. Damit zeigen sich Distinktionslinien zwischen der *Bürgerlichen Mitte* und etwa den *Postmateriellen* sowie den *Performern*. Es wird deutlich, dass »die Mitte der Gesellschaft« zugunsten einerseits aufstrebender und andererseits zunehmend randständiger Milieus in Auflösung begriffen ist.

4) Zu den Milieus der modernen Unterschicht zählen ...

Benachteiligte (16 % der Bürgerinnen und Bürger)
Die stark materialistisch geprägten *Konsum-Materialisten* verfolgen das Ziel, von den »normalen« Bürgern Anerkennung zu erfahren und an der lokalen Gemeinschaft teilzuhaben. Grundgefühl ist die Jagd nach Normalität und demonstrativem Konsum, um damit zu zeigen, dass man noch nicht ganz unten angekommen ist. Hierzu zählen (günstige) Reisen, demonstrative Anschaffungen (z. B. von Kleidung und Konsumgütern) und Besuch von Freizeitparks und öffentlichen Events. Das Rollenverständnis ist klassisch und tendenziell machohaft.

4.2 Sozio-kulturelle Gefährdungslagen

Die Mitglieder des *defensiv-prekären* Submilieus sind dagegen in der Öffentlichkeit kaum wahrzunehmen. Sie empfinden sich von der Gesellschaft ausgeschlossen und weisen einen hohen Anteil an Langzeitarbeitslosen und Hartz-IV-Empfängern auf. Dominantes Gefühl im Submilieu der *Defensiv Prekären*: »Ich bin nichts wert«. Zur Erinnerung: Im Submilieu der *zurückgezogen Traditionellen*: »Ich bin jetzt übrig«. Sie meiden alle Umstände, in denen sie anderen Menschen oder fordernden Situationen ausgesetzt sind.

Hedonisten (11 % der Bürgerinnen und Bürger)
Die *Lifestyle-Hedonisten* suchen nach aufregenden Erlebnissen, nach neuen Medien und nach ununterbrochener Kommunikation mit Freunden und der Welt. Beruflich leben sie diese Neigung ebenfalls aus: Sie tendieren zu Jobs mit Erlebnischarakter und befristeten Beschäftigungsverhältnissen. Dadurch können sie Lebendigkeit und erotische Ausstrahlung demonstrieren. Allerdings sind *Lifestyle-Hedonisten* jederzeit mit der bürgerlichen Gesellschaft in Kontakt.

Anders das zweite Submilieu der *Hedonisten*: Die *Subkulturellen Hedonisten* leben bewusst am Rand der Gesellschaft. Sie leben radikal die eigene Freiheit und riskieren Extremes und Tabubrüche. Im Alltag wollen sie sich dem Leistungsdruck und den Erwartungen der Bürgerlichen nicht beugen.

Durch biografische Interviews konnte in begrenztem Umfang der Frage nachgegangen werden, inwiefern im Lebensverlauf Milieuwanderungen einzelner Personen oder Milieugruppen nachvollzogen werden können. Die Befragungen wurden retrospektiv geführt und besitzen natürlich nur begrenzte Gültigkeit. Einige interessante Beobachtungen weisen auf die Zeit der Ausbildung bzw. des Studiums als eine Phase im Leben hin, in der junge Erwachsene ihr Herkunftsmilieu verlassen und bis zur beruflichen Etablierung oder der eigenen Familiengründung durch verschiedene Milieus wandern.

Anhand der dominanten Milieupfade wird deutlich, welche Milieus besondere Affinitäten zueinander haben und welche nicht. Nebeneinanderliegende Milieus sind eher durch ihre antithetische Beziehung

4 Primäre Resonanzbenachteiligung und gefährdende Lebenswelten

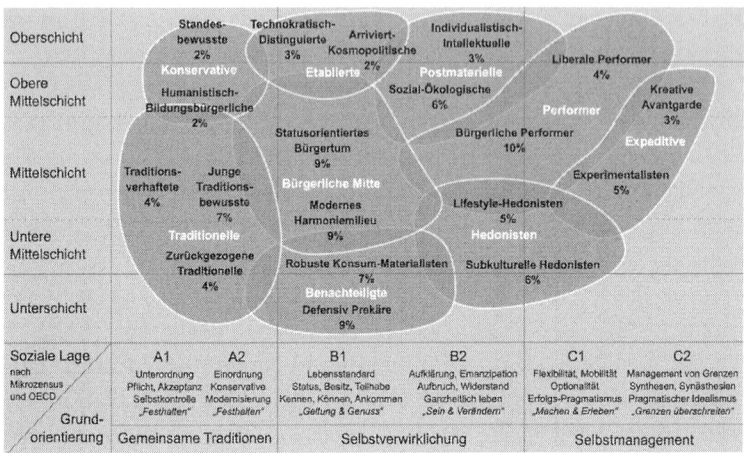

Abb. 6: Milieumobilität im Lebensverlauf (Wippermann 2011, 89; vgl. DELTA 2020)

gekennzeichnet und machen dies in ihrer Grundausrichtung deutlich: *Etablierte* beispielsweise stellen die Antithese der *Konservativen* dar und haben wiederum mit den *Performern*, die ihrerseits die Antithese zu den *Postmateriellen* bilden, gemeinsame Grundorientierungen. Die Wahrscheinlichkeit, dass ein *Postmaterieller* also im Laufe seines Lebens zu den *Konservativen* abwandert, ist wesentlich höher als ein Milieuwechsel zu den *Etablierten* (vgl. Wippermann 2011, 88). Diese Ergebnisse stellen in gewissem Sinne auch die Stabilität der gesellschaftlichen Differenzierung dar.

Bürgerinnen und Bürger mit Migrationshintergrund stellen in Deutschland keine soziokulturell homogene Gruppe dar, sie sind vielmehr sozial ausgesprochen differenziert und finden im Wesentlichen Abbildung in den deutschen Milieus. Unter den Migranten sind mitunter gemeinsame lebensweltliche Muster bei unterschiedlichen Herkunftskulturen zu beobachten (vgl. Beck/Perry 2007), weshalb es nicht möglich ist, von der Herkunftskultur auf ein bestimmtes Milieu in Deutschland zu schließen. Der Einfluss religiöser Tradition auf die Lebenswirklichkeit der Bürgerinnen und Bürger mit Migrationshintergrund wird häufig überschätzt. Ausnahmen bestätigen die Regel.

4.2 Sozio-kulturelle Gefährdungslagen

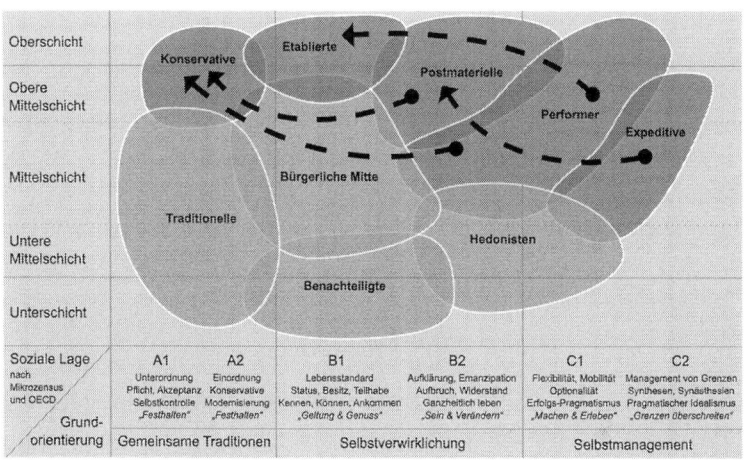

Abb. 7: Dominante Milieupfade und Milieuaffinitäten (aus: Wippermann 2011, 87)

Ein problematischer Teilhabe-Status ergibt sich ganz parallel zu den deutschen Milieus in den Bereichen der Unterschicht, im *religiös verwurzelten* Milieu, im *entwurzelten Flüchtlingsmilieu* und im *hedonistisch subkulturellen* Milieu.

Soziale Milieus, Migrationshintergrund und Lebensstilgruppen beschreiben Wahrnehmungsmuster und Wertorientierungen, die sozial benachteiligte Kinder aus den unterschiedlichen Milieus maßgeblich von den Lehrkräften unterscheiden. Die Zugehörigkeit zu bestimmten Milieus und Lebensstilgruppen oder ein bestehender Migrationshintergrund sind nicht *an sich* resonanzbenachteiligend, sie *werden* es erst durch zunehmende Differenzen zwischen den individuellen Plausibilitätsstrukturen der beteiligten Lehrkräfte und der betreffenden Kinder.

Lehrerinnen und Lehrer haben zum Teil Schwierigkeiten, Lebenswelten und Lebenswirklichkeiten und die damit verbundenen Prioritäten in den jeweiligen Milieus und Lebensstilgruppen ihrer Schülerinnen und Schüler zu verstehen und nachzuvollziehen. Außerdem führt eine habituelle Ferne nicht selten zu Missverständnissen und Problemen in der Interaktion. Hier spielen Prioritäten und Lebensperspektiven, Interessensentwicklungen und kulturelle Horizonte entscheidende Rollen.

Insbesondere Kinder aus den Milieus der modernen Unterschicht (*Benachteiligte* =16 % und *Hedonisten* = 11 %) unterscheiden sich in ihrer Werteprägung z. T. erheblich von den Milieus der *Bürgerlichen*, die sich im schulischen Kontext aus der *Bürgerlichen Mitte*, den *Traditionellen* und zu einem Teil auch den *Performern* (*Bürgerliche Performer* = 10 %) zusammensetzen. Aus der Tatsache heraus, dass die Gruppe der Lehrkräfte im Wesentlichen aus der *Bürgerlichen Mitte* stammt, ergeben sich dezidierte Spannungspotenziale, die sich anhand der ausgewählten Bildungsinhalte, der Art und Weise, wie Unterricht strukturiert wird, der Interaktionsformen zwischen Lehrkräften und Schülern und des vorausgesetzten Einsatzes der Elternhäuser darstellen lassen.

Bemerkenswert scheint in diesem Zusammenhang noch eine zweite Differenzlinie zu sein: Diejenige zwischen den Lehrkräften und den Schülern aus »gehobenen« Elternhäusern. Es handelt sich dabei um die Milieus der *Etablierten*, der *Postmateriellen*, der *liberalen Performer* und der *Expeditiven*.

Sowohl innerhalb der Schülerschaft können also Differenzen um zentrale Werthaltungen und grundsätzliche Einstellungen entstehen als auch zwischen Lehrpersonen und den jeweiligen Elternvertretern der fremden Milieus. Damit befindet sich der Lehrer innerhalb des Klassenverbandes unter erheblichem Druck, denn unabhängig von den finanziell tatsächlich verfügbaren Mitteln stehen sich damit drei Prägungen gegenüber: die moderne Unterschicht mit ihren beschreibbaren Prioritäten, der konventionelle Mainstream einschließlich der bürgerlichen Performer und schließlich die klassisch gehobenen Leitmilieus.

Ohne Zweifel ist vor dem Hintergrund dieser Spannungen auch ein erhebliches Maß an Verunsicherung der Lehrkräfte zu verstehen, die diese ihrerseits möglicherweise durch stark strukturierte Konzepte zu überwinden suchen. Insbesondere die unterschiedlichen

Tab. 6: Spannungen zwischen typischen Lehrermilieus (Mitte) und a) benachteiligten Schülergruppen sowie b) Schülern aus gehobenen Milieus

a) Benachteiligte Hedonisten	• Bürgerliche Performer • Bürgerliche Mitte • Traditionelle Milieus	b) Etabliert • Postmaterielle • Liberale Performer • Expeditive
• Stark materialistisch geprägte Werte, die zur Anerkennung führen sollen • Demonstrativer Konsum und viele Anschaffungen • Traditionelle Rollenverteilung • Rückzug und Resignation (im Submilieu der Defensiv Prekären) • Intensive Happenings gehören zu einem guten Tag • Z. T. radikales Ausleben der eigenen Freiheit (subkulturelle Hedonisten)	• Berufliche Position • Kompetenzerweiterung ist geplant • Leistung steht im Mittelpunkt • Selbstmanagement und Disziplin sind selbstverständliche Ziele • Fleiß und klassische Werte sind wichtig • Beständigkeit, Solidität und Zuverlässigkeit • Zukunftsabsicherung und Zukunftsplanung • Prestige und dargestellter Wohlstand • Demonstrierte Bildung und Kultur • Traditionelle Werte	• Stil und Bildung • Kritikfähigkeit und kognitive Auseinandersetzung mit allen Gegenständen des Lebens. • Selbstwertgefühl entsteht aus dem, was man noch zu leisten plant • unter keinen Umständen mit dem Mainstream leben • Lebenskünstler, Ungewöhnliches und Gewagtes sind wichtige Accessoires des Lebens

Erziehungsstile der Elternhäuser, die sich einerseits liberal und auf Selbstbewusstsein und Eigenverantwortung ausgerichtet zeigen (gehobene Leitmilieus) und andererseits häufig auf Gehorsam und Unterordnung Wert legen, und dabei eher autoritär erziehen (Unterschicht), prägen die Voreinstellungen der Schüler und den Umgang zwischen Lehrer und Eltern.

Die Erziehungsstile unterscheiden sich stark nach dem Bildungsniveau der Eltern: Mit steigender Bildung werden die Praktiken weniger autoritär (Koch 2007, 112). So stellen z. B. offene Lernformen allgemein anerkannte und entwicklungsfördernde Alternativen zu den eher direktiv und autoritär scheinenden frontalen Unterrichtsformen dar, bergen aber für Kinder aus instruktionslastig oder laissez-faire umgehenden Elternhäusern erhebliche Schwierigkeiten. Sie sind u. U. von vornherein nicht in der Lage, selbstorganisiert zu lernen, weil sie nicht ad hoc mit viel Freiheit im Lernprozess umgehen können.

Weiteres Konfliktpotenzial entsteht aus dem unterschiedlichen Maß an Engagement der Eltern im Kontakt mit vorschulischen und schulischen Institutionen. Wenn die Mitglieder eines Milieus bildungsfern leben und denken, stellt innerhalb der verschiedenen Sozialisationsinstanzen nicht nur Elternarbeit eine besondere Herausforderung dar, sondern bilden sich in der Wahrnehmung der Kinder möglicherweise ganz unterschiedliche Zugangsweisen zu Problemen, Lernaufgaben und Verhaltensweisen. Kulturgüter, deren Gestaltung, Präsentationsweise und Zugänglichkeit grundsätzlich durch die bildungsnahen Milieus und Lebensstilgruppen beansprucht werden, fehlen den Kindern während der entscheidenden Entwicklungsphase eines selbstbewussten Leistungswillens und einer positiven Einstellung zur Selbstwirksamkeit. Im Blick auf kulturelle Lerngegenstände haben die betreffenden Kinder womöglich bereits beim Eintritt in die Schule primäre Resonanzbeeinträchtigungen erworben.

In Zusammenhang mit sozio-kulturellen Gefährdungslagen ist die gesonderte Besinnung auf Kinder mit Flucht- und Migrationserfahrung unerlässlich. In ihren *Fallstudien zur beruflichen Qualifizierung von Flüchtlingen* beschreiben Joachim Schroeder und Louis Henri Seukwa (2007) Schicksale und Lebensbilder von Jugendlichen und jungen Erwachsenen, die als »Quereinsteiger« nach Deutschland kommen und keine Bildungsgänge vorfinden, die ihnen eine begabungsgemäße und zugleich bedürfnisorientierte Ausbildung ermöglichen. Junge Migranten, die als Geflüchtete nach Deutschland kommen, verfügen über Mehrsprachigkeit, sind häufig entbehrungserfahren und zielstrebig. Junge Flüchtlinge, ohne einen gesicherten Aufenthaltsstatus,

4.2 Sozio-kulturelle Gefährdungslagen

leben in Deutschland unter erheblichem innerem Stress. Sie kommen einerseits häufig aus einem Sozialisationshintergrund, der ihnen nicht die Möglichkeit reifender Resonanzerfahrung, Lerngewohnheit und Horizonterweiterung bieten konnte. Sie starten also in fortgeschrittenem Alter ohne entsprechende altersgemäße Reife.

Einerseits verfügen sie über Kompetenzen, die genutzt werden könnten, um Versäumtes nachzuholen und Notwendiges zu erlernen, andererseits muss im schulischen Bildungsprozess dieser Jugendlichen die erzwungene oder freiwillige Rückkehr in ihr Herkunftsland, aber auch die Weiterwanderung in einen anderen Staat jederzeit mitgedacht und pädagogisch berücksichtigt werden (Schroeder 2007b). Dabei weisen Seukwa/Schroeder (2007) auf die Bildungsproblematik in Zusammenhang mit dem »neuen Wanderungstyp« Transmigration hin. Wenn weltweit wandernde Flüchtlinge und Migranten in verschiedenen Ländern leben, haben sie keine Möglichkeit, in der dort jeweils vorgesehenen Zeit und am dort jeweils vorgesehenen Ort ihre Bildung ordnungsgemäß zu erwerben, um dann formalgebildet auf dem Arbeitsmarkt »anzukommen«. Insbesondere Flüchtlinge in dieser Lage zeichnet also im Blick auf unser Schulsystem eine primäre Resonanzbeeinträchtigung dergestalt aus, dass die wesentlichen Resonanzachsen zum schulischen Angebot nicht passen.

Unabhängig von den strukturellen und formalen – häufig bürokratischen – Möglichkeiten zur Integration scheint entscheidend, auf die in Deutschland erheblich altersuntypischen Resonanzachsen pädagogische Antworten zu finden. So ist notwendig und lobenswert, dass sich Schulverantwortliche Gedanken über »Habitussensibilität« (Schroeder 2018), über einen klugen Umgang mit besonderen Antinomien im Leben der Geflüchteten (Hiller/Mater 2018) und über Unterstützungssysteme für Geflüchtete im Übergang zwischen Schule und Erwerbstätigkeit (Gag 2018) machen. Seit vielen Jahren sammelt der pensionierte Pädagogikprofessor Gotthilf Hiller Geschichten und Erfahrungen von geflüchteten Jugendlichen, die am pädagogischen Unvermögen der Lehrkräfte und den schulischen Strukturen in Deutschland scheitern, weil sie durch ihre z.T. bedrückenden Erfahrungen weniger sogenannte »Anpassungsfähigkeit« aufbringen, als

85

4 Primäre Resonanzbenachteiligung und gefährdende Lebenswelten

von den Vertretern des Schulsystems gefordert wird. So gibt Hiller in seinem lesenswerten Beitrag *Auch Rasin muss diesen Anforderungen genügen: Wie berufliche Schulen junge Geflüchtete abwerten* seinen Schriftwechsel mit der Leitung einer Berufsschule wieder, aus dem sowohl die besonderen Beeinträchtigungen von Rasin, einem gut begabten jungen Mann aus Syrien, als auch das buchstäblich gnadenlose Regime der Schulleitung hervorgehen (Hiller 2019).

Im Blick auf die schulische Förderung von Kindern mit Migrationshintergrund wurden in den vergangenen Jahren verschiedene Schwerpunkte vertreten. Die pädagogische Diskussion darüber, wie mit Menschen aus anderen Ländern in der Schule in Deutschland umgegangen werden solle, scheint sich in befremdender Weise an der wirtschaftlichen Entwicklung Deutschlands orientiert zu haben. Die Geschichte der Ausländerpolitik ist zeitweise durch eine ausgesprochen unklare Rechtslage und menschliche Härte für die betroffenen Gastarbeiter gekennzeichnet. Die pädagogische Diskussion verlief in Phasen, die allerdings deshalb kaum konsensfähig abgebildet werden können, weil das Themenfeld der Integration die beteiligten Wissenschaftler dazu einlud, je nach persönlicher Schwerpunktsetzung immer auch andere Differenzlinien (Geschlecht, Behinderung, sexuelle Orientierung, soziale Lebenslagen etc.) als wesentlich zu betrachten. Grundsätzlich kann die Entwicklung von »der Ausländerpädagogik« zur »interkulturellen Bildung« holzschnittartig in zwei Zeitabschnitten zusammengefasst werden:

1. Phase: Ausländerpädagogik

In den 1960er Jahren wurden zwischen Deutschland und verschiedenen Ländern »Anwerbeverträge« für Arbeitskräfte geschlossen, da zwar das Wirtschaftswachstum im Land anhielt, aber die Zahl der deutschen Erwerbstätigen zurückging. Solche Verträge schloss Deutschland u. a. mit Italien, Griechenland, Spanien, der Türkei, Jugoslawien und Portugal. Mit der Möglichkeit des Familiennachzugs kam eine neue Generation ausländischer Schülerinnen und Schüler aus einer völlig anderen Schule ins deutsche Bildungssys-

4.2 Sozio-kulturelle Gefährdungslagen

tem. Die Ausländerpädagogik befasste sich mit schulischen Alltagsproblemen, sozialpädagogischen Hilfen für »die armen Ausländerkinder« (Hausaufgabenhilfe, Sprachenunterricht) und verwies letztlich auf die Hauptschwierigkeit: die kulturelle Fremdheit der Fremden (Gogolin/Krüger 2006, 103). In verschiedenen Bundesländern wurden »Vorbereitungsklassen« bzw. »Ausländerklassen« eingerichtet, die den Kindern der Gastarbeiter bessere Startmöglichkeiten schaffen sollten, um später in das deutsche Schulsystem integriert werden zu können. Ohne die Situation so zu bezeichnen, ging es damals im Kern um die Herstellung von Resonanzachsen. Grundfrage der ausländerpädagogischen Überlegungen war: Wie fördert man Kinder aus anderen Ländern, sodass sie möglichst passgenau in die deutsche Schule integriert werden können, ohne am deutschen Schulsystem substanziell etwas ändern zu müssen? Das Augenmerk der Förderung lag auf der Beseitigung von bestehenden »Defiziten« (sprachliche und kulturelle) bei den ausländischen Kindern – im Blick auf das Leben in einer ansonsten homogenen Kulturnation (Diehm/Radtke 1999,128). Perspektivisch wurde entweder eine Rückkehr ins Herkunftsland oder aber die Assimilation in Deutschland angestrebt.

Für den Unterricht und die Schule bedeutet dies: Es werden in der Bildungslandschaft eigene »geeignete« Unterstützungssysteme entwickelt und die Schülerinnen und Schüler fit gemacht, um später zum Hauptsystem gehören zu können. Die Lehrkraft ist bemüht, Nachteile möglichst auszugleichen. So werden gesonderte Angebote für Migranten unterbreitet, ausländische Kinder besonders unterstützt und sozialpädagogische Hilfen und Förderung ermöglicht. Grundsätzlich geht die Lehrkraft allerdings immer von ihrer eigenen Kultur aus und bewertet ihre Wertorientierung und ihr Weltbild als maßgebliche Bezugsnorm. Aus einem so gegründeten Bemühen erwächst nur oberflächlich betrachtet eine Art Integration und keine substanzielle Hilfe für die Migrantenkinder, deren Verständnis für die fremde Kultur, für Umgangsformen und Normen sich nach wie vor nicht entwickeln kann.

Parallele Diskussion über Integrationspädagogik: In die Debatte um eine konstruktive Ausländerpädagogik floss zunehmend auch das Problem der wahrgenommenen *Diskriminierung* in unterschiedlichen Bereichen der Schule. Neben elaborierten Formen der institutionellen Diskriminierung von Migrantenkindern im deutschen Schulsystem (Gomolla/Radtke 2002) sind auch individuelle Ausgrenzungs- und Misserfolgserfahrungen von Kindern anderer Benachteiligungskontexte zu beklagen. Gegenstand der theoretischen Fachdiskussion einer *Integrationspädagogik* sind zweckmäßige Organisationsformen des modernen Bildungssystems, das sich in seiner Gesamtstruktur an den unterschiedlichen Lebenswirklichkeiten innerhalb unserer Gesellschaft orientieren soll. Das Ziel gesellschaftlicher Integration sollte durch eine resonanzfördernde Gestaltung des Unterrichts für alle Gesellschaftsgruppen erreicht werden. Vor dem Hintergrund dessen, dass Deutschland nunmehr als Einwanderungsland angesehen wird, das die ausländischen Kinder dauerhaft einzubürgern hat, werden die ausländischen Kinder in die bildungspolitisch diskutierten »*Differenzlinien*« innerhalb der Schule einbezogen.

2. Phase: Interkulturelle Pädagogik

Vom Beginn der 1980er Jahre an wird auf breiter Ebene und in verschiedenen Fachdisziplinen das Modell einer »multikulturellen« Gesellschaft diskutiert. Quer durch alle Problemlagen des Bildungs- und Erziehungssystems setzt sich mehr und mehr die Erkenntnis durch, dass alle Kinder vom Schulsystem bestmöglich aufgenommen und gefördert werden müssen. Die Reform-Forderung lautet: Nicht *die Betroffenen* müssen sich *dem Bildungssystem* anpassen, sondern *die real existierende Schule* muss sich in der Gestaltung ihrer Konzepte und der Angebote *an den Lebenslagen und kulturellen Identitäten orientieren*. Das Augenmerk der Unterrichtsgestaltung liegt also auf dem Merkmal der »Differenz« und das Grundverständnis auf Mehrperspektivität und Anerkennung verschiedener kultureller Prägungen und körperlichen/kognitiven Fähigkeiten. Für das gleichberechtigte Miteinander in einer multikulturellen Gesellschaft sind Toleranz und die Bereitschaft, sich auf das Verständnis anderer Plausibilitäten einzulassen, von zentraler Bedeutung. Interkulturelle Pädagogik – so könnten wir im Blick auf das Thema unserer Überlegungen formulieren – bemüht sich um die Schaffung eines Resonanzraumes für unterschiedliche kulturelle Prägungen in der deutschen Gesellschaft. Wir werden im Folgenden dafür argumentieren, dass sich diese interkulturelle Ausrichtung und Grundhaltung der Pädagogik nicht auf Kinder und Jugendliche aus anderen Ländern beschränken sollte, sondern auch insgesamt in Bezug auf unterschiedliche Lebensstilgruppen und Sozialmilieus mit vom bürgerlichen Mainstream abweichender habitueller Prägung gedacht wird. Das wesentliche Unterscheidungsmerkmal im Blick auf Schulerfolg und damit auch im Blick auf Bildungsbenachteiligung ist nicht in einem Migrationshintergrund zu suchen, sondern in der Schichtzugehörigkeit. Um Bildungsungerechtigkeit zu verhindern oder abzuschwächen, sind also kulturell reflektierte Lehrkräfte vonnöten, die milieusensibel denken, handeln und sich kritisch mit der eigenen habituellen Prägung und ihrem Einfluss auf die Wahrnehmung und Unterrichtsgestaltung auseinandersetzen können.

Für den Unterricht und die Schule bedeutet dies: Schulische Integration darf nicht vorwiegend auf dem Niveau der Förder- und Hauptschule angestrebt werden, sondern muss auch Zugang zu höheren Lern- und Qualifikationsniveaus ermöglichen. Hierzu bedarf es ernsthafter Bemühungen, um eine für Migrantenkinder förderliche Schulpolitik.

4.3 Sozio-emotionale Gefährdungslagen

In Deutschland wachsen viele Tausend Kinder und Jugendliche z. T. über Jahre unter traumatisierenden Verhältnissen bei ihren gewalttätigen, suchterkrankten oder vernachlässigenden leiblichen Eltern auf. In vielen Fällen werden die misshandelten oder verwahrlosten Kinder vom Jugendamt in Obhut genommen und entweder in einer Pflegefamilie oder in einem Heim untergebracht.

4 Primäre Resonanzbenachteiligung und gefährdende Lebenswelten

Obwohl die Ermöglichung einer Lebensperspektive der gefährdeten Kinder und Jugendlichen gemäß §§ 32 und 37 des SGB VIII vorgesehen ist, herrscht im Pflegekinderwesen in Deutschland hinsichtlich der Planung von Kontinuität bei der Unterbringung von Kindern, die in schädigenden Umständen leben mussten, große Unsicherheit und wenig Verfahrenssicherheit (vgl. Diouani-Streek 2011). Wenn die Eltern nämlich in ihrer psychischen Verfassung entsprechende Fortschritte machen und Umgangsrechte bzw. die Betreuung ihrer Kinder zurückverlangen, erhalten sie diese in der Regel auch. Die Kinder ziehen wieder zuhause ein und müssen häufig nach kurzer Zeit, wenn es dann »wieder nicht mehr geht«, erneut in Obhut genommen werden. Eine ähnlich erfolgreiche Perspektivplanung für die betroffenen Kinder, wie sie sich in den USA in Form der »permanency planning« schon vor Jahrzehnten zum Guten entwickelt hat (vgl. Salgo 1987) gibt es in Deutschland nicht. Grund hierfür sind trotz eines umfangreichen Handbuchs des DJI zur Kindeswohlgefährdung (Kindler et al. 2006) Verfahrensunsicherheiten und Fragen nach fachlichen Expertisen (vgl. Diouani-Streek 2011; Salgo/Zens 2011). Darunter leiden in erheblichem Umfang die betroffenen Kinder, die nicht selten einen Großteil ihrer Kindheit und Jugend in Angst und Schrecken und z. T. unter körperlichen Qualen verbringen müssen und weder zu ihren sie misshandelnden Eltern noch zu vorübergehenden oder wechselnden Pflegeeltern dauerhafte Bindung aufbauen können. Die erschütternden Schicksale toter Kinder, die uns immer wieder über die Medien erreichen, ereignen sich in deutlicher Mehrzahl in Familien, die durch ein Jugendamt betreut waren. Allerdings ist die Dunkelziffer groß.

Andere Kinder sind aus ihrer Heimat geflohen. Entweder mit Verwandten oder auch alleine. Bis zum Juli 2019 wurden in Deutschland insgesamt 52.609 Asylanträge gestellt (BAMF 2020) Die Quote der Antragsstellung ist stark rückläufig. Die Flüchtlinge kommen in Mehrzahl aus Ländern, in denen Krieg und Not herrschen, wie z. B. Afghanistan, Iran, Syrien und verschiedenen afrikanischen Ländern, wie Somalia, Eritrea und Nigeria. In Deutschland haben in den letzten Jahren mehr als 250.000 ehemalige Kindersoldaten Zuflucht gesucht.

4.3 Sozio-emotionale Gefährdungslagen

Ihre Schicksale und traumatischen Erlebnisse sind erschütternd. Obwohl sie selbst Opfer schwerster Kriegsverbrechen geworden sind, ergab eine Studie des Kinderhilfswerks *terre des hommes*, dass insbesondere diese unbegleiteten Flüchtlinge wenig Chancen auf ein erfolgreiches Asylverfahren haben (Flüchtlingsrat 2020; Rister 2003).

Unter einem Trauma versteht man allgemein eine seelische Verletzung, die durch extremes psychisches Stresserleben verursacht wird. Traumatisierende Ereignisse können in zwei Formen auftreten:

• Typ I beschreibt kurzandauernde Ereignisse existentieller Bedrohung, einer Gewalterfahrung, einer Todesangst oder eines unbeschreiblichen Schreckens. Diese Ereignisse treten überraschend und plötzlich in das Leben und hinterlassen möglicherweise ein Trauma.
• Als Typ II der traumatisierenden Ereignisse werden längerdauernde und wiederholte Einzelereignisse beschrieben, die auch als eine Art Dauerzustand empfunden werden.

Tab. 7: Traumata und Dauer der Ereignisse

Typ I-Traumata	Typ II-Traumata
Kurzandauernde Ereignisse, akute Lebensgefahr – überraschend und plötzlich	Längerdauernde, wiederholte Einzelereignisse, die als Dauerzustand erlebt werden
z. B. Naturkatastrophen, Unfälle, technische Katastrophen und kriminelle Gewalterfahrungen.	z. B. Geiselhaft, mehrfache Folter, Krieg, Kriegsgefangenschaft, wiederholte Gewalterfahrungen, z. B. Missbrauch und Misshandlung, chronische Krankheit und Schmerzen

Dabei müssen

a) die primäre Traumatisierung = das eigene Erleben und
b) die sekundäre Traumatisierung = die Miterlebenden-Perspektive als Zeuge, Helfer, Angehöriger oder zufällig Verschonter

unterschieden werden (Simon 2009, 42). Hinsichtlich der Ursache von Traumatisierungen lassen sich die menschenverursachten von den nicht-menschenverursachten unterscheiden.

Tab. 8: Traumata und Verursachungsquellen

Menschlich verursachte Traumata (»man made disasters«)	Katastrophen-, berufsbedingte- und Unfalltraumata
z. B. sexuelle/körperliche Misshandlungen in der Kindheit, kriminelle und familiäre Gewalt, Vergewaltigungen, Kriegserlebnisse, zivile Gewalterlebnisse (Geiselnahmen), Folter und politische Inhaftierung.	z. B. technische Katastrophen, berufsbedingte Katastrophen (z. B. Militär, Polizei, Feuerwehr), Arbeitsunfälle, Verkehrsunfälle, chronische und schmerzhafte Erkrankungen.

Zeigt sich nach einem extrem belastenden Ereignis oder einer Lebenssituation außergewöhnlicher Bedrohung eine verzögerte oder verlängerte Stressreaktion, liegt nach DSM 5 oder ICD-11 eine posttraumatische Belastungsstörung vor. Diese ist »akut«, wenn das Ereignis weniger als drei Monate, »chronisch«, wenn die Belastung mindestens drei Monate, und »verzögert«, wenn das Ereignis mehr als sechs Monate zurückliegt. In einem derartigen Zustand des Dauerstresses befindet sich der Körper in einem »Kämpf-um-dein-Leben-oder-fliehe!«-Modus, der sich in verschiedenen konkreten Körperreaktionen niederschlägt und Resonanzerleben von Grund auf verhindert: Das Gehirn stellt blitzschnell Alarmstoffe bereit, der Körper wird überschwemmt von Kaskaden von Hormonen (Adrenalin und Kortisol), die Muskelspannung nimmt zu, die Atmen- und Herzfrequenz steigt, Sexualtrieb und Immunsystem werden weitgehend zurückgefahren und stattdessen Schutzreaktionen eingeleitet: Blutgerinnung, Schwitzen und Opiatausschüttung zur Schmerzlinderung und Wachheit. Eine solche körperliche Verfassung stellt einen dauernden Ausnahmezustand dar. Der betreffende Mensch kommt nicht zur Ruhe, leidet unter Schlaf-, Ess- und Angststörungen, durchleidet die

4.3 Sozio-emotionale Gefährdungslagen

Traumata wiederholt in Träumen und ist akut suizidgefährdet (vgl. Kisely et al. 2018; Brewin et al. 2017).

Bei Kindern äußern sich Stressreaktionen im Alter zwischen 1 bis 5 Jahren in Daumenlutschen, Bettnässen, Dunkelangst, Angst vor Tieren, Klammern, Verlust der Darm- und Blasenkontrolle, Verstopfung, Stottern/Stammeln, Appetitlosigkeit oder Heißhunger, Schwitzen.

Stressreaktionen bei Kindern im Alter zwischen 5 und 11 Jahren zeigen sich in Desorientierung, Jammern, Aggressivität, Albträumen, Schulangst, Fingernägel kauen, Autoaggressionen, sozialem Rückzug, Interesselosigkeit, Konzentrationsmangel und Lernunfähigkeit, Schwitzen, unsicheres Bindungsmodell.

Im Umgang mit Flüchtlingen scheint Abschreckung zum probaten Mittel politischen Handelns geworden zu sein. In ihren Maßnahmen zur »Verhinderung materieller Anreize« überboten sich in den Jahren 2018 und 2019 die Bundesländer zeitweise wechselseitig. In Bayern spitzte sich das Gegeneinander der politisch Regierenden und der mitmenschlich engagierten Teile der Bevölkerung zeitweise dramatisch zu. Einerseits konnte erlebt werden, wieviel zwischenmenschliche Wärme entsteht, wenn Freundschaften gebildet und Gemeinschaft gelebt wird. Auch an der Universität Würzburg opferten unzählige Studenten jahrelang im Rahmen verschiedener Projekte der UNI-Schule Schlaf, Freizeit und Geld, um zur Integration der Geflüchteten beizutragen. Andererseits empfanden es genau diese ehrenamtlichen Helfer als fortlaufende Ohrfeige, wenn durch Abschiebungen angeblich straffälliger Menschen gut integrierte, fleißige, motivierte und lieb gewonnene Freunde aus ihren sozialen Netzwerken herausgerissen und in ein unsicheres Kriegsgebiet abgeschoben wurden. Die Straffälligkeit wurde in vielen Fällen durch Schwarzfahrten, nicht bezahlte Rechnungen, Verstöße gegen die Residenzpflicht und nicht erfolgte Anmeldungen in Jobs erlangt. Vergehen, die zu einem Teil den mangelnden Sprachkenntnissen geschuldet sind und zudem auch deutschstämmigen Jugendlichen immer wieder zur Last gelegt werden können. Durch die Funktionalisierung solcher Bagatelldelikte wurde nach außen hin der Eindruck erweckt und medial transportiert, dass nur Straftäter abgeschoben wurden, die eine Gefahr für unser Zusammenleben darstellen. Was viele Menschen auf diese Weise zu spüren bekamen, war die Kälte der Abschiebe- und Asylpolitik eines Landes, das sich doch angeblich humanistischen Werten und Menschenrechten verpflichtet fühlt. Diese Kälte birgt gerade für junge Menschen eine große Gefahr, das Vertrauen in bestehende politische Strukturen und Entscheidungsträger zu verlieren und sich zu radikalisieren. Der Umgang des wohlhabenden Deutschlands mit vor Krieg fliehenden Menschen lässt einmal mehr deutlich werden, wie aktuell Theodor W. Adornos *Studien zum autoritären Charakter* aus den 1940er Jahren noch heute sind (Adorno 1995). Regelmäßig ertrinken Menschen auf der Flucht vor Verfolgung und Hungertod nach Europa und ebenso regelmäßig werden immer wieder durch Abschiebungen Familien auseinandergerissen und Menschen in akute Lebensgefahr gebracht. Adorno warnt in seinem Werk vor der Identifikation mit Machthabern, die andere Menschen herabsetzen und einschüchtern. Er warnt vor der Bereitschaft, Menschlichkeit einer allzu eifrigen Verbundenheit mit vermeintlich althergebrachten Wertorientierungen zu opfern. Aber genau das geschieht in Deutschland. In *Facebook* wurden die zum Teil menschenunwürdigen Zustände in den Unterbringungen mit Hinweisen auf »die ohnehin kriminellen Ausländer«, auf dokumentierte Fälle von Sozialschmarotzern, auf die engen Staatsfinanzen oder auch auf die eigenen Wehrdienstleistenden, die in früheren Jahren ebenso in Kasernen leben mussten, bedauert. An dieser Stelle rückt ein weiteres Werk Theodor W. Adornos in Erinnerung. Er spricht vom *Jargon der Eigentlichkeit* (Adorno 1964) und beschreibt eine Sprache, die vom unmittelbaren Wortsinn tadellos erscheint und richtige Sachverhalte schildert, aber durch – man würde heute sagen – den O-Ton geeignet ist, Zuhörer und Leser zu täuschen. Der beabsichtigte Sinn dieses Jargons ergibt sich nicht aus dem nachweisbaren Inhalt, sondern wird vom Geist der Beiträge getragen. Die Aussageabsicht wird gespürt und akzeptiert. Der Bayerische Rundfunk und die bundesweite Tagespresse informierten täglich, und als sich schließlich zunehmend mehr Menschen mit den Flüchtlingen solidarisierten, wurden Internetkommentare gelöscht und Aussagen relativiert. Es scheint unbegreiflich, dass in einem christlich geprägten Land wie Deutschland so offensichtlich unbarmherzig mit Notleidenden umgegangen wird. Jeder deutsche Bürger sollte erschrecken, denn er weiß jetzt, wie kaltherzig zuständige Sozialpolitiker sein können, wenn sie mit konkreter menschlicher Not konfrontiert werden. Noch mehr: Er weiß jetzt, wie soziale Ungerechtigkeit in schönen Worten manifestiert wird. Der Sozialpsychologe Klaus Ottomeyer spricht sogar von einem respektlosen, entwertenden, schikanierenden und manchmal geradezu sadistischen Umgang der Gesellschaft mit den Opfern von Gewalt (Ottomeyer 2011, 9).

Wie wir anhand der Beispiele sehen konnten, sind Traumata in unserer Gesellschaft trauriger Alltag geworden. Und das obwohl wir glücklicherweise selbst seit mehr als 75 Jahren keinen Krieg mehr erleiden mussten. Traumatisierte und geflüchtete Kinder gehen häufig inmitten einer Wohlstandsgesellschaft im Schulsystem unter, weil die lernenden Kinder in ihren Erfahrungen Resonanzfähigkeit verloren oder aus Gründen des Selbstschutzes abgebaut haben.

Kinder leiden oft unter den Folgen von Traumatisierungen, wenn sie in Gewaltkontexten leben müssen. Viele Verhaltensstörungen sind die Folge von Gewalterfahrungen im eigenen Elternhaus oder in der Verwandtschaft. Aus psychohygienischer Sicht musste Resonanz reduziert werden, um die Stresssituation überstehen zu können. Aus Sicht der Lehrkörper »verhalten sich« die betroffenen Kinder bisweilen lediglich »merkwürdig« und »wollen sich nicht einfügen«. Wenn Spuren der Gewalt am Körper verheimlicht werden sollen, erwecken diese Kinder häufig zusätzlich den Eindruck, als wollten sie sich verweigern – z. B., weil sie nicht mit zum Sportunterricht gehen oder nie Schwimmsachen dabeihaben. Zudem bleibt den Lehrern unverständlich, warum ihre Schülerinnen und Schüler »schon bei der kleinsten Kleinigkeit ausrasten« oder »kein bisschen belastbar sind«. Die Folge von Traumatisierungen sind externalisierende oder internalisierende Lern- und Verhaltensstörungen, die eng verbunden sind mit existentiellen Entfremdungserfahrungen und tragischerweise

häufig zur Folge haben, dass auch in der Schule keine Resonanz mehr erfahren wird.
Akute posttraumatische Belastungsreaktionen können innerhalb von Minuten auftreten oder auch nach Tagen einsetzen. Hauptmerkmal ist ihre vorübergehende Natur und das recht rasche Abklingen der Symptome innerhalb weniger Tage nach dem Ende des traumatischen Ereignisses. Anders verhält es sich bei einer posttraumatischen Belastungsstörung. Die Störungen können hier auf unterschiedlichen Ebenen auftreten:

a) Störungen der Regulation des affektiven Erregungsniveaus
= Schwierigkeiten, Ärger zu modulieren
= Selbstdestruktives und suizidales Verhalten
= Schwierigkeiten, sexuelles Kontaktverhalten angemessen zu gestalte
= impulsives und übertrieben risikobereites Verhalten

b) Störungen der Aufmerksamkeit und des Bewusstseins
= völlige geistige Abwesenheit
= Dissoziation (das gedankliche und emotionale Abtauchen in eine andere gedachte Wirklichkeit)

c) Somatisierung unterschiedlicher Art
= Hautausschläge
= Durchfallerkrankungen
= Verlust von Darm- und Blasenkontrolle
= Appetitlosigkeit oder Heißhunger
= Stottern oder Stammeln

d) Chronische Persönlichkeitsveränderungen
= Änderungen in der Selbstwahrnehmung, z. B. chronische Schuldgefühle, Selbstvorwürfe und Ohnmachtsgefühle
= Veränderungen der Beziehungen zu anderen Menschen, z. B. Unfähigkeit zu vertrauen und Beziehungen zu pflegen.
= Tendenz, andere oder sich selbst zum Opfer zu machen.

4.3 Sozio-emotionale Gefährdungslagen

Wichtig ist zu bedenken, dass eine posttraumatische Belastungsstörung den gesamten Körper in einen Ausnahmezustand versetzt, wie es sonst nur in einer lebensbedrohlichen Situation der Fall ist. Der Körper steht extrem unter Stress und reduziert seine Funktionen im Wesentlichen auf lebenswichtige Vorgänge. Schulisches Lernen und strukturierte Ordnung gehören nicht dazu. Ein Kind, das in der Schule beispielsweise exzessiv Fingernägel kaut, äußerst konzentrationsschwach ist und über unzureichende emotionale Regulationsmechanismen verfügt, könnte in eben einem solchen extremen Stresszustand leben müssen. Daran sind nicht zwangsläufig die Eltern »schuld«, allerdings sollten sie immer an der geplanten Intervention beteiligt werden – entweder aktiv oder passiv. Im Falle menschlich verursachter Traumata (*men made disasters*, vgl. Tabelle 8) können die Eltern Verursacher sein. Dann sollte der Lehrer alles tun, damit das Kind der Traumatisierungsquelle entzogen wird. Ein Fortbestand der Traumatisierung blockiert die Verarbeitung und hindert die Aufnahme produktiven Lernens.

Sensible Lehrer können Kindern, die unter Gewalt im Elternhaus leiden, oft entscheidend helfen, wenn sie über Verdachtsmomente nicht gleichgültig hinweg gehen, sondern verantwortungsbewusst und systematisch versuchen, diesen nachzugehen. Möglicherweise erleben die Kinder dann zum ersten Mal wieder, gehört und ernstgenommen zu werden.

Untersuchungen zu Folgen traumatischer Belastungen ergaben langfristige affektive und kognitive Störungen in allen Altersgruppen (vgl. Brückl/Binder 2017). In Bezug auf das schulische Lernen sind Ergebnisse zu verbalen Fähigkeiten (Carrey et al. 1995), insgesamt niedrige schulische Fähigkeiten (Wildin et al. 1991), Defizite bei der Problembewältigung (Yang/Clum 2000), Störungen der Aufmerksamkeitsregulierung und Reizdiskriminierung (Putman 1997) sowie Korrelationen zwischen der Dauer der Traumatisierung und kognitiven Defiziten (Beers/DeBellis 2002) interessant.

In einer weiteren Studie konnte festgestellt werden, dass auffällige Belastungssymptome häufig Folge emotionaler Vernachlässigung und emotionaler Gewalt sind. Im Alltag zeigen sich diese traumatischen Erlebnisse u. a. durch Somatisierung, Unsicherheiten in sozialen

Kontakten, Aggressivität, aber auch anderen psychischen Symptomausprägungen (Schifferdecker et al. 2016).

In Bezug auf Traumatisierung durch Fluchterfahrung stellt die Institution Schule einen bedeutenden Faktor dar, wenn es darum geht, Resilienz zu stärken. Einerseits erfahren die geflüchteten Minderjährigen dort eine entwicklungspädagogisch sinnvolle Tagesstruktur, andererseits erlangen sie auch durch die Teilnahme am Unterricht vermehrte Einbindung in Bildung und Gesellschaft, indem sie mit der Zeit Sprachbarrieren abbauen (Fegert et al. 2015, 385 f.). In jedem Fall sollte sich der Pädagoge um ein Abstellen der Traumatisierung bemühen. Traumatisierte Kinder und Jugendliche, die Opfer von körperlicher Gewalt geworden sind, brauchen für ihre psychische Genesung einen »sicheren Ort«. Anette Streeck-Fischer (2006) weist darauf hin, dass die Schule als wichtige Sozialisationsinstanz Korrektiv und Regulativ für traumatisierte Kinder sein kann.

Einschneidender als ein verständnisloser – eventuell »konsequent«-harter – Umgang mit Kindern in einer derartigen Stresssituation ist allerdings das gedankenlose Bedienen von Triggern. Es handelt sich dabei um Erinnerungen, die im impliziten Gedächtnis abgespeichert sind und auf Reize hin aktiviert werden. So kann ein lauter Schlag die Assoziation des Augenblicks einer Explosion »triggern«, bei der z. B. die Eltern ums Leben kamen und eine Re-Traumatisierung hervorrufen. In einer Modellklasse, in der abgeschirmte und in Sicherheit traumatisierte Kinder betreut und beschult wurden, waren die Pädagogen in der Vorbereitung eines Abschiedsessens zum Ende des Schuljahres unaufmerksam: Sie ließen den Pizzaboten zu den Kindern eintreten. Er trug Overall und einen Vollbart – und löste bei einem der missbrauchten Mädchen eine schwere Re-Traumatisierung aus. Trigger können durch Geräusche, Gerüche, visuelle Wahrnehmungen und körperliche Berührungen ausgelöst werden.

Kinder, die sich durch die erlebten traumatisierenden Ereignisse ohnehin überfordert fühlen, sind oft nicht in der Lage, weiteren Anforderungssituationen adäquat zu begegnen, und verhalten sich aggressiv oder uneinsichtig. Durch unangemessene Intervention der Lehrkraft kann für das Kind eine weitere Abwärtsspirale in Gang kommen. Der Lehrer hat Entgegenkommen signalisiert und fordert »nur ein kleines Signal«. Das Kind ist überfordert und »verweigert« sich. Daraufhin rutscht es zunehmend in die Rolle des »bösen«, »schwierigen« oder »extrem anstrengenden« Kindes. Es wird diese Einschätzung des Lehrers wieder und wieder bestätigen, bis in diesem Setting gegenseitigen Missverständnisses und der Entfremdung eine manifeste Lernstörung zu beschreiben ist. Eine veränderte Wahrnehmung der Lehrperson auf das Kind und sein zutiefst verunsicherndes Verhalten kann die Situation entschärfen. Im schulischen Alltag lassen sich immer wieder Phasen der Ruhe und der Sicherheit für das im Stress befindliche Kind einbauen, und zudem kann der Lehrer aktiv zur Verarbeitung der traumatisierenden Erlebnisse beitragen. Einen notwendigen »sicheren Ort« für Kinder, die unter einer posttraumatischen Belastungsstörung, beispielsweise durch schweren Missbrauch leiden, kann eine Ganztagsschule im Rahmen eines Kinderheimes darstellen. Auch andere Beschulungsformen, die dem Kind in der Anfangszeit nach Abstellen der Traumatisierungsquelle Sicherheit geben, sind empfehlenswert.

Neben den traumatisierten Kindern leiden auch Kinder aus Risikofamilien häufig unter den Folgen sozio-emotionaler Gefährdungslagen. Bei unserem Besuch in verschiedenen Würzburger Stadtbezirken in Kapitel 2 (▶ Kap. 2) sind uns Jenny und ihre Halbschwester Aischa begegnet. Sie leben mit ihrer alleinerziehenden Mutter zusammen, die den ständig wechselnden Partnern jegliche emotionale Stabilität im familiären Zusammensein unterordnet. Die Mädchen erleben ihr Zuhause als Ort des Ekels, der Unsicherheit und emotionaler Kälte.

Zu den *Risikofamilien* zählen heute sicher in erster Linie sozial randständige Familien. Sie weisen etliche spezifische Merkmale auf, die vereinzelt und kumuliert auftreten können.

- Risikofamilien haben häufig *überdurchschnittlich viele Kinder* und wohnen in beengten und schlecht ausgestatteten *Wohnungen* (z. B. Sozialwohnungen), häufig in *typischen Stadtgebieten* (sogenannte »soziale Brennpunkte«), mit entsprechender *Nachbarschaft* und Lebensgewohnheiten.

4 Primäre Resonanzbenachteiligung und gefährdende Lebenswelten

- Die in vielen Fällen *sehr jungen Eltern* sind überfordert und in ihrer Lebensweise nur bedingt verantwortungsbewusst.
- Die Eltern leiden unter *Süchten, Abhängigkeiten* oder *chronischen Krankheiten.*
- Der *Gesundheitszustand* der Kinder ist häufig unterdurchschnittlich, die Angebote medizinischer Vorsorge werden nur unzureichend wahrgenommen.
- Die *Beziehungen* der Erwachsenen innerhalb der Familie sind instabil – wechselnde *Partnerschaften* oder *Ein-Eltern-Phasen* sind die Folge. Häufig gehen emotionale Unausgeglichenheiten, *Gewalt* und emotionale Bindungslosigkeit damit einher,
- Die *Sprachkultur* in den betroffenen Familien ist häufig defizitär.
- Die Familie entwickelt ein *Gefühl der Unterlegenheit*, der Hilflosigkeit, der Minderwertigkeit. Folgen können sein: Antriebslosigkeit, Gleichgültigkeit und Disziplinlosigkeit.
- Hinsichtlich der *Lebensgewohnheiten und Verhaltensmuster* orientieren sich die Familien stark an den Unterschichtsmustern, innerhalb der Familien entwickelt sich häufig eine *desinteressierte und sogar feindselige Haltung gegenüber der Schule* und anderen Bildungseinrichtungen.

Das Aufwachsen in einer Risikofamilie hat für Kinder nicht zwangsläufig Entwicklungsstörungen zur Folge. Allerdings zeigt sich, dass in sensiblen Entwicklungsphasen das geringe Einfühlungsvermögen vonseiten der Eltern Spuren in den Bindungsmustern der Kinder hinterlässt. Das mangelnde Feingefühl der Eltern ist in vielen Fällen mit der hohen Belastung durch die verschiedenen Stressoren im Alltag zu erklären. Allerdings sind Kinder im Alter zwischen 0 und 6 Jahren auf Gedeih und Verderb auf ihre primären Bezugspersonen angewiesen. Prägender als der plötzliche (vielleicht auch traumatische) Verlust einer Bezugsperson wirkt sich unstetes, unzuverlässiges oder abweisendes Verhalten der Bezugsperson auf die Ausbildung eines eigenen Bindungsmusters aus. Der Sonderpädagoge Pierre Walther spricht in diesem Zusammenhang sogar von »bindungsbenachteiligten Kindern« (Walther 2009). Ein heranwachsender Mensch

4.3 Sozio-emotionale Gefährdungslagen

entwickelt feste Vorstellungen davon, wie Beziehungen im Leben grundsätzlich gestaltet sind. Je nach früher Prägung scheint es für ihn im weiteren Leben »normal«, von unsicheren Bindungskonstellationen auszugehen. Der unsicher gebundene Mensch erwartet in Belastungssituationen keinen Trost und keine Hilfe von Bezugspersonen oder reagiert sogar aggressiv und distanzlos. In unbelasteten Situationen gestalten unsicher gebundene Menschen Beziehungen häufig entweder unabhängig und sehr selbstständig oder in einer Weise, die tendenziell als aufdringlich bzw. distanzlos empfunden wird.

Eine anregungsarme, sozial randständige und insbesondere beziehungsunsichere frühe Kindheit stellt für die Entwicklung einer gesunden Weltbeziehung des Kindes einen maßgeblichen Risikofaktor dar. Es ist aufgrund ihrer primären Resonanzbenachteiligung damit zu rechnen, dass Kinder, die in einer solchen Risikofamilie aufwachsen, in der Schule gravierende Lernbeeinträchtigungen entwickeln. Andreas Möckel (2019a) weist deshalb in seinem Beitrag zum pädagogischen Heilen bei sozialer Benachteiligung zurecht darauf hin, dass der Schule in schweren Fällen von Verwahrlosung die Aufgabe eines »seelischen Nachteilsausgleichs« zukommt.

Schon kurz nach Beginn der Schulzeit sind häufig Beeinträchtigungen erkennbar. Es kann sich dabei um

- mangelnde Aufmerksamkeits- und Konzentrationsfähigkeit,
- auffallende Ruhelosigkeit,
- eine erlernte Hilflosigkeit mit Antriebslosigkeit,
- eine ausgeprägte Misserfolgsmotivation,
- Ängstlichkeit und mangelndes Selbstbewusstsein,
- eingeschränktes sprachliches Ausdrucksvermögen (»restringierter Sprachcode«),
- geringe Allgemeinbildung aufgrund eingeschränkter Anregung,
- Distanzlosigkeit oder auffallendes In-sich-gekehrt-Sein (unsichere Bindungsmuster)
- äußere Verwahrlosung
  handeln.

Tab. 9: Arbeitsmodelle von Bindungsmustern im Überblick

Bindungsmuster	Verhalten des Kindes in nicht belastenden Situationen. Das Kind	Verhalten in Belastungssituationen. Das Kind ....
B sicher »balanced« ca. 60 % der Kinder Primäre Bindungspersonen werden empfunden als: feinfühlig, zuverlässig, verfügbar, unterstützend	sucht und wahrt Kontakt zur Bindungsfigur, ist in der Lage, eigene Gefühle auszudrücken, kann alleine spielen, ist sozial kompetent und selbständig, zeigt angemessenes Verhalten Fremden gegenüber.	sucht Trost und Unterstützung bei der Bindungsfigur und ist in angemessener Zeit zu trösten.
A unsicher-vermeidend »avoiding« > 20 % der Kinder Primäre Bindungspersonen werden empfunden als: zurückweisend, nicht unterstützend, ignorierend, gleichgültig	zieht sich bei zu großer Nähe zurück, verhält sich beziehungsvermeidend, spielt und beschäftigt sich lieber alleine.	sucht keinen Trost und keine Hilfe bei anderen Personen, sondern hilft sich selber oder lenkt sich ab. Zeigt wenig Emotionen und bisweilen Aggressionen gegen die Beziehungsperson. Zeigt gesteigertes Kontrollbedürfnis, Verlassenheitsgefühle.
C unsicher-ambivalent »crying« < 10 % der Kinder Primäre Bindungspersonen werden empfunden als: unzuverlässig, unberechenbar, wechselhaft je unterstützend oder zurückweisend	versucht, die Bindungsperson zu kontrollieren. Fordert ständig Aufmerksamkeit, klammert häufig und ist nicht in der Lage, Gefühle angemessen auszudrücken. Zeigt starke Reaktion auf Trennung. Ist nicht in der Lage, Nähe und Distanz angemessen zu leben und ein	klammert und betont die Hilflosigkeit gegenüber der Bindungsperson. Ist sehr ängstlich und bisweilen sehr aggressiv gegenüber der Bindungsperson.

4.3 Sozio-emotionale Gefährdungslagen

Tab. 9: Arbeitsmodelle von Bindungsmustern im Überblick – Fortsetzung

Bindungsmuster	Verhalten des Kindes in nicht belastenden Situationen. Das Kind	Verhalten in Belastungssituationen. Das Kind .....
	gleichbleibendes Zuneigungsverhalten aufzubauen. Vermeidet starke Gefühle.	
D desorientiert desorganisiert »disoriented« 5 – 10 % der Kinder Primäre Bindungspersonen werden empfunden als: Gefahr, bedrohlich, unberechenbar, Quelle von Angst	ist nicht in der Lage, sich selbst als konstant zu erleben oder ein kohärentes Bindungssystem aufzubauen. Zeigt undifferenziertes Bindungsverhalten. Zwei Untergruppen: Klammern und übermäßige Anpassung. In höherem Alter entwickeln sich zwei Verhaltensmuster: Fürsorglich-kontrollierend (internalisierende Störungsmuster) und strafend-kontrollierend (externalisierende Störungsmuster)	zeigt hohen Stress, widersprüchliche Verhaltensweisen. Es steht kein organisierter Abwehrmechanismus zur Verfügung. Keine Affektregulation möglich, »segregierte Systeme« brechen auf. Bei Stress erfolgt der Zusammenbruch der Verhaltens- und Aufmerksamkeitsstrategie. Problemlösungen sind eher external orientiert.

103

4.4 Sozio-physio-emotionale Gefährdung

Kehren wir noch einmal gedanklich zu unseren Protagonisten aus den unterschiedlichen Würzburger Stadtbezirken zurück. Der herzkranke Leon wächst in einem wohlhabenden und behütenden Elternhaus auf. Dennoch haben wir ihn als beeinträchtigt erlebt. Leon wäre gerne öfter unterwegs. Weil aber seine Eltern alles tun, um ihn – wie sie sagen – zu beschützen, ist sein Lebensradius sehr klein geworden. Nach der Diagnose seiner Herzinsuffizienz hat sich alles verändert. Seitdem fühlt er sich erst recht schwach, kommt sich minderwertig vor, schaut oft nur zu und hat keinen Mut mehr, für seine Interessen einzutreten. Klar: Es geht im gut, er könnte glücklich sein. Aber merkwürdigerweise empfindet er kein Glück. Genau genommen empfindet er immer öfter gar nichts mehr. Und er beobachtet, dass er beobachtet wird. Er spürt, hier nicht dazuzugehören. Innerlich hat er die Hoffnung schon aufgegeben, jemals wirklich dabei zu sein.

In Deutschland leben etwa 8,7 Millionen Menschen mit einer anerkannten Behinderung. Dabei reichen die unterschiedlichen Grade von einer z. B. im Laufe der Jahre weitgehend »verwachsenen« Fehlbildung der Speiseröhre bei einem Schulkind, über Schwerhörigkeit auf einem Ohr bis hin zur ausgeprägten Gehbehinderung z. B. aufgrund einer Multiplen Sklerose. 7,9 Millionen Menschen gelten 2019 in Deutschland als schwerbehindert (DESTATIS 2021). Die Weltgesundheitsorganisation (WHO) formulierte eine Klassifikation der Schädigungen, Fähigkeitsstörungen und Behinderungen (ICIDH), die am 22. Mai 2001 nach zahlreichen internationalen Konsultationen und eingehenden Diskussionen von der 54. Vollversammlung der Weltgesundheitsorganisation verabschiedet wurde (DIMDI 2004, 9). In der Vorgängerversion von 1980 war noch zwischen Impairment, Disability und Handicap unterschieden worden.

Das *Impairment* beschreibt eine körperliche Schädigung, eine Funktionsstörung auf organischer Ebene. Eine organische Schädigung ist weder zweifelsfrei einer speziellen Ursache noch eindeutig beobachtbaren Auswirkungen zuzuordnen. Die beschreibbaren mög-

4.4 Sozio-physio-emotionale Gefährdung

lichen körperlich-biologischen Ursachen führen allerdings zu unterschiedlich ausgeprägten organischen Beeinträchtigungen. Hierzu gehören (vgl. Bernitzke 2019) im *pränatalen* Bereich u. a. genetische Schäden, Chromosomenaberrationen, Infektionskrankheiten der Mutter und mechanische Einwirkungen. Folge dieser vorgeburtlichen Einflüsse auf das Kind können erhebliche Stoffwechselerkrankungen, verschiedene Syndrome wie z. B. das Down-Syndrom, verschiedene Missbildungen und geistige Behinderung sein.

Perinatal wirken sich unterschiedliche Formen traumatischer Ereignisse u. U. dauerhaft auf das Leben des Kindes aus. Hierzu zählen neben der Frühgeburt Nabelschnurkomplikationen, Zangengeburten und allgemein komplizierte Geburten. Zu den Auswirkungen werden insbesondere unterschiedliche Schweregrade von Hirnschädigungen, spastische Lähmungen, geistige Behinderung und Störungen des Zentralnervensystems gerechnet.

Postnatale Ursachen von Behinderungen werden hauptsächlich in Zusammenhang mit Infektionskrankheiten (z. B. Scharlach, Masern, Keuchhusten), Hirn- bzw. Hirnhautentzündungen (Enzephalitis, Meningitis) und unfallbedingten Hirn- und/oder Rückenmarksverletzungen (Verkehr, Freizeit, Beruf) und Infarkten (Schlaganfall) beschrieben. Je nach Schweregrad sind leichte bis sehr schwere Körperbehinderungen wie Blindheit, Verlust der Sprechfähigkeit, Querschnittslähmung und andere Störungen im Bewegungsablauf die Folge.

In der WHO-Klassifikation der Schädigungen in der Version von 1980 ist neben den Impairments *Disability* erfasst. Damit sind zunächst alle Einschränkungen der Fähigkeiten, alle Unzulänglichkeiten auf individualer Ebene und alle auffälligen Verhaltensweisen im Vergleich zu Altersgenossen gemeint. Diese beziehen sich auf die dargestellten Auswirkungen von Impairments, bleiben aber nicht darauf beschränkt. Inhaltlich werden alle Einschränkungen auf personaler/psychologischer/pädagogischer Ebene erfasst. So geht beispielsweise die beschreibbare Rechenschwäche zwar ebenso wenig zwingend mit einem Impairment einher wie etwa Stottern, Poltern oder andere Sprachprobleme. Aber auch eine schwerwiegende Lese-

Rechtschreib-Schwäche oder Legasthenie ist unabhängig von Faktoren, die ätiologisch im Sinne eines Impairments auszuwerten wären. Eine derartige Minderleistung bzw. verringerte Leistungsfähigkeit des Menschen im Vergleich zu anderen Personen seines Alters, seines Geschlechts und seiner Kultur kann Folge eines Impairments sein, muss aber nicht. Insbesondere Aufmerksamkeitsstörungen, ungünstige Lerngewohnheiten, Sprachprobleme oder Verhaltensauffälligkeiten unterschiedlicher Art stellen Beeinträchtigungen dar, die nicht auf eine Behinderung im Sinne des Impairments zurückzuführen sind, sich aber dennoch negativ auf die Leistungsfähigkeit und damit auf die Lebensgestaltung und möglicherweise den gesamten Lebensverlauf der betroffenen Personen auswirken.

Aus pädagogischer Sicht können diese grundlegenden Störungen demnach entweder als Folge einer Körperbehinderung (Impairment) oder als eigenständige Gefährdung angesehen werden. Physio-sozio-emotionale Gefährdungsfaktoren sind geeignet, primäre Resonanzbeeinträchtigungen hervorzurufen, indem sie soziale Ausgrenzung, Minderwertigkeitsgefühl und innere Kündigung begünstigen.

Im Rahmen der Fachdiskussion zu Fragen inklusiver Beschulung in Deutschland sind auch problematische Aspekte des Umgangs mit körperbehinderten Schülerinnen und Schülern behandelt worden. Ausgehend von der jeweiligen individuellen Sicht auf den eigenen Wert im *Sosein* entwickelt der körperlich beeinträchtigte Mensch ein Selbstbild, das im günstigen Fall unabhängig von seinen Beobachtungen zur eigenen Leistungsfähigkeit entsteht. Wenn das Selbstbild der Person mit den jeweiligen »Erkenntnissen« zum Wert, zur Selbstwirksamkeit, zum Geliebtwerden, zur Bedeutung für andere etc. geprägt wird durch Eindrücke der eigenen Minderleistung, des Nicht-Könnens und der Konkurrenzlosigkeit, kann es zur unheilvollen Bewertung der eigenen Person anhand quantitativen Outputs kommen, die ein Glückserleben bzw. ein qualitatives Resonanzerleben unmöglich macht.

5
Sekundäre und tertiäre Resonanzbenachteiligung

Nachdem anhand der unterschiedlichen Gefährdungslagen primäre Resonanzbenachteiligungseffekte ausdifferenziert wurden, soll der Blick im folgenden Abschnitt auf die Schule als sekundär und tertiär benachteiligende Institution gerichtet werden. Entsprechend der drei Resonanzachsen wird die Beziehung zwischen Schüler und Lehrkraft (▶ Kap. 5.1), die Beziehung zu den Lerngegenständen (▶ Kap. 5.2) und schließlich die Beziehung zur Schule insgesamt (▶ Kap. 5.3) betrachtet. Dabei ist nicht Vollständigkeit oder Geschlossenheit das Ziel der Ausführungen, sondern eine Annäherung an das Resonanz- und Entfremdungserleben von Kindern randständiger Milieus im Kontext

Schule. Es werden verschiedene Facetten angeboten, die zur eigenständigen Beschäftigung und zum Weiterdenken einladen.

5.1 Beziehung und Interaktion – Horizontale Resonanzachse

In seinem Buch *Unterricht ist Beziehungssache* (2020) stellt der Gymnasiallehrer Michael Felten die zentrale Bedeutung der Beziehungsgestaltung zwischen Lehrkraft und Schüler für gelingendes Lernen heraus. Noch vor allen didaktischen Prinzipien sei es für das Gelingen von Unterricht zentral, dass eine gute Verbindung zwischen der Lehrkraft und ihren Schülerinnen und Schülern besteht. Dieser Sachverhalt zeigte sich zuletzt in der breit angelegten Hattie-Studie (2012), die offenlegt, dass die Lehrer-Schüler-Beziehung zu den wirkmächtigsten Einflussfaktoren auf die Lernleistung der Schüler zählt. Diese viel beachtete und mancherorts wie eine Jahrhunderterkenntnis gehandelte Untersuchung stellt genau genommen lediglich die Renaissance von Erkenntnissen dar, die engagierten Pädagogen schon seit Hunderten von Jahren bewusst sind. Beziehung gehört zu den maßgeblichen Grundbedingungen des institutionellen Lernens. Zudem wissen wir aus einer ganz alltäglichen Perspektive, dass die Beziehungsaufnahme zu Menschen, die ähnlich ›ticken‹ wie wir selbst, oft leichter ist. Eine »habituelle Nähe« (El-Mafaalani 2020b, 161) aus ähnlichen Erfahrungshorizonten, geteilten Ansichten und gleichen Werten erleichtert die zwischenmenschliche Interaktion. Damit wird Beziehung zu einer besonderen pädagogischen Herausforderung für diejenigen Lehrkräfte, die im Unterricht mit Kindern und Jugendlichen aus ganz anderen Lebenswirklichkeiten als ihrer eigenen konfrontiert sind. Beziehung steht in diesem Fall unter dem Vorzeichen der Fremdheit (vgl. Waldenfels 2016).

Im Folgenden soll in verschiedenen Aspekten herausgestellt werden, wie Kinder mit vom Mainstream abweichender Sozialisation durch Schwierigkeiten in der Beziehungsgestaltung zur Lehrkraft resonanzbenachteiligt werden.

Habitus

»Höhere Töchter und Söhne, die Lehrer geworden sind, tun gut daran nicht zu vergessen, dass sie eher Gefahr laufen, für Kinder aus den unteren sozialen Schichten zum Verhängnis zu werden, als dass sie es schaffen, für sie ein Segen zu sein.« Gotthilf Gerhard Hiller

Gotthilf Gerhard Hiller, streitbarer Pädagogik-Professor im Ruhestand, verweist auf die pädagogische Notwendigkeit, die durch bürgerliche Milieuprägungen induzierten Selbst- und Weltsichten (den Habitus) als Lehrkraft nicht absolut zu setzen, sondern kritisch zu hinterfragen. Auch heute noch scheint eine Art *soziologische Blindheit* die Interaktion und Beziehungsgestaltung zwischen Lehrern und milieufremden Schülern zu erschweren. Es bestehen unreflektierte Wahrnehmungsmuster wie z. B. implizite Annahmen des Normalen, die der Lebenswirklichkeit vieler Schülerinnen und Schüler nicht entsprechen und dazu führen, dass ihr Verhalten entkontextualisiert, missverstanden und als defizitär betrachtet wird.

Bei den Unterschieden zwischen Lehrern und Schülern kann von habitueller Distanz oder einem fehlenden habituellen Passungsverhältnis gesprochen werden. Bürgerlich sozialisierte Kinder weisen eine große habituelle Nähe zu ihren ähnlich sozialisierten Lehrkräften auf. Sie kommunizieren in einer vergleichbaren Art und Weise, können mühelos Handlungssituationen antizipieren und sich in routinierten Mustern der Interaktion bewegen. Und das von Anfang an, ohne dass sie dafür eine Leistung erbringen mussten. Sie bekommen das Passungsverhältnis, das die Interaktion erleichtert, sozusagen automatisch durch ihre bürgerliche Sozialisation mit auf den Weg. Bei Kindern aus randständigen Milieus ergibt sich zum Zeitpunkt der Einschulung ein anderes Bild. Sie können nicht derart mühelos an ein präreflexiv vorhandenes Passungsverhältnis zu den Lehrkräften anknüpfen. Häufig kommt es durch einen diametral entgegengesetzten Habitus zu Stimmungen, die durch Spannungen, unerklärliche

Missverständnisse und nicht selten durch Schamempfinden geprägt sind (vgl. El-Mafaalani 2020b, 163).

Die habituelle Ferne zu den Lehrkräften stellt eine erhebliche Barriere und emotionale Belastung für diese Kinder dar. Sie ist Quelle für Irritationen und Verkennungen im Zwischenmenschlichen, die dazu führen, dass sie nicht so recht in der Schule ankommen. Bildlich gesprochen erscheinen die habituellen Unterschiede wie kleine Sandkörnchen, die bei der Interaktion mit der Lehrkraft dazu führen, dass es ›knirscht‹.

> **Habitus**
> *Der von Pierre Bourdieu geprägte Habitus-Begriff beschreibt dauerhaft verinnerlichte Muster des Wahrnehmens, Denkens und Handelns, welche die Art und Weise prägen, wie Menschen sich selbst und die Welt wahrnehmen. Diese Grundhaltungen werden früh im Leben durch das soziale Umfeld verinnerlicht. In der Regel wird der eigene Habitus nicht reflektiert, da er das bestimmt, was unhinterfragt als normal angesehen wird. Er prägt Geschmacks- und Werturteile genauso wie Vorlieben, Gewohnheiten und Umgangsformen.*

Erinnern wir uns an Mia. Im Gegensatz zu Paula hat sie in der Schule nicht von Beginn an das Gefühl, mit der Lehrkraft auf einer Wellenlänge zu sein. Was bei Paula als soziales Passungsverhältnis erscheint, das die Interaktion vom Beginn an einfach weiterlaufen lässt, tritt bei Mia aufgrund habitueller Distanz als Irritation und Störung auf. Die Umgangsformen des familialen Umfelds und die der Schule sind bei Paula nahezu gleich, bei Mia unterscheiden sie sich stark. Die Art und Weise, wie sie mit Erwachsenen spricht und von ihnen angesprochen wird, ist zuhause anders als in der Schule. Deshalb kommt es nicht selten vor, dass Herr Ewers im Gespräch mit ihr kurz innehält, stutzt oder auf eine bestimmte Art und Weise die Stirn runzelt. Das wiederum verunsichert Mia, die sich dann nicht traut, ehrlich zu sagen, was in ihr vorgeht. Herrn Ewers Stirnrunzeln signalisiert ihr, dass etwas nicht stimmt und dieses

5.1 Beziehung und Interaktion – Horizontale Resonanzachse

Etwas mit ihr selbst zu tun haben muss. Deshalb geht sie auf Rückzug.

Da Kinder die Interaktion mit Erwachsenen nicht von einer kognitiven Meta-Ebene aus reflektieren können, schlagen sich derartige Irritationen vor allem emotional nieder: In Gefühlen des Fremdseins, des nicht Wohlfühlens, der Ausgeschlossenheit aus sozialen und unterrichtlichen Interaktions-, Beziehungs- und Anerkennungsprozessen. Also im Ausbleiben von Resonanz, in Entfremdung.

Schulische Resonanzprozesse auf der horizontalen – also sozialen – Achse sind demnach von einem zwischenmenschlichen Passungsverhältnis oder aber der pädagogischen Bereitschaft, Sensibilität und Möglichkeit des sich aufeinander Einlassens abhängig. Niklas Luhmann stellt im Rahmen seiner Systemtheorie fest: »Der Begriff Resonanz weist darauf hin, dass Systeme nur nach Maßgabe ihrer eigenen Struktur auf Umweltereignisse reagieren können« (Luhmann 1988, 269). Hier zeigt sich Fundamentales: Kinder können aus ihrer milieuspezifischen Art und Weise, sich selbst und die Welt zu sehen, sozusagen nicht heraus, und man kann und sollte sie weder explizit noch implizit dafür verantwortlich machen. Sie reagieren, in Luhmanns Worten, »*nach Maßgabe ihrer eigenen Struktur auf Umweltereignisse*« (ebd.), und die Lehrkraft tut dies nach eben der Maßgabe ihrer jeweiligen Struktur.

Unweigerlich stellt sich die Frage, ob bei starken Milieuunterschieden ein Zueinanderkommen dann überhaupt möglich ist. Zeigt sich hier unter Umständen eine unüberwindbare Lücke, weil keiner von beiden aus dem jeweiligen System heraus kann und ihnen diese Befangenheit nicht einmal bewusst ist?

Wenn dem so wäre, würde es einer Bankrotterklärung des Pädagogischen gleichkommen. Denn zusätzlich zur habituellen Prägung durch das Herkunftsmilieu durchlaufen Lehrkräfte einen zweiphasigen Bildungsgang, in dem Perspektiven vermittelt werden sollten, die geeignet sind, die Folgen von habitueller Distanz zumindest teilweise aus dem Bereich des Präreflexiven herauszuführen, um pädagogisch darauf reagieren zu können. Lehrer sind nach dem Durchlaufen dieses Bildungsweges Menschen, die sich selbst und ihre Stellung zur Welt, wie auch die Beziehungen zu Schülern, die sich von ihrer eigenen Milieuprägung unterscheiden, hoffentlich in höherem Ausmaß reflektieren können. Resonanz mit Schülern gleicher Milieuprägung scheint nichtsdestotrotz um ein Vielfaches leichter, da sie mit der Lehrkraft gemeinsame Resonanzräume aus präreflexiven sozialen Codes und Strukturierungen besitzen. Weil der eigene Habitus jedoch auch in einer professionellen Rolle nicht einfach abgelegt werden kann, gibt es keine von der eigenen Sozialisation vollkommen unabhängige pädagogische Position. Dies macht im Umkehrschluss eine besondere Haltung von Lehrkräften notwendig, wenn Kinder anderer Milieus in Bezug auf Resonanzprozesse im Klassenzimmer nicht benachteiligt werden sollen. Aus diesem Grund muss kritische Selbstreflexion als essentieller Teil einer milieusensiblen pädagogischen Profession begriffen und bereits während der Studienzeit ›praktiziert‹ und verinnerlicht werden.

Kinder aus randständigen Milieus stehen bei ihrer Einschulung vor der Aufgabe, sich in einem Sozialgefüge zurechtfinden zu müssen, in dem ihnen vieles nicht vertraut ist. Den Vertretern der Schule sind diese Herausforderungen und vielfachen Resonanzblockaden oft nicht bewusst. Dementsprechend werden die Schülerinnen und Schüler bei den schwierigen Anpassungs- und Annäherungsleistungen kaum unterstützt. Der bürgerliche Weltbezug wird unreflektiert als Normalität gesetzt. Gleichzeitig werden Irritationen und abweichende Verhaltensweisen dem willentlichen Einflussbereich der Schüler zugeschrieben (vgl. Sturm 2016, 76 f.). Aus Lehrersicht entsteht schnell der Eindruck, sie gäben sich keine Mühe, hätten keine Lust auf den Unterricht, seien gar auf Konfrontation aus oder verweigerten sich. Die von außen attestierte Lustlosigkeit oder die Auflehnung gegen das Unterrichtsgeschehen scheinen jedoch meist eine individuelle *Reaktion* auf ein diffuses Gefühl der Verschlossenheit zu sein. Diese Reaktionen allerdings grundsätzlich auf den Willen des Kindes zurückzuführen und nicht auch als Folge des Nicht-Ankommens in der Schule zu sehen, stellt eine Verkürzung der in der Schule wirksamen sozialstrukturellen Mechanismen dar.

5.1 Beziehung und Interaktion – Horizontale Resonanzachse

Die Struktur von Schule und Unterricht wird dabei eher als unhinterfragbares Naturgesetz und nicht als soziales Konstrukt wahrgenommen, dessen Werte und Prinzipien in Wirklichkeit nur einem bestimmten Teil des gesellschaftlichen Milieu-Spektrums entsprechen. Wenn ein Anknüpfen an die bestehenden Strukturen nicht gelingt, wird die Schuld häufig automatisch beim Kind und seinem Umfeld gesucht und nicht in der Strukturalität von Schule und Unterricht, die aufgrund ihrer Engmaschigkeit exkludierend wirken. Es entsteht ein kühler pädagogischer Umgang, der auf die erlebten Widersprüche zwischen dem Gleichheitsanspruch der Schule und der tatsächlich stattfindenden Selektivität mit Distanz zu denen reagiert, die Schwierigkeiten mit eben diesen Strukturen haben (vgl. Gruschka 2021).

Ungerechtigkeit entsteht hier daraus, dass Unterschiede in der Art der Weltbeziehung von professionell schulischer Seite nicht wahrgenommen, thematisiert und reflektiert werden. Dies führt unabhängig von der Qualität ihrer Weltbeziehung, ihrer Intelligenz oder Begabung zu einer unmittelbaren Resonanzbenachteiligung derjenigen Kinder, deren Background vom bürgerlichen Mainstream abweicht. Solche Kinder fühlen sich aufgrund ihrer habituellen Prägung in der Schule unwohl, es fehlen ihnen soziale Anker, um sich zu öffnen, und sie haben Probleme, an das schulische Interaktionsgeschehen anzuknüpfen.

Wie stark die habituelle Prägung die Selbst- und Weltsicht präfiguriert, wird in der Praxis meist dann deutlich, wenn Menschen mit Fremdem konfrontiert sind und ihre sonst impliziten Normalitätsannahmen plötzlich nicht mehr ›funktionieren‹. In der Schule treten diese Irritationen als ein Stocken in der Interaktion und im Handlungsfluss auf und werden als lästige Störung empfunden, weil sie die institutionell geforderten reibungslosen Abläufe zu torpedieren scheinen. Die Intensität der Frustration erwächst dann daraus, dass das augenscheinlich Normale nicht in den gewohnten Bahnen weiterlaufen kann.

Erinnern wir uns an Herrn Mock, Grundschullehrer in Würzburg-Zellerau, und seine Wahrnehmung von Ben und Yusuf, über die in

5 Sekundäre und tertiäre Resonanzbenachteiligung

Kapitel 3.3 (▶ Kap. 3.3) berichtet wurde. Sowohl die schrillen Hefteinbände als auch Bens Beitrag als Leistung zur Note im Singen liegen ganz offensichtlich außerhalb der Ordnungen, die das definieren, was Herrn Mock als normal erscheint. Seine Gedanken in Anbetracht dieser Irritationen könnten in etwa so klingen:

»Es kann doch wohl nicht wahr sein, dass die beiden einen solchen Musikbeitrag bringen. Sie haben den Ernst der Schule anscheinend noch nicht begriffen. Erst binden sie ihre Hefte mit Weihnachtspapier ein, und jetzt verkaufen sie mir ein Gejaule und Beatboxing als Leistung zur Note im Singen ...«

Hier erscheinen implizite Normalitätsannahmen, die den Blick verengen und zur Abwertung von Abweichungen führen. Soll sekundäre Resonanzbenachteiligung von Schülern aus randständigen Sozialmilieus verhindert werden, müssen Lehrkräfte in der Lage sein, über exkludierende schulische Normalitätskonzepte zu reflektieren und sich auf einen ergebnisoffenen Kontakt einzulassen. Dafür ist die Anerkennung anderer Lebenswelten und damit einhergehend anderer Werthaltungen und ästhetischer Geschmacksurteile essentiell.

Die Hinwendung zu Schülern mit vom bürgerlichen Mainstream abweichender Sozialisation impliziert dabei nicht eine Romantisierung im Sinne einer Fürsorge für ›arme Benachteiligte‹. Authentischer Kontakt wird bei milieuspezifischen Unterschieden beinahe zwangsläufig von Reibereien, von aufeinanderprallenden Ansichten, Meinungsverschiedenheiten und Streit geprägt sein. Dies alles sollte jedoch gerahmt sein von einer pädagogischen Haltung des In-Kontakt-Treten-Wollens, des Respekts und der Toleranz von Differenz, von einem Gespür für soziale Nuancen und der Grundhaltung, sich auf Andere und auf Andersartigkeit einzulassen. In derartigen Prozessen wahren zwei differierende Seiten ihre Eigenständigkeit und bewegen sich zugleich aufeinander zu, lassen sich aufeinander ein und verändern sich so sukzessive. Resonanz ist auf die Eigenständigkeit genauso angewiesen wie auf den Kontakt. Deshalb führen sowohl druckvolles Angleichen-Wollen als auch karitatives Anbiedern zum Verlust resonanzaffiner Bedingungen.

5.1 Beziehung und Interaktion – Horizontale Resonanzachse

Vielmehr könnte eine Art wechselseitige Kultivierung in Summe dazu führen, dass herkunftsbedingte schulische Entfremdungstendenzen abgebaut werden. Eine lernfähige Schule muss nicht nur beibringen, fordern und fördern wollen, sondern auch zuhören und sich auf fremde Lebenswirklichkeiten einlassen. Dies impliziert, dass nicht nur von professionell pädagogischer Seite aus Veränderungen auf Seiten der Schüler gefordert werden, sondern auch Pädagogik, Schulleitung und einzelne Lehrkräfte bereit sind, sich durch den Kontakt mit anders sozialisierten Schülerinnen und Schülern verändern zu lassen.

Die Ansicht, dass Schule und Lehrkräfte auch von ihren Schülerinnen und Schülern lernen könnten, ist ein Gedanke, der in der Lage ist, resonanzbenachteiligende Strukturen aufzuweichen. Und doch zeigt das Ungewohnte, das in diesem Gedanken anklingt, wie sehr eine unreflektierte Einseitigkeit zum Grundverständnis der Schule gehört. Diese strukturelle Einseitigkeit in der Bezugnahme und Veränderungserwartung schließt Resonanzbeziehungen in ihrer Wechselseitigkeit nicht selten bereits von Beginn an aus und lässt Differenz zu schulischem Misserfolg werden.

Resonanzblockaden im Sozialgefüge Schule

- *Habituelle Distanz zu Lehrkräften erschwert gelingende Interaktion*
- *Implizite Regeln der Schule aus Familie und alltäglichem Umfeld nicht bekannt*
- *Bürgerliche Orientierung der Institution schafft Konflikte mit Plausibilitäten der randständigen Milieus*
- *Implizite Normalitätsvorstellungen der Lehrkräfte führen zur Abwertung von Abweichungen*
- *Lehrereinschätzung der Potentiale von Kindern sind milieuspezifisch verzerrt*

Fehlende Anerkennung der ›eigenen Stimme‹ von Kindern aus randständigen Milieus
→ Auflehnung oder Rückzug der Betroffenen

Soziale Rahmung des Lernens

»Viele menschliche Lebensäußerungen und Weltverarbeitungen werden im Zug des Heranwachsens in die durchzivilisierte Welt lächerlich, peinlich, überflüssig, unrealistisch, kindisch; infolgedessen müssen Heranwachsende irgendwie dazu gebracht worden sein, sie unter Verschluß zu halten, sie zum Absterben zu bringen oder sie zu modifizieren. Wie? Mit welchen Kosten?«
Horst Rumpf

Durch seine habituelle Prägung tritt der Lehrer im Unterricht als sozialstruktureller »Gatekeeper« (Becker/Birkelbach 2013) zu unterrichtlichen Resonanzräumen in Erscheinung, der die zu seiner habituellen Prägung passenden Schüler das soziale Tor zu den Lerngegenständen passieren lässt, während andere mit abweichendem Habitus eher davon abgehalten werden. Dabei gehen Lehrkräfte nicht aktiv oder willentlich vor. Der Habitus strukturiert vielmehr präreflexiv, was Menschen als normal erachten. Obwohl es denkbar ist, dass sich Schüler ohne Umweg direkt vom Schulstoff ansprechen lassen, hängt der individuelle Lernerfolg in der Regel vom Gelingen der zwischenmenschlichen Interaktion ab. Diese kann als präreflexiv durch die sich unterscheidenden habituelle Prägung präfiguriert angesehen werden. Und auch der Schulstoff selbst stellt durch Auswahl und Aufbereitung einen repräsentativ selektierten Weltausschnitt und damit eine soziale Rahmung dar. Im individuellen Lernprozess finden immer wieder Rückkopplungsprozesse zur Lehrkraft statt, die potentielle Entfremdung in Bezug auf den Schulstoff zu überwinden und Unverfügbares als Quelle für Resonanz erscheinen lassen. Ein derartiges Resonanzgeschehen mit der Lehrkraft wirkt während des Lernprozesses motivierend. Ist die Beziehung zur Lehrkraft dagegen entfremdet, engt dies unterrichtliche Räume für Resonanz erheblich ein.

Hartmut Rosa nennt für Resonanzprozesse als »interaktives Geschehen« fünf Kriterien (Rosa 2018, 47):

5.1 Beziehung und Interaktion – Horizontale Resonanzachse

1) Affizierung
2) Selbstwirksame Antwort
3) Wechselseitige Anverwandlung/Transformation
4) Unverfügbarkeit
5) Entgegenkommender Resonanzraum.

Bringt man diese Merkmale nun in Zusammenhang mit einem idealtypischen Lernprozess, wird ihre Bedeutung insbesondere im Blick auf die Motivation greifbar.

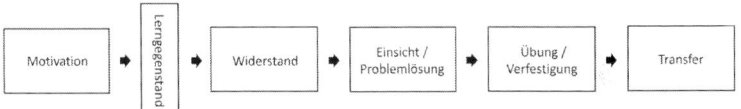

Abb. 8: Der idealtypische Lernprozess

Die Resonanztheorie bietet die Möglichkeit der Ausdifferenzierung des idealtypischen Lernprozesses im Bereich der Motivation als Ausgangspunkt des Lernens. So könnte von einem ersten (Affizierung) und zweiten (Antwort) Schritt der Motivation gesprochen werden. Affizierung und Antwort bauen dabei aufeinander auf und sind dafür verantwortlich, dass sich Motivation überhaupt entwickeln und auf den Lerngegenstand ausrichten kann.

Die Affizierung erscheint als notwendige Grundlage des Lernprozesses. Eine grundlegende Voraussetzung dafür, dass sich der Schüler auf etwas beziehen kann, ist, dass er von etwas angesprochen wird. Die Reaktion als Antwort auf das Angesprochensein enthält dann bereits den Bewegungsaspekt der Motivation (*lat. bewegen*) auf etwas hin.

Dabei können sowohl bei der Affizierung als auch bei der Reaktion verschiedene Probleme auftreten, die Resonanzbeeinträchtigungen bedingen.

1) Der Schüler wird von dem, was die Lehrperson dar- oder anbietet nicht berührt, angesprochen, affiziert.
2) Der Schüler wurde affiziert. Auf seine Antwort erfolgt aber keine oder eine als unangemessen empfundene Reaktion der Lehrkraft.
3) Der Schüler wurde affiziert, gibt aber keine eigene Antwort von sich.

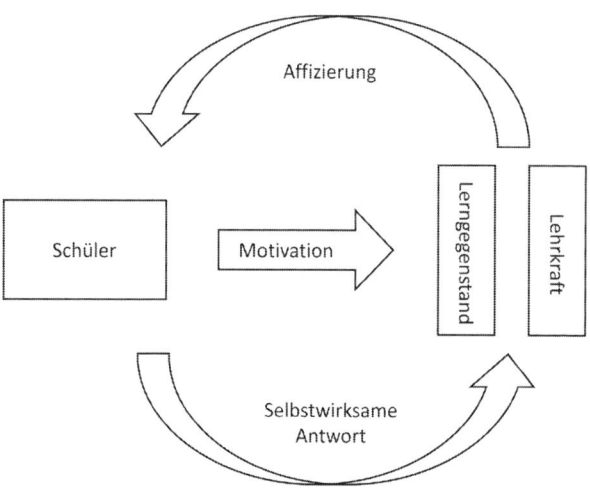

Abb. 9: Beginn des resonanten Lernprozesses

1. Dass der Schüler nicht berührt wird von dem, was die Lehrperson im Unterricht anbietet, kann an der Art und Weise der Darbietung, an der Auswahl und didaktischen Aufarbeitung des Lerngegenstandes oder an einer als mangelhaft erlebten Begeisterungsfähigkeit der Lehrkraft liegen. Lerngegenstände erscheinen im Unterricht nicht neutral für sich, als von selbst existierende – quasi natürliche – Gegenstände. Das Auswählen, Zeigen und Beschreiben durch den Lehrer im Unterricht lässt sie überhaupt erst als etwas zu Lernendes in Erscheinung treten – oder eben nicht. Hier liegt ein wichtiger Kipp-Punkt für Motivation. Was geschieht nämlich, wenn die Art des

5.1 Beziehung und Interaktion – Horizontale Resonanzachse

Lehrers, einen Lerngegenstand zu präsentieren, oder die Art und Weise, wie Schulbücher strukturiert und illustriert sind, nicht zu dem passen, wovon sich Kinder bestimmter Milieus gewohnheitsmäßig (und außerhalb der Schule) ansprechen lassen? Dann misslingt die Affizierung. Das Dargebotene erreicht diese Schüler nicht, ›packt‹ sie nicht, langweilt sie, ist ihnen nicht verständlich oder lässt sie schlicht gleichgültig zurück. Große habituelle Unterschiede zwischen Lehrkraft und Lernenden erhöhen das Risiko für derartige ›Verbindungsstörungen‹ im didaktischen Dreieck, bestehend aus Lehrer/Schüler/Lerngegenstand.

2. Die Antwort eines Schülers auf sein Affiziert-Sein wird von der Lehrkraft nicht verstanden, anders aufgefasst, nicht bemerkt oder abgelehnt. Der Schüler zeigt Freude und Begeisterung unter Umständen anders, als die Lehrkraft es kennt. Es könnte z. B. sein, dass er körperlich sehr aktiv ist, was die Lehrkraft dann als Störung interpretiert und nicht als Indiz für eine vorliegende Begeisterung ansieht.

Erneut tritt damit der Habitus als eine Größe auf, die Wahrnehmung, Denken und Handeln im Bereich des Gewohnten strukturiert und Abweichungen als Irritation erscheinen lässt. Ob die Irritation dabei stört oder aber Interesse und Neugierde weckt, ist stark abhängig von der Strukturierung der jeweiligen sozialen Situation. Die Schule kann vor dem Hintergrund strukturellen Zeitdrucks und den vorgegebenen Leistungserwartungen interessiertes Nachverfolgen von Irritationen oft nicht zulassen. Eine permanent bestehende, latente Anspannung und Zeitknappheit führen dazu, dass Abweichungen prädominant als Störungen erscheinen, die den gewohnten und geforderten Ablauf torpedieren und deshalb ›abgeschaltet‹ werden müssen. Hier zeigt sich, wie strukturelle Faktoren das Verhalten der Lehrkraft beeinflussen, die keine Zeit und keinen Raum hat, kritische Reflexionen der eigenen Wahrnehmung zuzulassen. Zudem konnte sie genau das unter Umständen in ihrem zweiphasigen Bildungsgang nicht erfahren, nicht am eigenen Leib ›trainieren‹ und keine pädagogische Haltung entwickeln, die einen besonderen Wert darin sieht, auf Abweichungen sensibel zu reagieren, die eigene Wahrnehmung zu reflektieren und in Frage stellen zu können. Die Beschäftigung mit Milieustudien und soziologischen Theorien ist in vielen Lehramtsstudiengängen unterrepräsentiert oder nicht vorhanden. Das heißt, viele Lehrkräfte wissen nichts von der Diversität der Weltbezüge, die durch die verschiedenen Arten unserer Sozialisation bedingt werden. Das Eigene erscheint unreflektiert als das einzig Normale. Hier zeigt sich Theorie als unerlässliches Fundament gelingender pädagogischer Praxis. Das Wissen um Milieuunterschiede verändert die Art und Weise, wie eine Lehrkraft ihre Schülerinnen und Schüler sieht und überhaupt sehen kann. Es verändert ihre Stellung im pädagogischen Setting und eröffnet Perspektiven, die sie ohne dieses Wissen nicht hätte.

3. Der Schüler gibt keine Antwort von sich. Dieser Umstand kann daran liegen, dass er im Rahmen einer primären Resonanzbenachteiligung von klein auf die Erfahrung gemacht hat, auf das Sprechen mit eigener Stimme keine oder hauptsächlich negative Reaktionen zu bekommen. Oder der Schüler macht diese Erfahrung im Rahmen einer sekundären Resonanzbenachteiligung ab dem Zeitpunkt der Einschulung. Wenn er wiederholt feststellt, dass sein Eigenes in der Schule nicht gehört, falsch verstanden oder schlicht als überflüssig angesehen wird, entwickelt sich die Schule zu etwas, das nichts mit dem Schüler zu tun hat, oder sogar zu einem Ort, an dem sein Eigenes in Gefahr ist, bloßgestellt zu werden. Der Schüler schweigt, weil er wiederholt die Erfahrung gemacht hat, nicht verstanden oder falsch verstanden zu werden. Wenn auf die Offenbarung des Eigenen keine oder keine wertschätzende Reaktion erfolgt, kommt die ausbleibende Anerkennung einer Verletzung gleich. Aus Selbstschutz wird der Schüler sich nicht mehr öffnen, sich verschließen und innerlich kündigen (Indifferenz) oder aber er setzt sich aktiv und aggressiv gegen das schulische Setting zur Wehr (Repulsion).

Resonanzphänomene lassen sich zum besseren Verständnis mit dem Bild zweier Stimmgabeln verdeutlichen, die sich gegenseitig in

5.1 Beziehung und Interaktion – Horizontale Resonanzachse

Schwingung versetzen. Wird eine der Stimmgabeln angeschlagen und mit einer zweiten auf einen Körper gehalten, schwingt bei positiven Bedingungen bereits nach kurzer Zeit auch die zweite, nicht angeschlagene Stimmgabel in ihrer eigenen Frequenz mit (Rosa 2016, 211). Die beiden Stimmgabeln versetzten und halten sich gegenseitig in Schwingung.

Im Fall sekundär resonanzbenachteiligter Schüler scheint es so zu sein, dass die erste Stimmgabel in Form der Lehrkraft oder des Schulstoffs, die zweite Stimmgabel – die Schüler selbst – nicht in Schwingung zu versetzen vermag. Dies kann lehrerseits durch mangelhafte Selbstwirksamkeitserwartung, institutionell durch ein zu enges schulstrukturelles Korsett, ungünstige Stoffauswahl oder aber durch Milieuunterschiede und Phänomene von Fremdheit verursacht werden. Bei sekundärer Resonanzbenachteiligung scheinen sich die Lehrkräfte abgesehen davon aber auch als zweite Stimmgabel nicht in ausreichender Weise von den Schülern als erster berühren zu lassen, um so besser auf sie eingehen zu können. Hier ist soziale Sensibilität und die Bereitschaft des Sich-Einlassens auf ergebnisoffene Prozesse notwendig. Es handelt sich also um eine *Art des Hörens* auf das, was von den milieufremden Schülerinnen und Schülern ›kommt‹ und um eine *Art des Antwortens*, die Anschlusshandlungen möglich macht. Der Erziehungswissenschaftler Oliver Hechler spricht hierbei vom *Feinfühligen Unterrichten* (2018). Dahinter steht eine pädagogische Sensibilität, welche die jeweilige Situation, die eigene Position als Lehrkraft sowie die des Schülers kritisch zu reflektieren vermag. Eine derartige Haltung ist nötig, damit die soziale Rahmung schulischer Lernprozesse nicht zu einem unüberwindbaren Burggraben für Schülerinnen und Schüler mit differierender Sozialisationserfahrung wird.

Stereotypisierung

»Selbsterfüllende Prophezeiung ist anfänglich eine falsche Bestimmung der Situation, sie verursacht aber ein neues Verhalten, das bewirkt, dass die ursprünglich falsche Auffassung richtig wird.« Robert K. Merton

Nicht nur der Lernprozess, sondern auch das Bild, das die Lehrkraft von einem Schüler hat, ist sozial gerahmt. Und das nicht selten auf diskriminierende Art und Weise.

Jürgen Budde und Georg Rißler stellen durch qualitative Daten einer ethnologischen Feldstudie (Videoaufzeichnungen, Unterrichtsprotokolle, teilnehmende Beobachtung) in einer fünften Gesamtschulklasse schulische Exklusionsmechanismen anhand sozialer Differenzkategorien heraus (Budde/Rißler 2017a). Durch empirische Daten des Schülers Juan, der aus einem bildungsfernen Haushalt kommt und dessen Eltern zugewandert sind, legen sie dar, wie sich das Bild, das die Lehrkräfte von ihm haben, im Laufe des Schuljahres vom *pädagogischen Sorgenkind, das spezieller Förderung bedarf,* zum defizitären Bild eines *Riesenmachos* verschiebt, an den kein schulischer Anspruch mehr formuliert wird (Budde/Rißler 2017a, 183).

Unter Bezug auf ihre Fallvignette des Schülers Juan wollen wir die Ergebnisse von Budde und Rißler auf Ben und Yusuf übertragen. Wir erinnern uns: Die beiden Jungs leben im Stadtteil Zellerau und sind von dem, was die Schule ihnen anbietet, eher enttäuscht und gelangweilt. Die bunten Hefteinschläge von Bens Mutter stoßen genauso wenig auf Anerkennung wie Bens Beatboxing. Yusufs Vater unterstützt die Jungs bei den Hausaufgaben, wo er kann. Er schafft ihnen eine gute Atmosphäre mit Tee und Süßigkeiten. Aber inhaltlich helfen kann er aufgrund der Sprachbarriere kaum.

Zu Beginn des Schuljahres hatten die Lehrkräfte das noch verstärkt ›auf dem Schirm‹ und betrachteten Yusuf aufgrund seiner bisher schlechten Schulleistungen und der mangelnden Unterstützungsmöglichkeiten von Zuhause als einen Schüler, der besondere pädagogische Unterstützung bedarf. Die Lehrerwahrnehmung verschob sich dann jedoch im Laufe des Schuljahres immer mehr in eine Richtung, in der Yusuf vor allem als ›Macho‹ und ›Störer‹ erscheint.

5.1 Beziehung und Interaktion – Horizontale Resonanzachse

Yusuf wird vermehrt der Klasse verwiesen und bekommt Strafen aufgebrummt. Wenn es in der Klasse unruhig ist, was ziemlich oft passiert, wird meist ein Exempel an ihm statuiert. Er wird des Unterrichts verwiesen, auch wenn er nicht der einzige störende Schüler war oder überhaupt nicht gestört hat. Das wiederum macht Ben aggressiv, was meist dazu führt, dass er die Klasse wenige Sekunden nach Yusuf verlassen muss.

Die familiale und kulturelle Herkunft von Yusuf wird in der Wahrnehmung der Lehrkräfte oft als Begründung für stabil negative Verhaltensprognosen und fachlicher Minderleistung herangezogen (ebd., 196). Soll heißen: Dass Yusuf schlecht in der Schule ist, wird mit Verweis auf seine soziale Herkunft zunehmend normalisiert und so implizit akzeptiert. Dies untergräbt weitergehende pädagogische Bemühungen und führt dazu, dass Yusufs gezeigter Lernwille in der Lehrerwahrnehmung zunehmend untergeht. Was hier durch soziale Praktiken vonstattengeht, ist ein Prozess sozialer Positionierung, an dessen Ende die Produktion des Stereotyps ›störender Schüler‹ auf der symbolischen Ebene steht (ebd., 188).

Die Verschiebung des Lehrerurteils verfestigt sich unter anderem dadurch, dass die Art und Weise, wie Yusuf etwas äußert, in der Wahrnehmung der Lehrkräfte oft wichtiger zu sein scheint als der Inhalt der Aussage selbst. Deutlich wird dies anhand einer konkreten Situation, die sich eines Morgens am Ende des Sachkundeunterrichts ereignet:

Herr Mock gibt die Hausaufgaben auf und sagt, dass die Kinder ihre Eltern um Hilfe bitten sollen, wenn sie es nicht schaffen, die Aufgabe alleine zu lösen. Yusuf ruft dazwischen: »Ey, meine Eltern checken das voll nicht!« Daraufhin ermahnt der Lehrer Yusuf und fordert ihn auf, sich richtig hinzusetzen.

Yusufs Hinweis, dass er die Hausaufgabe auch bei Schwierigkeiten mit hoher Wahrscheinlichkeit alleine lösen muss, weil seine Eltern sie nicht verstehen, führt bei der Lehrkraft weder zu einer Modifikation der Aufgabenstellung noch zu einer individuellen Reaktion auf seine Aussage. Stattdessen wird der Schüler für seine Körperhaltung und das Dazwischenrufen diszipliniert.

Wie Budde und Rißler treffend herausstellen, werden von den Lehrkräften für schulische Bildungsprozesse häufig außerschulische Ressourcen gefordert – hier für das Lösen der Hausaufgaben. Diese werden grundsätzlich vorausgesetzt, ohne dass auf ihr ggf. offensichtliches Fehlen angemessen eingegangen wird. Daran lässt sich erkennen, wie Ungleichheit auf der unmittelbaren pädagogischen Handlungsebene verstärkt wird.

Resonanztheoretisch betrachtet, geschieht in der obigen Situation jedoch noch etwas anderes: Yusuf macht die Erfahrung, dass nicht anerkennend auf ihn reagiert wird, wenn er mit eigener Stimme spricht und etwas von sich preisgibt. Der soziale Resonanzdraht zur Lehrkraft bleibt stumm. Und Yusuf erfährt zusätzlich Zurückweisung: Auf sein Bekenntnis, dass seine Eltern die Aufgaben nicht verstehen, wird nicht nur nicht eingegangen, er wird für die Art und Weise, wie er dies vorbringt, gemaßregelt. Das Sich-Öffnen des Schülers wird abgeblockt, die Sanktion für die Art und Weise des Vorbringens überlagert den Inhalt der Aussage.

Im Verlauf des Schuljahres lassen sich auch bei anderen Schülerinnen und Schülern mit verschiedensten ›Abweichungen‹ derartige Situationen beobachten (Budde/Rißler 2017b, 110). Daran lässt sich die These anschließen, dass sich bei Kindern aus bestimmten Sozialmilieus das ›Wie‹ ihres Auftretens in der Lehrerwahrnehmung nicht selten vor die inhaltliche Ebene schiebt und diese überlagert. Aufgrund habitueller Distanz und Problemen, sich konsequent an schulischen Regeln zu orientieren, erscheinen sie mit der Zeit vor allem als Störfaktor, dem von professioneller Seite aus verhärtet begegnet wird. Das Störende rückt in den Vordergrund und der Schüler als Person in den Hintergrund. Das negative Bild wird zum Selbstläufer und überlagert die tatsächlich vorhandenen individuellen Leistungen und Eigenheiten.

Die Differenzkategorien ›Kind aus einem bildungsfernen Haushalt‹ und ›Kind mit Migrationshintergrund‹ scheinen in der Lehrerwahrnehmung wie komplexitätsreduzierende Filter und Katalysatoren zu wirken, die in das Bild passende Eindrücke ›durchlassen‹ und davon abweichende ›abdämpfen‹. Dies führt dazu, dass die mit dem Bild kompatiblen Eindrücke immens verstärkt und Stereotype wie die des ›riesen Machos‹ rückwirkend verifiziert werden. Und das entkoppelt vom tatsächlich viel breiter zu beobachtenden Verhaltensspektrum des entsprechenden Schülers.

Schüler wie Yusuf fühlen sich aufgrund der vereinfachenden Schablonisierung des Stereotyps in ihrem Sosein nicht gesehen oder nicht respektiert. Sie erfahren in der Schule zunehmend Zurückweisung und wechseln in den Repulsionsmodus (Aggression) oder in den Indifferenzmodus (Resignation), was die Lernschwierigkeiten und Verhaltensauffälligkeiten verstärkt und das ohnehin defizitäre Bild der Lehrkraft weiter festigt, sodass deren Wahrnehmungsraster noch enger werden. Die daraus folgenden Sanktionen schlagen wiederum negativ auf den Selbstwert des Kindes zurück. Hier werden Teufelskreise sichtbar, in deren Verlauf sich Schüler und Lehrkraft als Gegner gegenüberstehen. Schule wird zur Entfremdungszone (Rosa 2016, Beljan 2019).

Durch die Resonanztheorie besteht die Chance, Weltbeziehungen von Kindern ressourcenunabhängig zu betrachten und damit einen stereotypisierenden, defizitären Blick stellenweise abzulegen. Im Fall von Yusuf könnte eine derartige resonanztheoretische Analyse folgendermaßen erfolgen:

Insgesamt lässt sich Yusuf im Hinblick auf das kulturelle, soziale und ökonomische Kapital seiner Familie zwar als benachteiligt beschreiben, er scheint jedoch nicht in bedeutendem Ausmaß primär resonanzbeeinträchtigt zu sein. Er spielt in seiner Freizeit mit Ben Fußball in einem Verein und berichtet von einer guten Beziehung zu seinen Eltern. Sie können ihm zwar nicht bei den Hausaufgaben helfen, aber sie unterstützen ihn auf andere Weise. Die Mutter wäscht beispielsweise die Trikots der Mannschaft, der Vater kümmert sich um Tee und Süßigkeiten, wenn sein Sohn gemeinsam mit dem Nachbarsjungen versucht, die Hausaufgaben zu lösen. Außerdem berichten die Lehrkräfte zu Beginn des Schuljahres von Yusufs Lernwillen. Er beteiligt sich immer wieder am Unterricht, auch nachdem die Lehrkräfte ihn hauptsächlich als ›Störer‹ sehen. Im Sachkundeunterricht gibt es Themen, bei denen Yusuf regelrecht aufblüht. Insgesamt ist Yusuf also ein Kind, das auf die Welt ausgerichtet ist. Und er ist willens, diese gelingende Weltbeziehung in der Schule fortzusetzen. Er *ist* höchstwahrscheinlich also nicht umfassend resonanzbeeinträchtigt. Aber er *wird* es in der Schule durch die oben beschriebenen verengenden Zuschreibungen und sozialen Praktiken, die ihn vermehrt als Störfaktor markieren und so aus einem gelingenden Interaktionsgeschehen im Unterricht ausschließen. Am deutlichsten wird dies daran, dass Yusuf vermehrt der Klasse verwiesen wird, auch wenn er nicht der einzige störende Schüler war oder überhaupt nicht gestört hat. Er gilt jedoch in den Augen der Lehrkräfte bereits als ›der Störer‹ und wird deshalb vermehrt, und stellenweise entkoppelt von seinem tatsächlichen Verhalten, des Unterrichts entfernt.

Resonanztheoretisch betrachtet, findet hier durch Stereotypisierung eine Verflachung des Anderen statt, der so nicht mehr als eigene Stimme in Erscheinung treten kann, sondern nur unter entpersonalisierten Labeln, wie ›der Störer‹, ›der Riesenmacho‹, ›der mit bildungsfernen Eltern‹ und Ähnlichem. Das führt dazu, dass positiv irritierende Aspekte, wie z. B. der nach wie vor gezeigte Lernwille nicht mehr auffallen und der Schüler sich nicht nur verkannt fühlt, sondern mit der Zeit unter Umständen gar die negativen Erwartungen proaktiv erfüllt. Wenn eine Person wiederholt die Erfahrung macht, dass sie nur auf eine bestimmte Art wahrgenommen bzw. gesehen wird, engt das ihren Handlungs- und Verhaltensspielraum zunehmend ein, und sie hat, will sie gesehen werden, irgendwann keine andere Wahl, als sich auf diese Weise zu verhalten. Es handelt sich dabei um das bereits 1948 durch den Soziologen Robert K. Merton beschriebene Phänomen der selbsterfüllenden Prophezeiung (Merton 1948).

Hier zeigt sich, wie Festlegungen nach sozialen Differenzkategorien die Wahrnehmung von Lehrkräften beeinflussen und auf der einen Seite soziale Ungleichheiten verstärken, auf der anderen Seite aber auch ganz neue Benachteiligungsstrukturen erzeugen. In Summe wird auf diese Weise ein resonantes Zueinanderkommen innerhalb des schulischen Kontextes verhindert.

5.1 Beziehung und Interaktion – Horizontale Resonanzachse

Die Schule ist keine neutrale Institution, die lediglich Leistung bewertet, sondern ein Sozialraum, der trotz aller angeblichen Professionalität von Vorurteilen, Stigmatisierungen und Stereotypisierungsprozessen durchzogen ist. Mit Erving Goffmann lässt sich präzisieren, dass die ›Normalen‹ gegenüber den Stereotypisierten eine Ideologie entwickeln, »die ihre Inferiorität (Unterlegenheit) erklären soll«. »Mitunter«, so Goffmann weiter aus der Perspektive dieser Normalen, »rationalisieren wir derart eine Animosität (Feindseligkeit), die auf anderen Differenzen – wie zum Beispiel sozialen Klassendifferenzen – beruht« (Goffman 1967, 14). Schule erscheint als Spiegel der Gesellschaft und damit auch deren klassenspezifischen Macht- und Herrschaftsverhältnisse, die exkludierend definieren, was normal und anerkennungswürdig ist.

Stereotypisierung lässt sich dabei auch als paradigmatischer Prozess tertiärer Resonanzbenachteiligung beschreiben, da den betroffenen Schülern dabei nicht selten ein ohnehin bestehender Nachteil zum Ausschlusskriterium aus unterrichtlicher Praxis gerinnt, obwohl sie eigentlich das Potential besäßen, diesen Nachteil zumindest partiell auszugleichen oder als Differenz anzuerkennen, mit der keine negative Wertung, sondern pädagogische Zuwendung verknüpft sein könnte.

Ein Kind, das von zuhause keine verlässliche Bindung kennt, könnte in der Schule als neuem Sozialraum gelingende Bindungserfahrungen sammeln und die negativen Muster so teilweise ausgleichen. Mit einer gewissen Wahrscheinlichkeit wird die Abweichung im Bindungsverhalten im stark normierten schulischen Kontext jedoch Anlass für Stereotypisierungs- und Stigmatisierungsprozesse sein, welche das Kind als Person aus dem schulischen Interaktionsgeschehen ausschließen, indem es vermehrt unter stark vereinfachten Schablonen erscheint, die ihm nicht gerecht werden und Anerkennung verhindern.

Kultur und Fremdheit – Die Ansprüche des unzugänglichen Anderen

»Nihil esse respondendum.« Vatikan, 17. Jahrhundert

Das positive Gegenteil eines stigmatisierenden und stereotypisierenden Vorgehens im Kontakt mit Abweichungen könnte in dem schwierigen Unterfangen gesehen werden, im Pädagogischen einen angemessenen Umgang mit Fremdem zu finden. Da Lehrkräfte nur bedingt in die Lebenswelt von Schülern aus randständigen Milieus eintauchen können und es nicht möglich ist, ihr Erleben im Detail nachzuvollziehen, scheint es wichtig zu reflektieren, wie mit dieser Unzulänglichkeit pädagogisch umgegangen wird.

Die Frage nach einem angemessenen Umgang beim Verstehen-Wollen des Fremden ist eine Grundfrage der Phänomenologie und der Kulturwissenschaft, die eine Reihe von Problemen nach sich zieht. Obwohl er dem Ergründen des Fremden mehrere Bücher gewidmet hat, konstatiert der Phänomenologe Bernhard Waldenfels, dass er weit davon entfernt sei, »das gewaltige Problemfeld des Fremden zu durchmessen« (Waldenfels 2016, 8). Auch wenn es nicht möglich ist, in aller Kürze fundiert auf die Frage einzugehen, was genau das Phänomen des Fremden auszeichnet, so scheint es doch unmittelbar einleuchtend, dass es sich an den Grenzen wie auch immer gearteter Ordnungen bewegt. Das Fremde ist etwas, das mir aufstößt, mich in vielerlei Hinsicht reizt oder abschreckt, weil ich es nicht verstehe, weil es mir nicht zugänglich ist, weil es sich mir verschließt oder entzieht, gewissermaßen nicht in meine gewohnten Kategorien passt und dadurch auch provoziert.

So bezeichnet Waldenfels das Fremde als »Grenzphänomen par excellence« (Waldenfels 2016, 15) und als »eine Art Hyperphänomen, da es sich zeigt, indem es sich entzieht« (ebd., 56). In Bezug auf Edmund Husserl spricht er von einer »Zugänglichkeit in der eigentlichen Unzugänglichkeit« (ebd., 56). Das Fremde fällt durch seine Unzugänglichkeit auf, wird dadurch wahrnehmbar, wodurch es nicht vollständig verschlossen sein kann und somit seine potentielle Zugänglichkeit bereits in sich trägt. Das ist der wesentliche Unterschied des Fremden zum schlicht Unbekannten, unter Umständen

5.1 Beziehung und Interaktion – Horizontale Resonanzachse

nicht Wahrgenommenen. Man könnte auch von einem appellativen Charakter des Fremden im Sinne eines ›Positioniere-dich-zu-mir‹ sprechen, da es reizt, indem es nicht verstanden wird. Mögliche Reaktionen darauf sind Ablehnung, Neugierde oder das Bedürfnis des Überführens in die eigenen Ordnungen.

Dabei ist ein angemessener Umgang mit dem Fremden alles andere als leicht zu bewerkstelligen: »Wir stehen immer wieder vor der Frage, wie wir mit dem Fremden umgehen können, ohne ihm den Stachel des Fremden zu rauben, und es stellt sich die weitere Frage, wie ein interkultureller Austausch aussehen könnte, der nicht auf eine einseitige oder allgemeine Aneignung hinausliefe« (Waldenfels 2016, 130).

Die von Waldenfels aufgeworfenen Fragen drehen sich darum, wie ein angemessener Umgang mit dem Fremden aussehen könnte, der es nicht vereinnahmt. Denn das Fremde scheint Ansprüche zu stellen, denen eine einseitige oder auch nur allgemeine Aneignung nicht gerecht würde. Die Begrifflichkeiten deuten hier bereits auf den Prozess des Aneignens hin, des Angliederns an ein Eigenes im Sinne eines Einverleibens, dessen Ergebnis die Aufhebung der Grenze zwischen Eigenem und Fremdem wäre. Fremdes würde so vom Eigenen ›geschluckt‹ und wäre nicht mehr länger fremd. Die Eigenschaften des Drängenden, Appellativen, Unzugänglichen und Unverfügbaren würden dieser Logik folgend aufgelöst, weil durch bloße Aneignung verkannt, und somit wäre das Fremde seiner konstituierenden Kriterien beraubt.

Aber ist dann überhaupt eine Beschäftigung mit dem Fremden möglich, die nicht irgendwann in diese Richtung führt? Ist ein Verstehen des Fremden denkbar, das nicht automatisch seine Auflösung bedeutet?

Klaus Peter Hansen stellt drei Möglichkeiten im Kontakt mit dem Fremden heraus: Erstens kann sich der Mensch an das Fremde *angleichen wollen*. Diesem Impuls steht eine entgegengesetzte Strategie gegenüber: Das Subjekt ist unbeeindruckt und will unverändert aus dem Kontakt hervorgehen. Zwischen diesen Extremen lokalisiert Hansen drittens das hermeneutische oder dialogische Verstehen, das

5 Sekundäre und tertiäre Resonanzbenachteiligung

zu einer Identitätsveränderung im Sinne einer ›Horizonterweiterung‹ des Eigenen führt, während allerdings eine gewisse »Distanz zum Fremden und ein Rest Unverstehbarkeit bleiben« (Hansen 2000, 331). Dieses dialogische Verstehen scheint einen resonanten Prozess der Annäherung zu beschreiben, in dem die Eigenständigkeit der beiden Seiten gewahrt bleibt und dennoch wechselseitiger Kontakt stattfindet.

Die Strukturiertheit von Schule und Unterricht bringt die in ihr agierenden Akteure dagegen dazu, Fremdes vor allem übergriffig angleichen oder auflösen zu wollen. Auf Abweichungen und Differenz wird tendenziell mit dem Bestreben des möglichst schnellen Überführens in die Strukturen des schulstrukturell Eigenen reagiert. Das ist zum Teil unvermeidlich, wenn beispielsweise allgemeine Regeln den Ablauf von Unterricht gewährleisten sollen. Dennoch scheinen die schulstrukturell notwendigen Tendenzen den Umgang mit Abweichungen insgesamt zu unterwandern, und Lehrkräfte sind zeitlich und inhaltlich derart eingeengt, dass Abweichungen so gut wie immer negativ bewertet werden und deshalb eliminiert werden, indem sie einseitig an die Strukturen angepasst werden.

Dadurch wird nicht nur Vielfalt gehemmt. Subjekte, die vom schulisch Gewohnten abweichen, erscheinen als Fremde in einer fremden Welt und erfahren auch sich selbst auf diese Art und Weise. In Kombination mit der dominanten schulischen Umgangsform des Angleichen-Wollens, welche die Eigenständigkeit des Fremden übergeht, fühlen sie sich als unerwünschte Fremde, deren Fremdheit auf Ablehnung stößt.

Wann immer es möglich ist, sollte es im Pädagogischen also um einen anerkennenden Umgang mit Fremdem und nicht um ein einseitiges, zwanghaftes Angleichen an schulische Strukturen gehen, das – perfiderweise unter dem Deckmantel einer angeblichen Gleichberechtigung – die Eigenheiten bestimmter Kinder verkennt. Gute Lehrer müssen zu praktischen Kulturwissenschaftlern werden, die Fremdes zu verstehen versuchen, um dann darauf eingehen zu können. Ziel dabei sollte es sein, das Fremde aus seinen eigenen Strukturen heraus zu verstehen. Dem Individualpsychologen Alfred

5.1 Beziehung und Interaktion – Horizontale Resonanzachse

Adler wird folgende Feststellung zugeschrieben: *Man kommt weiter, wenn man nicht mit den Kindern kämpft, sondern ihre Muster wohlwollend durchschaut – und ihre Energie in nützliche Bahnen lenkt* (vgl. auch Adler 1929, 51). Dieses wohlwollende Durchschauen, dem ein Verstehen-Wollen des fremden Anderen vorausgeht, ist es, das in der Schule oft zu kurz zu kommen scheint. Abweichungen erscheinen prädominant als Störung und führen zum reflexartigen Angleichen-Wollen, also zum Überführen in die bestehenden Strukturen und nicht zum Interesse, sich dem Fremden verstehend anzunähern und dafür auch die Schulstrukturen als teilweise formbar zu begreifen. Die Folge daraus: Kinder, die nicht ins Raster passen, fühlen sich in der Schule fehl am Platz, unwohl und in ihrem Sosein als Person nicht anerkannt.

Adlers Aussage verweist neben der naheliegenden Erkenntnis, dass ein verhärtetes Ankämpfen von pädagogischer Seite wenig zur Entspannung von Beziehungen beiträgt, auf die Bedeutung einer Energie, die bei jedem Kind besteht und lediglich in gelingende Bahnen gelenkt zu werden braucht. Wichtig ist hierbei der Gedanke, dass eine solche Energie immer vorhanden ist, auch wenn das Verhalten eines Schülers destruktiv ist oder er äußerst zurückhaltend wirkt. Nicht umsonst spricht man beispielsweise von krimineller Energie. Was sich dahinter verbirgt, ist nicht nur ein gesetzeswidriges Verhalten, sondern auch bestimmte Fähigkeiten und Fertigkeiten sowie eine nicht zu unterschätzende Intelligenz.

Stefan Wellgraf (2018) stellt in seiner ethnologischen Feldstudie an einer Neuköllner Hauptschule das hohe kreative Potential der dortigen Schüler heraus, das jedoch leider zum Großteil am Unterricht vorbei entwickelt wird (Wellgraf 2018, 9). Kulturelle Praktiken, die sich zum Teil in Grauzonen der Legalität bewegen, deviantes Verhalten genauso wie Vandalismus müssen als bestehende Energie verstanden werden, die aufgrund entfremdeter Schulbeziehungen fehlgeleitet ist. Diese bereits bestehende Energie pädagogisch einzufangen, aufzugreifen und auf Lerngegenstände zu richten, gehört zu den Schlüsselaufgaben und stellt die hohe Kunst des Unterrichtens und Erziehens dar, das vermeintliche Sicherheiten aufgibt und sich auf eine ergebnisoffene Annäherung an Fremdes einlässt, die bei allen

Schwierigkeiten aufgrund der starken Eigenheit des Fremden auch ganz eigene Resonanzen verspricht.

Soll Schule ein Resonanzraum für *alle* Schüler sein, muss Fremdheit in ihren Abläufen ein Daseinsrecht zugesprochen und eine pädagogische Grundhaltung entwickelt werden, welche die Schwierigkeiten und Herausforderungen im Kontakt mit Fremden anerkennend reflektiert und zugleich bestrebt ist, eine gelingende Beziehung zu ihm herzustellen. Pädagogik zeigt sich hier als »Wissenschaft des Unmöglichen« (Wimmer 2014), deren Herausforderung darin besteht, sich mit kaum Entscheidbarem konfrontiert zu sehen, dem nicht mit einer binären Logik beizukommen ist und das aufgrund der Komplexität des Menschlichen in seiner überwiegenden Unentscheidbarkeit reflektiert werden muss. Dem Fremden unter Umständen gerecht werden zu können, heißt eben *nicht* von vornherein zu wissen, wie der richtige Umgang mit ihm aussieht, sondern sich zunächst auf einen ergebnisoffenen Kontakt einzulassen, aus dem dann reflektierend Rückschlüsse gezogen werden können.

»*Nihil esse respondendum*« – mit diesem Satz antwortete der Vatikan im 17. Jahrhundert auf ein Schreiben von katholischen Missionaren in Persien, die folgendes Problem hatten: Eine einflussreiche Handelsfamilie verheiratete Angehörige nach armenischer Tradition oft bereits im Kindesalter. Diese Kinderehen waren etwas, das die katholische Kirche nicht gutheißen konnte. Andererseits war der Einfluss der Handelsfamilie groß und die bisher gelingende, respektvolle Koexistenz von Christen und Muslimen stand bei einem möglichen Konflikt auf dem Spiel. Eine typische Dilemma-Situation. Der Papst antwortete: »Nihil esse respondendum« – Nichts muss beantwortet werden.

Eine unbeschreibliche Enttäuschung, wenn man auf eine klare Problemlösung von außen hofft. Aber zugleich ein besonderer Auftrag, sich eigenverantwortlich zu verhalten und Widersprüche auszuhalten. Thomas Bauer verwendet dieses Beispiel in seiner Kritik der *Vereindeutigung der Welt* (2018) für die Veranschaulichung der Relevanz von Ambiguitätstoleranz als die Fähigkeit, Widersprüche auszuhalten, die für den Erhalt von Vielfalt und Gemeinschaft essentiell ist. In der

Moderne scheint diese Haltung jedoch zunehmend in Vergessenheit zu geraten und von schnellen Festlegungen – einer vordergründigen Vereindeutigung der Welt – verdrängt zu werden. So wird Komplexität reduziert und gleichzeitig Raum für Vielfalt und pluralistische Deutungen abgebaut. Am Ende gehen auf diese Weise ergebnisoffene Felder für den Kontakt mit Fremden verloren.

Sollen Schülerinnen und Schüler, die anders aufgewachsen sind als ihre Lehrkräfte, nicht resonanzbenachteiligt werden, muss die Schule ein Ort der Ambiguitätstoleranz werden, ein Ort, an dem Menschen agieren, die gelernt haben, mit Widersprüchen umzugehen und sensibel auf Fremdes einzugehen.

Philosophische Provokation: Jacques Rancières ›Gleichheit der Intelligenzen‹

»Was das Volk verdummt, ist nicht der Mangel an Unterweisung, sondern der Glaube an die Minderwertigkeit seiner Intelligenz.« Jacques Rancière

Dass die Schule keine neutrale Institution ist, die lediglich Leistung bewertet, scheint im Allgemeinen Bewusstsein auch aufgrund eigener Schulerfahrungen, zumindest einigermaßen präsent. Dass es unterschiedliche Grade der Begabungen gibt, die mehr oder weniger ›angeboren‹ sind und darüber entscheiden, welche Schulform man besucht, ist dagegen eine Vorstellung, die sich relativ hartnäckig hält. Dabei lässt sich durch die Ergebnisse großer Studien wie TIMMS und PISA zeigen, dass es in den verschiedenen Kompetenzbereichen große Überlappungen zwischen Hauptschülern, Realschülern und Gymnasiasten gibt (TIMMS 2019; PISA 2018). Viele dieser Schüler lassen sich anhand ihrer Kompetenzen also nicht deutlich voneinander unterscheiden, sitzen lediglich in verschiedenen Schulformen, was dann wiederum natürlich Auswirkungen darauf hat, wie sie sich entwickeln werden und welche Lebenschancen ihnen zukommen.

Zumindest bei Förderschülern wird jedoch ein Förderbedarf diagnostiziert, beispielsweise im Bereich Lernen. Der ist per definitionem aber unabhängig von einer Intelligenzminderung, darf also nicht ausgestellt werden, wenn eine solche vorliegt. Zudem ist Studienergebnissen zu entnehmen, dass innerhalb des IQ-Bereichs, der jenseits einer geistigen Behinderung liegt, bei der Entscheidung, ob ein sonderpädagogischer Förderbedarf Lernen festgestellt wird oder nicht, relativ willkürlich mit den Ergebnissen von Intelligenztests umgegangen wird. Die Intelligenztestergebnisse werden beim Gutachten für die je eigene Argumentation passend interpretiert und unscharfe Kriterien flexibel angewandt. Dabei spielen auch bestimmte stereotype Vorannahmen eine Rolle, wie etwa die des ›sozial benachteiligten Migrantenkindes‹. Kinder, die in dieses Schema passen, bekommen den Förderbedarf häufiger ausgestellt als andere (Miller/Kottmann 2017, 221).

Insgesamt nimmt der Förderschwerpunkt Lernen mit 40 % den höchsten Anteil aller zugewiesenen Förderschwerpunkte ein und stellt damit die größte Gruppe der als ›behindert‹ kategorisierten Kinder dar (ebd., 220). Worin diese Behinderung besteht, ist dabei häufig nicht klar ersichtlich. Sie kann kaum am Kind selbst festgemacht werden, da eine Beschreibung durch klare Parameter nicht möglich ist. Die Feststellung eines *individuellen sonderpädagogischen Förderbedarfs Lernen* ist in einer personverankerten Weise also problematisch, weil die Ursachen eng mit strukturellen Faktoren der Schule einerseits und Phänomenen sozialer Benachteiligung andererseits verknüpft sind (Ellinger 2013a).

Um die starren Wahrnehmungsmuster in Bezug auf Herkunft und Intelligenz weiter aufzubrechen, soll in den folgenden zwanzig Leseminuten ein Exkurs in die Philosophie des französischen Denkers Jacques Rancière stattfinden, der dann abschließend an die Theorie der Resonanzbenachteiligung rückgebunden wird.

Die Gleichheit der Intelligenzen und das Verdummende Erklären

In seinem Buch *Der unwissende Lehrmeister* (2007) stellt Jacques Rancière die pädagogisch unhinterfragte Notwendigkeit des Erklärens radikal in Frage und stellt ihr seine Grundannahme der ›*Gleichheit der Intelligenzen*‹ gegenüber. Dafür wendet er sich der Geschichte eines bis

5.1 Beziehung und Interaktion – Horizontale Resonanzachse

dahin wenig bekanntem Pädagogen des frühen 19. Jahrhunderts zu: Joseph Jacotot. Dieser war bereits mit 19 Jahren Lehrer für Rhetorik und Anwaltsanwärter in Dijon, als er sich der Französischen Revolution anschloss. Er unterrichtete einige Jahre später Analysis, Ideengeschichte, klassische Sprachen, Mathematik und Rechtswissenschaft. Ein Mann mit langjähriger und vielseitiger Erfahrung in der Lehre. Die einsetzende Restauration zwang ihn 1818 ins Exil in die Niederlande. Dort geschah das, was sein Verständnis von Lehre und Pädagogik revolutionieren sollte und gut 260 Jahre später Jacques Rancière als Exempel und Veranschaulichungsmaterial dient, um seine ›Lektionen über die intellektuelle Emanzipation‹ zu bekräftigen: Jacotot erhielt den Auftrag, als Professor für französische Sprache an der Universität Löwen zu lehren. Doch weder konnte er Niederländisch, noch verstanden die Studenten, was er auf Französisch sagte. Er stand also vor einem Problem, in Form einer fundamentalen Kommunikationsbarriere, die das direkte Erklären der französischen Sprache unmöglich machte. Aus der Not heraus ließ er den Studenten eine zweisprachige Ausgabe eines klassischen Bühnenstücks aushändigen. Frei nach Immanuel Kants Motto: *Habe Mut, dich deines eigenen Verstandes zu bedienen,* gab er ihnen den Auftrag, sich den französischen Text mithilfe der niederländischen Übersetzung selbstständig anzueignen. Es war, wie Rancière es nennt, »eine Verlegenheitslösung, aber in kleinem Maßstab auch ein philosophisches Experiment nach dem Geschmack [...] der Aufklärung« (Ranciére 2007, 12). Der Ausgang dieses Experiments übertraf alle Erwartungen Jacotots: Die Studenten wurden nach einiger Zeit aufgefordert, das niederzuschreiben, was sie von der Lektüre verstanden hatten, und was sie über den Inhalt des Textes dachten – und zwar auf Französisch. Das Überraschende: Dazu waren sie fähig. Sie gaben Ausführungen ab, deren Qualität Jacotot beeindruckte. Die Studenten hatten ohne angeleiteten und strukturierten Sprachunterricht passables Französisch gelernt. Dieses Schlüsselerlebnis stellte Jacotots Verständnis von Lehre auf den Kopf und war entscheidend für die Entwicklung seiner Methode des universellen Unterrichts, Ranciére schreibt:

> »Dies war die Revolution, die dieses Zufallsexperiment in seinem Geist hervorrief. Bis dahin hatte er wie alle gewissenhaften Professoren geglaubt, dass die wesentliche Sache des Lehrmeisters die ist, seine Kenntnisse den Schülern zu vermitteln, um sie graduell zu seinem eigenen Wissen zu führen. Er wusste wie sie, dass es nicht darum ging, den Schülern Kenntnisse einzutrichtern und sie diese wie Papageien wiederholen zu lassen, aber auch, dass man ihnen diese Zufallswege ersparen muss, auf denen sich die Geister verlieren, die noch unfähig sind, das Wesentliche vom Nebensächlichen und das Prinzip von der Konsequenz zu unterscheiden. Kurz, die wesentliche Aufgabe des Lehrmeisters besteht darin, zu erklären [...].« (Ranciére 2007, 12 f.)

Von diesem historischen Beispiel ausgehend, stellt Rancière die dem pädagogischen Selbstverständnis nicht nur inhärente, sondern mit ihm verwachsene Vorstellung der Notwendigkeit von umfassenden Erklärungen grundlegend in Frage. Die gängige Vorstellung dessen, was man unter ›Erklären‹ versteht, geht seiner Ansicht nach von einem strukturierten, nach Anspruch gestaffeltem Vorgang aus. Es führt vom Einfachen zum Komplexen, etabliert aufeinander aufbauende Sequenzen, hebt zunächst die einfachen Elemente hervor, um dann schrittweise zu den Schwierigeren zu gelangen. Erklären bedeutet also eine anleitende Führung des Lernenden durch den Lehrmeister. Aber es ist die Intelligenz des Lehrmeisters, die den Ton angibt. Die Schüler werden vom Wissen des Lehrmeisters geführt und dadurch auch, so kritisiert Rancière, zu *seinem* Wissen und nicht etwa zu ihrem eigenen Wissen, wodurch Unterordnung stattfindet. Die zu durchlaufenden Schritte vom Einfachen zum Komplexen sind vom Lehrer strukturiert und entspringen seinem Wissen. Deshalb stellt Rancière die naheliegende Frage, ob der Schüler unter Umständen nur fremde Aneignungsgedanken lernt, die für ihn selbst keinen Kontakt zur Welt an sich herstellen (ebd., 14).

Man könnte auch sagen: In der erklärenden Logik herrscht die Vorstellung, dass die komplexe Wirklichkeit der scheinbar unterkomplexen Intelligenz des Lernenden angepasst werden muss. Nach Rancières Ansicht entsteht jedoch durch dieses Vorgehen überhaupt erst die Annahme einer Unzulänglichkeit des Lernenden, die an sich so nicht besteht, weshalb damit eine unzulässige Hierarchisierung der Intelligenzen verknüpft ist, die eine Distanz zwischen Lehrendem und Lernendem festschreibt, eine Unterordnung, die mit jedem Lernen in diesem Sinne reproduziert wird.

Dies erscheint laut Rancière vor allem paradox, wenn man das ›normale‹ Lernen in den ersten Lebensjahren eines Menschen betrachtet. In der frühen Entwicklung würden Kinder ohne explizite Erklärungen lernen, beispielsweise die Muttersprache. Dies geschieht durch Interaktion mit den Bezugspersonen, Nachahmung, einem Lernverhalten nach Versuch und Irrtum sowie der stetigen Wiederholung dieser Vorgänge. Was sich für Rancière hier zeigt, ist die grundlegende Lernfähigkeit der Kinder, unabhängig von ihrem Geschlecht, ihrer sozialen Herkunft und unabhängig von explizit erklärendem Verhalten der umgebenden Personen (ebd., 15). Intelligenz als die Fähigkeit, sich auf Welt auszurichten und sich diese in wechselseitiger Beziehung anzueignen, ist für ihn so etwas wie eine anthropologische Konstante. Etwas, das jeder Mensch von Natur aus besitzt. Sie wird von ihm als grundlegende Fähigkeit verstanden, nicht als kumuliertes Wissen oder klar umschriebene Kompetenzen. Sie ist deshalb nicht beobachtbar oder messbar, wie es beispielsweise mit Intelligenztest versucht wird.

Die unmittelbare Bezugnahme auf die Dinge der Welt und die selbsttätige Verifizierung bei der Aneignung von dieser im ›normalen Lernen‹ des Kleinkindalters nimmt nach Rancière Schaden, wenn der wissenden Lehrmeister dem Kind die Welt erklärt, also ab dem Zeitpunkt der Einschulung. Die grundsätzlich vorhandene Intelligenz aller Kinder wird durch die Umleitung externer Erklärungen zur Verdummung gebracht (Rancière 2007, 17). Man könnte auch sagen: Vorher *haben* die Kinder verstanden, jetzt *sollen* sie verstehen. Vorher haben sie aus ihrer eigenen Weltbeziehung heraus verstanden, jetzt sollen sie in Reaktion auf Erklärungen verstehen. Es kommt zu einer Explikation und mechanischen Isolation des Verstehensprozesses. Zwischen das lernende Subjekt und die Welt schiebt sich eine weitere Instanz: die des erklärenden Lehrmeisters, der seine Legitimation aus einem Mehr an Wissen zieht, das dem Kind zur Verifikation seines Lernens dienen soll. Das vorherige Lernen werde so zu Unrecht als defizitär degradiert, erst jetzt, in der Schule, finde ›richtiges Lernen‹ statt.

Was so neben der Entfremdung vom tatsächlichen Lernen entsteht, ist eine Aufteilung in Wissende und Unwissende, denen das Wissen nahegebracht werden muss. Dieses ›Bringen‹ des Wissens zeigt sich im Erklären, das ein Verstehen notwendig macht, das es vorher in der Art, als isoliert beschreibbares Phänomen, nicht gab. Die Idee des Verstehens »wirft einen Schleier auf jedes Ding«, denn während das Kind zuvor ein »eigenständige[s] Verhältnis des Lernens zur Verifizierung« besaß, etabliert sich nun »eine Undurchsichtigkeit« zwischen eben jenem Lernverhalten und der Verifizierung (Rancière 2007, 16). Nun erfolgt die Verifizierung sozusagen extern, und damit wird dem Kind der Verstehensprozess aus der Hand genommen. Erst jetzt sind Aussagen wie ›ich verstehe das nicht‹ oder ›ich kann das nicht‹ möglich. Rancières Begriff der Verdummung versucht zu fassen, dass Verstehen als etwas Ausgelagertes gesehen wird, als etwas, das zum Lerner gebracht werden muss, nicht als etwas, das sich als sukzessiver Prozess selbsttätiger Anverwandlung ereignet. Erst ab dem Moment, ab dem mir erklärt werden muss, eröffnet sich mir die Möglichkeit, *nicht zu verstehen* und dann dort stehenzubleiben, ohne weiter zu wissen. Es lässt sich also sagen: Unfähigkeit wird von der Logik des Erklärens überhaupt erst erschaffen und lässt wiederum den wissenden Lehrmeister rückwirkend in der Rolle einer erklärenden Instanz als notwendig erscheinen. Die Unfähigkeit ist »die strukturierende Fiktion der erklärenden Auffassung der Welt« (ebd., 16). Das Erklären erschafft also Unfähige, und das Erschaffen von Unfähigen macht rückwirkend die Rolle von Erklärenden notwendig und legitimiert sie.

Die unmittelbare Beziehung zu den Dingen der Welt wird zu einer durch den Lehrmeister vermittelten. Was sich so manifestiert, ist eine neue Haltung, die sich aufgrund des Verlustes direkter Bezugnahme und Beziehung neben Rancières Begriff der Verdummung auch als Entfremdung beschreiben lässt. Die Dinge sprechen das lernende Subjekt nicht mehr direkt und an sich an, seitdem es in Form des wissenden Lehrmeisters einen expliziten Fürsprecher gibt. Es wird so getan, als ob sie nicht mehr mit eigener Sprache sprechen, deshalb erklärt werden

5.1 Beziehung und Interaktion – Horizontale Resonanzachse

müssen, und sie sprechen nicht mehr mit eigener Sprache, seitdem sie erklärt werden, wodurch unmittelbare Weltbeziehung verloren geht, und sich das Erklären de facto als Akt der Entfremdung zwischen Lernenden und den Lerngegenstand schiebt. Die Erklärung, so könnte man sagen, geht von einer grundsätzlichen Ungleichheit aus, zieht ihre Berechtigung aus dieser Annahme und macht so eine Pädagogik möglich, welche eine Unterscheidung der Intelligenzen etabliert. Diese findet auf mehreren Ebenen statt. Zum einen zwischen Lehrern und Schülern, nach den Prinzipien Alter und Qualifikation in Wissende und Unwissende. Aber auch unter den Schülern nach dem Prinzip des Erbringens messbarer Leistung in Begabte und weniger Begabte, in *Fähige, weniger Fähige* und *Unfähige* (Rancière 2007, 16). Jeder bekommt beim Durchlaufen der Schule auf diese Weise seinen vorgesehenen Platz in der bestehenden Ordnung zugewiesen.

Es ist dabei die Einseitigkeit des Erklärens, aus der eine paternalistische Hierarchie erwächst. Warum gehört es so wenig zum pädagogischen Selbstverständnis, dass auch die Lehrkraft etwas von einem Schüler lernen kann, der in einer ganz anderen Lebenswirklichkeit aufwächst? Warum ist immer er der Dumme und die Lehrkraft diejenige Person, die ihm alles (bei)bringen muss? Die Frustration scheint in dieser Konstellation vorprogrammiert. Die Lehrkraft muss beibringen, zerrt Dinge an Land, die sie erklärend in die Schüler transferieren muss. Vor allem Mittelschullehrer und Sonderpädagogen sind durch dieses ›Bei-Bringen-Müssen‹ belastet, weil ihre Schülerinnen und Schüler immer wieder an den Lerngegenständen scheitern und Schule als Farce erleben. Würde Lernen weniger einseitig begriffen, gäbe es vielleicht auch die Möglichkeit, dass die Schüler etwas *mit-bringen* und sich selbst *ein-bringen*. Die gängige Vorstellung der Schule als Institution des Erklärens läuft dem jedoch zuwider.

Dabei besteht das Paradox, dass diejenigen das Erklären am allernötigsten haben sollen, die in der Schule scheitern, denen die Schule in ihrer bisherigen Ausrichtung also nichts gebracht hat. Anstatt zu hinterfragen, warum bestimmte Schüler nicht auf das schulische Lernen ›anspringen‹, werden sie mit erklärenden Fördermaßnahmen überfrachtet, die angeblich besser erklären, kleinschrittiger erklären, leistungsdifferenzierter erklären. Es findet eine regelrechte Inflation des Erklärens und seine Fetischisierung statt, die dann *Förderung* genannt wird. Daran, dass es etwas an der Haltung des Erklärens selbst sein könnte, dass diese Schüler herabwürdigt, ihr Lernen erschwert und bei ihnen Gefühle von Minderwertigkeit erzeugt, wird kaum gedacht. Ihr scheiterndes Lernen wird nicht auch als Hinweis auf die Problematik des Erklärens verstanden, sondern darauf, dass einfach noch nicht gut genug erklärt wurde und deshalb mehr und besser erklärt werden muss. Dadurch türmt sich die institutionelle Seite der Schule immer weiter auf und die Position des Schülers schrumpft auf die des Unfähigen zusammen, bei dem selbst ein Arsenal an Erklärmaßnahmen kaum etwas zu bringen scheint. Diese Kinder sind bedrängt von der Herrschaft des Erklärens und können sich deshalb immer weniger vorstellen, selbst zu verstehen. Dieses fehlende Selbstvertrauen, das Bedrängt-Sein im Schulischen und die durch Strukturen der Ungleichheit erzeugten Minderwertigkeitsgefühle werden dann nicht selten unter dem Begriff – ja der Diagnose – *Lernbeeinträchtigung* subsumiert, die in ihrer individualisierten psychologistischen Logik dem dahinterstehenden sozialen Problem nicht gerecht wird.

Resonanztheoretisch wird ein wechselseitiger Prozess zwischen zwei eigenständigen und gleichwertigen Entitäten so unmöglich. Die Beziehung zwischen Lehrer und Schüler wird noch stärker unter das hierarchische Primat des Erklärens gestellt, als dies ohnehin in Schule der Fall ist. Gerade ›die Unfähigen‹ des Förderbedarfs Lernen hätten jedoch eine De-Hierarchisierung des Lernprozesses nötig. Durch das Label ›lernbeeinträchtigt‹ bekommen sie jedoch einen beinahe unumstößlichen Platz als ›Unfähige‹ zugewiesen, den sie aus eigener Kraft kaum mehr verlassen können. Das ständige Erklären zersetzt ihre natürliche Ausrichtung auf die Welt so weit, dass sie sich immer weniger zutrauen, selbstständig zu verstehen. Aus professioneller Perspektive wird dann derjenige, der es trotz des massiven Erklär-Aufwands nicht schafft zu verstehen, als nachweislich lernbeeinträchtigt angesehen, und muss noch mehr unter die pädagogischen Fittiche genommen werden. Hier zeigen sich Zirkelschlüsse, welche die Kinder in den defizitären Zuschreibungen gefangen halten.

5.1 Beziehung und Interaktion – Horizontale Resonanzachse

Rancières Ansatz, Gleichheit nicht als schwer zu erreichendes Ideal gesellschaftlicher und politischer Praxis, sondern als Grundannahme zu verstehen, könnte aus diesen zirkulären Zuschreibungsprozessen herausführen. Während in der gängigen Pädagogik Gleichheit so etwas wie ein übergeordnetes, wünschenswertes, schwer zu erreichendes, aber zumindest ideell angestrebtes Ziel ist, dem durch eine verbesserte Pädagogik und durch funktionierenden Unterricht näher gekommen werden soll, ist sie für Rancière als ›Axiom‹ und ›Präsumption‹ von vornherein gesetzt (Rancière 2007, 18). Sie besteht als unumgängliche Vorannahme und müsste deshalb durch pädagogische Praxis eher vertreten und eingefordert, denn als schwer zu erreichendes Ziel anvisiert werden. Im ersten Bereich ist Gleichheit ein anzustrebendes, idealistisches Ziel der Pädagogik, im zweiten die Grundlage von jeglichem pädagogischen Handeln.

In der Schule dominiert derweil ein defizitärer Blick auf Abweichungen und eine Vorstellung des Erklärens, die als unumstößliches Naturgesetz erscheint. Und das höchstwahrscheinlich deshalb, weil es dort *eine ganz bestimmte Vorstellung* davon gibt, wie die Dinge laufen sollen, was gute Kompetenzen sind und was nicht, was sich gehört, wie gelingender Unterricht aussieht, was Intelligenz ist und was Lernen bedeutet.

Diese Vorstellungen sind dabei jedoch vor allem eines: einseitig. Die Definitionsmacht geht vollständig von der Institution Schule aus und damit auch von den Werten bestimmter Sozialmilieus und Klassen der Gesellschaft. Eine Schule für alle ist das in keinem Fall. Es ist eine Schule von Wenigen für vordergründig alle, weil es die Schulpflicht gibt. In Wirklichkeit ist es aber eine Schule von Wenigen für Wenige oder nur ganz bestimmte Teile der Gesellschaft. Wo Rancière von einer unbedingten Gleichheit der Intelligenzen ausgeht, bedient die Schule nur ganz bestimmte. Es geht in ihr nicht darum anzuerkennen, dass alle Menschen auf Welt ausgerichtet sind und ein Zueinanderkommen dieser Ausrichtungen zu ermöglichen.

Rancières Gedanke der ›Gleichheit der Intelligenzen‹ könnte der Pädagogik guttun – und wenn er nur als ›Gedankenexperiment‹ praktiziert wird –, um zeitweise den Blick zu weiten und Strukturen aufzubrechen, die als natürlich wahrgenommen und damit in ihrer benachteiligenden Wirkung hingenommen werden. Damit ein Schüler mit massiv schlechten Schulleistungen in der Schule überhaupt als Entität in Resonanzprozessen auftreten kann, scheint es von großer Bedeutung, dass er von der Lehrkraft nicht als Defizit gesehen wird, das einen großen Erklärungsaufwand fordert, sondern als eigenständige Intelligenz. Einem Menschen, der bereits eine Ausrichtung auf die Welt besitzt, muss man diese nicht bringen. Die Schwierigkeit besteht dann eher darin, die jeweils individuelle und die institutionelle Ausrichtung der Schule zueinander zu bringen. Soll dies in gleichberechtigter Art und Weise geschehen, kann auf Resonanzprozesse gesetzt und vertraut werden, welche die jeweilige Eigenständigkeit respektieren und dennoch zu Veränderungen führen. Resonanz erscheint dabei gerade in ihrer unkontrollierbaren Unverfügbarkeit als Garant dafür, dass keine der beiden Seiten übergangen wird. Sie lässt sich nicht erzwingen und ist abhängig von der Grundbedingung, dass beide Seiten sich aufeinander einlassen und mit eigener Stimme sprechen, sodass beide Intelligenzen in ihrer Eigenart erscheinen können. Der verdummenden Wirkung des einseitigen Erklärens steht ein gleichberechtigtes Zueinanderkommen in Resonanz entgegen.

Obwohl Rancière die Notwendigkeit des Erklärens ablehnt und als Instrument der Ungerechtigkeit demaskiert, stellt er die pädagogische Bedeutung eines Lehrmeisters nicht in Frage. Er sollte allerdings kein erklärender Lehrmeister sein, sondern ein unwissender und den Willen der Schüler derart auf einen *gemeinsamen Lerngegenstand* ausrichtet, dass sie ihn sich selbsttätig aneignen. Es findet also eine gegenseitige Anerkennung der Gleichwertigkeit der Intelligenzen statt, die einander nicht untergeordnet werden sollen. Eine Unterwerfung dürfe nur zwischen Wille und Wille, niemals aber zwischen den Intelligenzen stattfinden.

Im Fall von Jacotots Lehre seien die Schüler an seinen Willen gebunden gewesen, nicht aber an seine Intelligenz, sondern an die des Buches und diese beiden Bereiche seien »gänzlich voneinander getrennt« (ebd., 24) gewesen. Der Lehrmeister ist derjenige, »der eine Intelligenz in den willkürlichen Zirkel einschließt, aus dem sie nur herauskommt, indem sie sich für sich selbst notwendig macht« (ebd., 25 f.). Der Einstieg in diesen Zirkel scheint das Herantragen des Lerngegenstands zu sein. Durch das Induzieren des Willens des Schülers bei gleichzeitiger Verweigerung, die eigene Intelligenz in den Lernprozess des Schülers einzubringen, macht der Lehrmeister den selbstständigen Einsatz der eigenen Intelligenz des Schülers »für sich selbst notwendig« (ebd.). Dies scheint der springende Punkt zu sein, der die Intelligenz des Schülers herausfordert, sie in positiver Weise zwingt, aktiv zu werden.

Was hier deutlich wird, ist die zentrale Bedeutung der Lerngegenstände, denen Rancière eine eigene Intelligenz zuspricht, mit der die Intelligenz der Schüler interagieren soll, ohne dass sich eine erklärende Intelligenz des Lehrmeisters ›dazwischenschaltet‹. Es ist der Lehrmeister, der die Gegenstände auswählt, an die Schüler heranträgt und ihren Willen darauf ausrichtet. Diesen Gegenständen von Schule und Unterricht, die das Gemeinsame bilden, auf das sich Lehrer und Schüler im Idealfall ausrichten, sollen im folgenden Kapitel genauer betrachtet werden.

5.2 Gegenstände von Schule und Unterricht – Diagonale Resonanzachse

Schule bringt junge Menschen in Kontakt mit den verschiedenen ›Materialitäten‹ der Welt. Das Material ist beispielsweise Sprache, die Muttersprache oder eine Fremdsprache in geschriebener und gesprochener Form. Das Material sind Mengen und Ziffern, geometrische Formen oder der physische Bauplan der Dingwelt. Alle Schulfächer versuchen im Grunde nichts anderes als verschiedene Instrumente der Weltaneignung und des Weltverstehens zu vermitteln, die sich mit je eigenen Weltausschnitten in einer bestimmten Art und Weise befassen.

5 Sekundäre und tertiäre Resonanzbenachteiligung

Die Antwort auf die Frage, ob dem Schüler dieses ›Material‹ zugänglich ist, ihm etwas zu sagen hat und er daraufhin in ein dialogisches Verhältnis mit ihm eintritt, entscheidet nicht nur darüber, wie gut er Lesen und Schreiben lernt, ob es ihm gelingt, seine Meinung zu formulieren und andere nachzuvollziehen, ob er weiß, warum Blätter grün sind und was bei der Fotosynthese abläuft ... Die Zugänglichkeit und Antwortqualität, ja der Reiz der schulisch aufbereiteten Lerngegenstände entscheidet auch darüber, auf welche Art und Weise junge Menschen neue Weltausschnitte insgesamt erfahren und damit, was die Welt für sie ist, wie sie ihnen erscheint und wie sie sich selbst darin erleben. Wenn in der Schule die Erfahrung gemacht wird, dass neue Weltausschnitte etwas hergeben, dass es Sinn macht, sich von ihnen verwickeln zu lassen und dabei am Ende etwas Positives herauskommt, dann weckt Unbekanntes insgesamt eher Neugierde. Erfährt der Schüler im Unterricht dagegen, dass er nicht so recht an die Dinge herankommt, dass seine Bemühungen scheitern und die Welt verschlossen vor ihm liegt, dann wird er Neuem irgendwann nicht mehr mit Zutrauen und Interesse an Erfahrungszuwachs begegnen können.

Neben dieser existentiellen Ebene, welche die Weltbeziehung im Gesamten betrifft, formen sich durch die im Unterricht stattfindenden Kontakte und Hemmnisse zu den verschiedenen Materialitäten auch persönliche Präferenzen und mentale Repräsentationen über die eigenen Fähigkeiten aus, die dann das Selbstkonzept genauso prägen wie die spätere Berufswahl. *Was liegt mir? Was kann ich gut? Von was werde ich angezogen? Womit möchte ich mich beschäftigen?* All das sind Fragen, deren je persönliche Antworten vom Gelingen und Misslingen der Materialitätsbeziehungen im schulischen Unterricht entscheidend geprägt werden. Dies führt dazu, dass scheiternde Materialitätsbeziehungen im Unterricht zu verheerenden Selbstbildern führen: *Ich kann nichts, ich will auch nichts können, das interessiert mich alles nicht, ich bin nichts wert.*

Die Lerngegenstände der Schule sind also nichts Isoliertes, sondern stehen im Wechselverhältnis zum Selbstbild des Subjekts. Selbstwirksamkeit und damit auch Selbstwert kann nur *in Bezug auf etwas* entwickelt werden. Ähnlich wie Franz Brentanos Erkenntnis, dass Bewusstsein immer Bewusstsein *von etwas* ist und damit nicht ohne das

5.2 Gegenstände von Schule und Unterricht – Diagonale Resonanzachse

Beziehen auf etwas zu denken ist, also nicht ohne die Bewegungsrichtung der Intentionalität, ist Selbstwirksamkeit nicht ohne etwas zu denken, auf das sich das Selbst ausrichtet, mit dem es sich beschäftigt, auf das es wirkt und sich selbst in diesem Wirken als erfolgreich erfährt. Dieses Etwas, auf das sich das Selbst ausrichtet, besteht in unserer meritokratischen Gesellschaft früh im Leben von jungen Menschen in einer Fülle an schulischen Lerngegenständen. Das heißt: Das Gelingen oder Misslingen der Beziehung zu den Materialitäten der Schule trägt einen großen Teil dazu bei, ob ein junger Mensch Selbstwirksamkeit erfährt oder Selbstzweifel entwickelt, ob er sich etwas zutraut oder nicht und wie er sich selbst bewertet.

Ähnlich wie im Fall des Sozialgefüges, also der horizontalen Resonanzachse, hält auch die Materialität von Schule und Unterricht auf der diagonalen Resonanzachse für Kinder randständiger Milieus viel Unbekanntes bereit. So weist Aladin El-Mafaalani darauf hin, dass Kinder aus sozial randständigen Milieus dort im Unterschied zu ihren Mitschülern vieles zum ersten Mal hören (El-Mafaalani 2020b, 138). Und gleichzeitig können sie die eigenen Erfahrungen aus der Lebenswelt nur selten auf etwas in der Schule Gelerntes übertragen oder anwenden. Es besteht also eine Kluft zwischen dem alltäglichen Leben der Kinder und den Gegenständen von Schule und Unterricht, die als etwas diffus Anderes und tendenziell Unzugängliches erscheinen. Der Bezug zu den schulischen Lerngegenständen ist entfremdet.

Materialität und Rahmen

> »*Schläft ein Lied in allen Dingen,*
> *die da träumen fort und fort,*
> *und die Welt hebt an zu singen,*
> *triffst du nur das Zauberwort.*«
>
> Joseph Freiherr von Eichendorff

Lerngegenstände sollten nicht als isolierte Dinge gesehen werden, die schlicht da sind und aufgenommen werden müssen. Es wird der schulischen Konstellation gerechter, sie als Anlass der Welt- und

Selbsterfahrung zu verstehen. Dieser Anlass muss in gewisser Weise durch Unterricht ›geschaffen‹ werden, er ist abhängig von pädagogischen Dimensionen der Vermittlung, der didaktischen Aufbereitung und unterrichtlichen Kontextualisierung. Und hier zeigt sich, dass die Materialitäten von Schule und Unterricht in verschiedenen Rahmen an die Schüler herangetragen werden. Unterricht selbst beschreibt diese Rahmung von Welt im Hinblick auf ihre Vermittlung. Die Rahmen haben dabei einen entscheidenden Einfluss darauf, wie sich die Dinge im Unterricht zeigen, als was sie erscheinen und welchen Charakter sie haben. Durch sie wird aus der Fülle an Möglichkeiten überhaupt erst ein Fokus gesetzt, der eine Beschäftigung der Schülerinnen und Schüler ermöglicht. Dabei scheint es äußerst bedeutend, wie diese Rahmen beschaffen sind, auf welche Weise eine Lehrkraft ihre Unterrichtsinhalte einrahmt, ob sie mehrere Möglichkeiten und Techniken der Rahmung kennt, um diese einzelnen Schülern und Situationen anzupassen, und sie über ihre Rahmung zu reflektieren vermag. Dabei zeigt sich, dass die Form des Unterrichts und die Stoffdarbietung für sozial benachteiligten Kinder wichtiger sind als für ihre nicht-benachteiligten Mitschülerinnen und Mitschüler (El-Mafaalani 2020b, 164). Das liegt zum einen daran, dass die Schule für sie der einzige Ort ist, an dem sie sich schulrelevante Inhalte aneignen können. Zum anderen gibt es unglücklicherweise bestimmte Unterrichtsformen und -methoden, mit denen sie kaum umgehen können. Dies betrifft zum Beispiel offene Lernarrangements, die viel Eigeninitiative erfordern, oder solche, in denen nicht unmittelbar ersichtlich ist, wofür das Gelernte gut sein soll. Der nicht selten durch Knappheitsprobleme geprägte Alltag von Kindern, die in materiellem Mangel und Armut aufwachsen, führt bei ihnen meist zu einer starken Zweckorientierung (El-Mafaalani 2020b, 137). Motivation hängt deshalb oft an unmittelbar ersichtlicher Anwendbarkeit.

Hier zeigt sich ein spezieller Zugang zum Lernen, der nicht in allen Unterrichtsformen ›funktioniert‹ und bei den didaktischen Trends der Offenheit und Projektbezogenheit eher zu Problemen führt. Dies müssen Lehrkräfte wissen, damit die Art ihres Unterrichtens nicht von vornherein eine Benachteiligung darstellt, da sie Dinge erwarten,

5.2 Gegenstände von Schule und Unterricht – Diagonale Resonanzachse

die sich bestimmte Kinder in ihrer Lebenswelt bisher nicht aneignen konnten. Anstatt den Umgang mit Offenheit und Fähigkeiten zur Selbstorganisation vorauszusetzen, muss es in der Schule die Möglichkeit geben, genau das zu erlenen. Ansonsten findet eine zusätzliche Benachteiligung der ohnehin benachteiligten Kinder statt. Die Entfremdungserfahrungen in Lehr-Lern-Arrangements, welche die eigenen Fähigkeiten übersteigen, sind somit die Folge einer *tertiären Resonanzbenachteiligung* auf der diagonalen Achse.

Neben der didaktisch-methodischen Seite des ›Rahmenbaus‹ ist die Beschaffenheit der Rahmen immer bestimmt von den eigenen Erfahrungen und habituellen Prägungen der Lehrkraft. Um im Bild zu bleiben, könnte man davon sprechen, dass die Größe und Form der Rahmen unter Umständen wandelbar und durch didaktische Konzepte variabel sind, das Material aber im Grunde dasselbe bleibt. Was der Lehrer für ästhetisch ansprechend hält, was ihm ›normal‹ erscheint, seine Art an Dinge heranzugehen... – all das sind habitualisierte Vorstrukturierungen seiner Wahrnehmung und seines Verhaltens, die sich nie vollständig ablegen lassen und den Milieuprägungen der Schüler zuwiderlaufen können. Diese Rahmen drohen ihnen dann womöglich leer zu bleiben, sie erscheinen als Form ohne Inhalt.

Bildlich gesprochen: Wer immer bunte Rahmen in der Begegnung mit Welt gewohnt war, wird den Purismus eines schulischen Rahmens, den die Lehrkraft möglicherweise als konzentrierte Klarheit feiert, unter Umständen als kalt oder langweilig empfinden und damit nicht als einladend. Genauso drohen schulische Regeln, Gewohnheiten der Vermittlung und Formalitäten des Unterrichts zu Formen ohne Inhalt zu erstarren, die lediglich befolgt werden, ›weil man das nun mal so macht‹, auch wenn der eigentliche Sinn nicht mehr ersichtlich ist oder in der konkreten Situation überhaupt nicht greift.

Aufgrund ihrer eigenen habituellen Prägung erscheinen die Lehrkräfte auch auf der diagonalen Resonanzachse nicht selten als die bereits erwähnten ›Gatekeeper‹ zu den Lerngegenständen, da ihre Auswahl, ihre Art der Aufbereitung und Darbietung eher den Präferenzen und Geschmacksurteilen ähnlich sozialisierter Kinder und Jugendlichen entsprechen als solchen aus randständigen Milieus.

5 Sekundäre und tertiäre Resonanzbenachteiligung

Lebendige und tote Gegenstände

»Die Dinge singen hör ich so gern.
Ihr rührt sie an: sie sind starr und stumm.
Ihr bringt mir alle die Dinge um.«

Rainer Maria Rilke

Die Beschaffenheit schulischer Lerngegenstände ist also abhängig von den Kriterien, nach denen die Lehrkraft ihre Unterrichtsinhalte auswählt, und von der Art und Weise, wie sie diese präsentiert. Neben dem Interaktionsgeschehen zwischen Lehrkräften und milieufremden Schülern wirkt sich der Habitus auch auf die diagonale, dingliche Resonanzachse aus. Ein Blick darauf, wer entscheidet, was in Lehrpläne aufgenommen wird, wer in Schulbuchverlagen sitzt und wer den Unterricht hält, genügt, um zu verstehen, dass Unterrichtsmaterialien nicht die Vielfalt der Welt an sich abbilden, sondern habituell geprägt und vorselektiert sind.

So weist Gotthilf Hiller darauf hin, dass die Inhalte der in der Schule verwendeten Texte zum Lesen- und Schreibenlernen oft vollkommen an der Lebenswirklichkeit von Kindern aus randständigen Milieus vorbei gehen: »Diese Texte thematisieren überhaupt nicht die Deutungsmuster, Repräsentations- und Ordnungszusammenhänge ihres Milieus« (Hiller 1990, 175). Sie entsprechen also nicht den von Gerhard Schulze (2005) herausgestellten *normalen existentiellen Problemdefinitionen*, die diese Kinder durch ihr bisheriges Aufwachsen gewohnt sind. Und sie entsprechen auch nicht ihren Interessen und zentralen Lebensfragen. In einem ganz buchstäblichen Sinne sagen ihnen diese Texte nichts. Sie bleiben stumm, ihnen fehlt der Reiz. Dafür, dass sich Interesse bilden kann, wäre es jedoch notwendig, dass die Kinder vom Text angesprochen werden und auf ihre Art und Weise antworten können.

Hiller verdeutlicht, dass Alphabetisierung nicht nur bedeutet, Lesen und Schreiben lediglich als isolierte Fertigkeiten zu lernen, sondern dass es um eine ›Alphabetisierung des Bewusstseins‹ gehen sollte (vgl. Hiller 1990), welche die Kinder und Jugendliche dazu

5.2 Gegenstände von Schule und Unterricht – Diagonale Resonanzachse

befähigt, eigene Ansichten und Gedanken zu äußern, sich mit anderen Meinungen auseinanderzusetzen und eigene Narrationen zu verschriftlichen. Dafür wäre es allerdings essentiell, dass sie in der Schule auf Texte stoßen, die sie in ihrem Sosein ansprechen und herausfordern.

Aus dieser materialen Perspektive lassen sich Schwierigkeiten bestimmter Schüler beim Lernen nicht nur personverankert mit mangelhaften Kompetenzen oder Fähigkeiten erklären, sondern auch damit, dass sie die Gegenstände, an denen und mit denen sie lernen sollen, nicht ansprechen. Dies führt dazu, dass sie kein Interesse entwickeln und deshalb nicht die Erfahrung machen, wie es sich anfühlt, wenn beispielsweise ein Text zu leben beginnt, er sie auf eine Reise mitnimmt oder regelrecht aufsaugt. Wer das erfährt, spürt ganz unmittelbar, dass Buchstaben, Worte und Sätze keine toten Zeichensysteme sind und es eine Last ist, sie lernen zu müssen, sondern dass sich mit ihnen Stimmungen und Atmosphären, ja ganze Welten erschaffen lassen. Die Schriftsprache wird zu etwas Lebendigem, das die Fantasie beflügelt.

Anstatt mit dem Unterrichtsstoff in derartige Resonanzverhältnisse einzutreten, verharren Kinder, denen die Materialien der Schule nichts zu sagen vermögen, in einer stummen Entfremdung, die ihnen die Freude an den Unterrichtsgegenständen und damit auch das Lernen verbaut. Texte erscheinen ihnen womöglich als etwas, das sie für den Lehrer lesen müssen, etwas, das bewältigt werden muss. Lesen erscheint als unangenehme Tätigkeit, die sie hinter sich bringen, und nicht als Angebot mit einer Narration in Kontakt zu kommen.

Dabei darf keinesfalls davon ausgegangen werden, dass Kindern, denen die Texte etwas sagen, das Lesen immer leicht von der Hand geht. Auch sie haben Probleme und erleben den schulischen Auftrag mitunter als Zwang. Jedoch werden sie dafür ›belohnt‹, wenn Resonanzen stattfinden, wenn sie die Erfahrung machen, dass eine Geschichte sie anspricht und sie darüber die Anstrengung des Lesens vergessen können. Bleiben derartige Erfahrungen aus, erscheint das Lesen jedoch als Last und schlicht abzuleistende Pflicht, von der ich im Grunde nichts habe.

5 Sekundäre und tertiäre Resonanzbenachteiligung

Trotz all der hier angeführten Kritik scheint es äußerst schwierig, ›passende‹ Unterrichtsgegenstände für Kinder mit vom bürgerlichen Mainstream differierender Sozialisationserfahrung auszuwählen, ohne dabei bevormundend vorzugehen und damit erneut die Eigenwelt der Schüler zu verkennen. Der eigene Habitus ist nichts, das man ablegen kann wie eine Brille, um sich eine andere aufzusetzen, durch die man dann entsprechende Unterrichtsinhalte auswählt. Allein das Wissen, dass es andere habituelle Prägungen gibt, vermag jedoch die eigene Position zu relativieren und führt unter Umständen dazu, mehrere Texte anzubieten, anstatt einen vorzugeben.

Dabei kann Geschriebenes selbst eine Möglichkeit sein, als Außenstehender zumindest teilweise nachzuvollziehen, wie ein Schüler die Welt sieht. Anstatt Lernmaterialien ›aus der Konserve‹ also aus Schulbüchern und dem Internet zu verwenden, schlägt Hiller einen schülerzentrierten Unterricht vor, der mit dem arbeitet und das ernst nimmt, was von den Schülern selbst kommt (vgl. Hiller 2015; Hiller 1989, 122 ff.). Materialien werden so nicht von der Lehrkraft vorgegeben, sondern das, was die Schüler einbringen, wird selbst zum Material *ihres* Unterrichts. Dabei kommt der Lehrkraft die Aufgabe zu, Äußerungen der Schüler durch Rahmungen zu fixieren und so zum Material werden zu lassen. Hiller veranschaulicht dies anhand des von ihm selbst durchgeführten schülerzentrierten Aufsatzunterrichts in einer Berufsschulklasse. Die schriftlichen Äußerungen der Schüler zu einer Fragestellung werden von der Lehrkraft redigiert, grobe Fehler und Zeichensetzung verbessert, ohne dabei den Inhalt des Textes zu verändern. Dabei zeigt sich in den Aufgabenstellungen Hillers Grundhaltung, unbedingt das ernst zu nehmen, was von den Schülern selbst kommt: »Ihren Aufsatz habe ich gründlich gelesen. Sie bekommen den Text, den Sie geschrieben haben, hier zurück. Dabei liegt eine Abschrift, die ich gemacht habe. Es ist Ihr Text, ohne Schreibfehler, mit der richtigen Zeichensetzung und mit kleinen Verbesserungen, die den Sinn nicht verändern« (Hiller 1989, 123). Im Anschluss erhalten die Schüler eine schriftliche Stellungnahme des Lehrers zu ihren Aufsätzen und individuelle Aufgaben, die auf den eigenen Text bezogen sind. Auch wenn für viele von ihnen Deutsch in der bisherigen Schullaufbahn ein

5.2 Gegenstände von Schule und Unterricht – Diagonale Resonanzachse

»Versagensfach« (ebd.) war, erfahren sie auf diese Weise, dass es beim Schreiben auf ihre Argumente ankommt und diese von der Lehrkraft ernst genommen werden. Ein Teil der Aufgaben besteht dann darin, dass Hiller die Aufsätze der jeweiligen Schüler mit einem Aufsatz eines Mitschülers konfrontiert, der andere Ansichten vertritt und zur Auseinandersetzung und Argumentation motiviert.

Durch diese einfache Technik, die das Material aus dem Leben und den Ansichten der Schüler ›greift‹, kann verhindert werden, dass die Gegenstände des Unterrichts etwas sind, das die Schüler nichts angeht. Nun scheint dies im Fach Deutsch noch relativ leicht möglich. Aber auch in anderen Schulfächern lässt sich kreativ mit dem von Schülern Eingebrachten umgehen. So erscheinen Fotos, Chat-Verläufe, Zeichnungen, Musik und Tanz als vermittelnde Materialitäten, die nicht nur den Unterricht bereichern, sondern auch andere Lebenswelten vorstellbar machen können. Durch eine derartige Ausrichtung der Stoffauswahl wird der Hoheitsanspruch über das Unterrichtsmaterial ein klein wenig aus den Händen der Lehrkräfte und der professionell-institutionellen Seite heraus in die der Schüler verschoben und so verhindert, dass ausschließlich ähnlich sozialisierte Kinder und Jugendliche angesprochen werden.

Das Material kann so auch für die Lehrkräfte an Unverfügbarkeit zurückgewinnen, wodurch sie den Unterricht wieder als etwas Interessantes erleben können, in dem ihnen Neues und Unbekanntes begegnet. Das läuft Entfremdungstendenzen auf Seiten der Lehrkräfte entgegen, die nicht zum wiederholten Mal den gleichen Unterricht abspulen müssen, sondern auf neuartige Materialien und ergebnisoffene Prozesse stoßen. Genau hier liegen Momente des Unkontrollierbaren, die zu Resonanz führen können, welche die Stimmung der Lehrkräfte und damit auch ihren Unterricht verbessert.

Ein auch in der Stoffauswahl schülerzentrierter Unterricht erscheint als eine Möglichkeit, Unterricht als ein lebendiges Geschehen zurückzugewinnen, in dem Platz für Vielfalt ist. Resonanzförderung entsteht hier aus der Bereitschaft, sich auf Unbekanntes einzulassen und die eigene Stimme der Schülerinnen und Schüler als eigentlichen Unterrichtsgegenstand wertzuschätzen. »Schülerzentrierter Unterricht gelingt dann, wenn die Schule ihre Methoden und Verfahren so einsetzt, dass Schüler im normalen Unterricht erfahren können, dass das von ihnen Vorgebrachte als ernsthaft bedeutsam verhandelt wird« (Hiller 1989, 126). Fast dreißig Jahre vor Erscheinen der Resonanztheorie verdeutlicht Hiller hier die unersetzliche pädagogische Haltung, die eigene Stimme der Schülerinnen und Schüler im Unterricht zu hören, wertzuschätzen und darauf einzugehen. Nur so können sie in resonante Lernprozesse eingebunden werden, die das Eigene berühren und Entfremdung verhindern. Die Subjektseite des Schülers in Bezug auf den Unterrichtsinhalt erscheint als unersetzlicher Pol schulischer Resonanzprozesse. Gegenstände des Unterrichts sind demnach nicht nur das ›zu Lernende‹, sondern auch die Meinungen, Ansichten und Zugänge der Schüler selbst. Sie müssen jenseits einer verdinglichenden Perspektive zum lebendigen Gegenstand des Unterrichts werden. Sie müssen gehört und ernstgenommen werden. Andernfalls kann sich der Schüler nicht als Entität erfahren, der in wechselseitigen Prozessen eine zentrale Bedeutung beigemessen wird. Diese Anerkennung des Eigenen ist für Lernen zentral, was gerade bei solchen Schülern in Vergessenheit zu geraten scheint, die Probleme mit dem Lernen haben. Ihr Eigenes wird im schulischen Kontext sowohl von außen als auch von ihnen selbst tendenziell eher als defizitär angesehen. Sie sind es, die nicht lernen können, unfähig und auf ein hohes Maß an Hilfe angewiesen sind. Solche kränkenden Misserfolgszuschreibungen hemmen resonante Lernprozesse, da sie die Subjektseite schwächen und damit eine der beiden unersetzlichen Seiten, zwischen denen sich Resonanz entwickelt.

Lehrer und Material

>»So wenig wie es ein Denken ohne ›etwas‹ gibt, ebenso ist eine Unterredung ohne ein solches möglich.« Alfred Petzelt

Die Materialitätsbeziehung der Lehrkraft fungiert für die Schüler als Modell gelingender Dingbeziehungen. Es stellt einen bedeutenden

5.2 Gegenstände von Schule und Unterricht – Diagonale Resonanzachse

Unterschied dar, ob der Lehrer Arbeitsblätter lustlos und gleichgültig auf die Plätze der Schüler fallen lässt, oder ob er sie als etwas präsentiert, mit dem er sich Mühe gegeben hat, etwas, das einen Wert besitzt, Spannung verspricht und für die Schüler reizvoll ist. Wie sich die Lehrkraft zu den Arbeitsblättern verhält, hat einen Einfluss darauf, wie sich die Schüler zu ihnen verhalten. Ähnlich ist es mit den Lerninhalten und Gegenständen des Unterrichts. Es ist unmittelbar zu spüren, ob der Lehrer für einen Unterrichtsinhalt brennt oder ob er ihm egal ist (vgl. Ellinger/Brunner 2015). Die Begeisterung eines Lehrers kann auf die Schüler überspringen, sie können sich von ihr mitreißen lassen, wohingegen eine spürbare Lustlosigkeit ein denkbar schlechter Fürsprecher für einen Unterrichtsgegenstand ist.

In der Schule geht es also nicht nur um die Materialitätsbeziehungen der Schülerinnen und Schüler, sondern auch um die der Lehrkräfte. Unterricht kann immens verbessert werden, wenn die Lehrkraft es schafft, den Unterrichtsstoff zunächst für sich zum Sprechen zu bringen. Hiller vermerkt dazu: »Wenn der Lehrer seinen Unterricht nicht als eine für ihn selbst förderliche Tätigkeit erleben und bilanzieren kann, ist er auch für seine Schüler zunehmend fruchtlos« (Hiller 1989, 130).

Hier zeigt sich, dass es keine klaren Grenzziehungen zwischen den Materialitätsbeziehungen der Schüler auf der einen und denen der Lehrer auf der anderen Seite gibt, weshalb es zu kurz greift, sich beispielsweise bei schulischer Förderung monomanisch auf die Beziehung Schüler-Schulstoff zu konzentrieren. Die Lerngegenstände sind eine *gemeinsame Sache*, Unterricht ein soziales Interaktionsgeschehen, in das das Material in gewisser Weise verwoben ist und zum Teil überhaupt erst aus der gemeinsamen Beschäftigung hervorgeht. Die diagonale und die horizontale Resonanzachsen kreuzen sich an dieser Stelle und können sich gegenseitig in Schwingung versetzen. Der Unterrichtsgegenstand ist immer auch sozial, weil er im Idealfall als gemeinsame Sache erscheint.

Das Problem ›passender‹ Unterrichtsinhalte

»Ich bin fast 18 und hab keine Ahnung von Steuern, Miete oder Versicherungen. Aber ich kann 'ne Gedichtanalyse schreiben. In 4 Sprachen« (@nainablabla, Twitter 2015).

Eine Frage, die bei der Beschäftigung mit der Materialität von Schule und Unterricht immer mitschwingt, ist die, *was von wem* gelernt werden sollte.

Im Jahr 2015 löst eine siebzehnjährige Schülerin aus Köln mit obigem Tweet eine Diskussion aus, die auch von Politik und Medien aufgegriffen und ausgehandelt wurde.

Hier wird die Frage nach dem unmittelbar praktischen Alltagsnutzen, der Brauchbarkeit von schulischen Lerninhalten aufgeworfen. Der dabei mitschwingende Vorwurf: Die Schule, besonders das Gymnasium, fördert schöngeistiges Denken und Distinktionsmerkmale der Hochkultur, bereitet aber nicht auf das Leben in einer bürokratischen Erwachsenenwelt vor.

Ein ganz anderes Bild bietet die Fröbelschule im Bochumer Stadtteil Wattenscheid, von den Medien auch ›Hartz-IV-Schule‹ genannt. Der dortige Direktor zog Konsequenzen aus der Tatsache, dass in einem Jahr nur zwei Schüler des gesamten Abschlussjahrgangs eine Lehrstelle bekamen. Bei derart geringen Berufschancen sei es das einzig Richtige, die Kinder auf Arbeitslosigkeit und das bestmögliche Haushalten mit den Hartz-IV-Regelsätzen vorzubereiten. Seitdem stehen an der Fröbelschule andere Inhalte auf dem Lehrplan: *Wie suche ich als Hartz-IV-Empfänger eine Wohnung? Wie komme ich an den Ein-Euro-Job? Was fange ich mit der ganzen Freizeit an?* (Müller/Angerer 2010)

Beide Beispiele karikieren zwei Extreme auf der Suche nach den richtigen Unterrichtsinhalten. Auf der einen Seite wird zu wenig Alltagstauglichkeit beklagt und zugleich eine Bildung ohne unmittelbare Zweckorientierung abgewertet. Auf der anderen Seite scheint die Vorbereitung auf eine wahrscheinliche Lebensrealität im Prekariat zwar sinnvoll, schulische Bildung dann aber doch noch etwas mehr zu verlangen als ein sachliches Rüsten zur Sicherung der späteren Alltagsbewältigung.

5.2 Gegenstände von Schule und Unterricht – Diagonale Resonanzachse

Insgesamt scheint am Gymnasium neben hochklassiger Qualifizierung auch Platz für die schöne Bildung um ihrer selbst willen, die den Schülern selbsttransformierende Weltanverwandlung ermöglicht, während Förder- und Mittelschulen formale Ausbildung und Vorbereitung auf das Leben in prekären Beschäftigungsverhältnissen oder in Arbeitslosigkeit gewährleisten sollen. Im ersten Fall kann Lernen als *L'art pour l'art* erscheinen, im zweiten Fall erscheint es vor allem funktional. Im Sinne Rancières sorgt das gegliederte Schulwesen auf diese Weise dafür, dass jeder Mensch seinen Platz zugewiesen bekommt und die gegebene Ordnung bestehen bleibt. Genauso wenig wie es vorgesehen ist, dass Arbeiter Gedichte schreiben, sollen Förderschüler Geige spielen. Das ist doch nichts für die, sie haben später andere Probleme, als von einer Sinfonie in h-Moll berührt zu werden. Was auf diese Weise geschieht, ist eine Aufteilung und Differenzierung in solche, die kunst- und kulturfähig sind, und solche, denen diese Feinfühligkeit angeblich fehlt.

Diese gesellschaftliche Tendenz zeigt sich auch in der Art und Weise, wie Jens Beljan aus der Tatsache, dass benachteiligte Schülerinnen und Schüler von den schulischen Angeboten oft nicht angesprochen werden, schlussfolgert, dass man diesen Schülerinnen und Schülern in der Schule mehr bieten müsste, das zu ihnen passt: »In der Schul- und Unterrichtskultur könnten dann etwa nicht nur die ›bürgerlich‹ geprägten Resonanzachsen (Kunst, Musik, Theater, Museum usw.) angeboten werden, sondern beispielsweise auch solche Weltbereiche, die Kinder der Unterschicht ansprechen (das Schulunternehmen, der Boxclub, Graffiti, Hip-Hop-Musik, Mode, das Tattoo-Studio usw.)« (Beljan 2019, 236). Das allein genügt jedoch nicht und stellt eine Verkürzung der Problemlage dar. Es wird davon ausgegangen, der in der Schule wirksamen »schichtabhängigen Entfremdungsdisposition« (ebd.) mit von außen definierten ›schichtspezifischen Angeboten‹ entgegenwirken zu können. Natürlich ist es sinnvoll, sich den Vorlieben der Schüler gegenüber zu öffnen und anzunähern. Es sollte dabei jedoch eher um die Prozesshaftigkeit dieses Annäherns gehen als um die Bereitstellung eines von außen definierten Passenden, das diese Prozesse überspringt. Wird die

5 Sekundäre und tertiäre Resonanzbenachteiligung

Soziokultur dieser Schüler als eigenständig Anderes in seinen Fremdheitsaspekten ernst genommen als ein Anderes also, das mir nicht vollends bekannt ist, stellt ein solches Festlegen ›passender Inhalte‹ einen bevormundenden Übergriff dar, der die Fremdheitsaspekte des Anderen verkennt und ihnen damit die wirklich eigene Stimme raubt (vgl. Waldenfels 2016). Von außen wird beschlossen, was zu ›den Benachteiligten‹ passt. Genau hier *entsteht* soziale Benachteiligung.

Aus eigenen Erfahrungen in der Jugend weiß man, wie peinlich es ist, wenn Erwachsene zu wissen glauben, was ›die jungen Leute heutzutage‹ cool finden, und das dann vor sich hertragen, um einen möglichst authentischen Kontakt mit den jungen Menschen zu suchen oder vielmehr erzwingen zu wollen. Das führt zum Gegenteil des Intendierten, zu einem Sich-Verschließen oder Abwenden der Zielgruppe, weil dieses Anbiedern der Erwachsenen bei ihnen auf Ablehnung stößt oder auf Scham, welche daraus entsteht, dass unmittelbar spürbar ist, wie falsch und gezwungen dieses Annäherungsverhalten ist. Jean Paul Sartre würde hier vermutlich von *mauvaise foi*, von *Unaufrichtigkeit* sprechen (Sartre 1952/2019, 119), einer Rolle, die eingenommen wird, um sich die eigene Unkenntnis nicht eingestehen zu müssen. Anstatt die Jugendkultur kopieren zu wollen, wäre es aufrichtiger, offen mit der Unzugänglichkeit und dem eigenen Unwissen umzugehen, gleichzeitig aber Interesse zu bekunden. Genau das fordert das Prinzip der Eigenständigkeit der beiden Pole, das für das Zustandekommen von Resonanz essentiell ist. Anstatt also zu glauben, genau zu wissen, was zu ›den Benachteiligten‹ passt, wäre es sinnvoll, die Unverfügbarkeit anzuerkennen und sich auf einen ergebnisoffenen Prozess einzulassen, der selbst als Gegenstand von Schule und Unterricht gesehen wird.

Dabei scheint eine weitere Verkürzung Beljans darin zu liegen, dass er Kunst oder Theater als bürgerlich bezeichnet und ihnen beispielsweise Hip-Hop-Musik und Graffiti als etwas entgegenstellt, das Kinder der Unterschicht anspricht. Aber wer sagt, dass diese Kinder kein Theater spielen wollen? Ihnen sind szenische Darstellungen aus Filmen, Videospielen und dem zwischenmenschlichen Alltag ebenso vertraut wie bürgerlich sozialisierten Kindern. Theater an sich ist

5.2 Gegenstände von Schule und Unterricht – Diagonale Resonanzachse

nicht bürgerlich. Es agiert mit ur-menschlichen Erfahrungsräumen, mit Körperlichkeit, Raum, Zeit, Narrationen und dem Hier und Jetzt. Es ist eine von vielen potentiellen Ausdrucksformen. Was bürgerlich ist, ist die Zugänglichkeit zu Theater als kulturellem Happening, nicht aber Theater als Medium der Erfahrung und des Ausdrucks. Was so etabliert wird, ist eine Unterscheidung, die nicht nur Graffiti und Rapmusik den Kunststatus, sondern zudem Kindern der Unterschicht die Fähigkeit abspricht, sich bestimmter künstlerischer Medien wie Theater bedienen zu können. Eine subversive Technik bestünde vielmehr darin, eben diese angeblich bürgerlichen Kunstformen aneignend umzudeuten.

Natürlich müssen die Vorlieben und Interessen von Kindern und Jugendlichen, die nicht bürgerlich sozialisiert sind, in der Schule eine Rolle spielen. Dies darf jedoch nicht dazu führen, dass man jeglichen pädagogischen Anspruch fahren lässt und den Benachteiligten schlicht das gibt, was von einer Außenperspektive betrachtet angeblich zu ihnen passt. Der angemessene Weg scheint selbst ein Resonanzgeschehen zu sein. Eine ergebnisoffene Annäherung, die das Potential besitzt, dass beide Seiten verändert aus ihr hervorgehen, ihre jeweiligen Standpunkte nicht aufgeben, aber im Kontakt mit dem Anderen sukzessive zu verändern vermögen.

Was hier nötig scheint, ist eine ungleichheitssensible Kulturpädagogik, welche Kultur nicht nur als *Medium*, sondern auch als *Inhalt* nutzt (vgl. Braune-Krickau et al. 2013). Die jeweilige Milieuprägung von Kindern muss als eigene Kultur wertgeschätzt und anerkannt werden. Die Irritationen durch das Aufeinandertreffen verschiedener Lebensstile und habitueller Prägungen könnte in einem solchen Setting nicht als Defizit, sondern als Momente des Unverfügbaren erscheinen, als Quelle »starker Wertungen« (Rosa 2016, 118), von der aus in besonderer Weise Resonanz entstehen kann.

Anstatt nach vordergründig passenden Lerninhalten zu suchen, was immer die Gefahr des bevormundenden Übergehens mit sich bringt, scheint es eher um ein In-Kontakt-Treten zu gehen, aus dem dann auch Erkenntnisse für die Stoffauswahl gezogen werden können. Das Aushandeln und In-Kontakt-Treten in Bezug auf Lerngegenstände sollte selbst zum Inhalt von Schule und Unterricht werden. Was so entsteht, ist ein Gemeinsames, als Bereich, in dem sich divergente Perspektiven kreuzen, sich Ansichten und Meinungen unterscheiden, aber aufeinander beziehen.

Langeweile als misslingender materialer Beziehungsmodus

»Von alldem, was wir den ganzen Tag lang in der Schule tun, – was davon hat eigentlich einen Zweck?
Wovon hat man etwas? Ich meine etwas für sich haben, – du verstehst? Man weiß am Abend, daß man wieder einen Tag gelebt hat, daß man so und so viel gelernt hat, man hat dem Stundenplan genügt, aber man ist dabei leer geblieben, – innerlich meine ich, man hat sozusagen einen ganz innerlichen Hunger ...«
Beineberg brummte etwas von Üben, Geist vorbereiten, – noch nichts anfangen können, später ...
»Vorbereiten? Üben? Wofür denn? Weißt du etwas Bestimmtes? Du hoffst vielleicht auf etwas, aber auch dir ist es ganz ungewiß. Es ist so: ein ewiges Warten auf etwas, von dem man nichts anderes weiß, als daß man darauf wartet ... Das ist so langweilig ...« Robert Musil

Was mit der Analyse der vertikalen Resonanzachse betrachtet werden soll, ist die Beziehung von Kindern aus randständigen Milieus zu den Unterrichtsgegenständen und schulischen Lerninhalten. Verschiedene Studien zeigen, dass benachteiligte Kinder und Jugendliche in der Regel kaum explizit Kritik am Unterricht und den darin behandelten Inhalten üben, während privilegierte Schüler solche Kritik am Unterrichtsgeschehen relativ häufig anbringen, was von den Lehrkräften als Interesse am Unterrichtsgeschehen positiv honoriert wird und zu einer Abwandlung oder Anpassung ihres Unterrichts führen kann (Sturm 2016, 79). Rahel Jünger spricht bei Kindern und Jugendlichen aus randständigen Milieus gar von einem ›kritiklosen Habitus‹ (Jünger 2011, 96). Diese scheinbare Kritiklosigkeit kann jedoch auch auf die schlichte Tatsache verweisen, dass es dem schulischen Unterricht oft nicht gelingt, diese Kinder zu affizieren. Es gibt einen Unterschied zwischen nicht geäußerter Kritik und dem Postulat, dass nichts Kritikwürdiges besteht. Resonanztheoretisch

5.2 Gegenstände von Schule und Unterricht – Diagonale Resonanzachse

erklären lässt sich die nicht geäußerte Kritik unter Umständen so: Die Lerninhalte und auch das Unterrichtsgeschehen erscheinen Schülern unterer Milieus eher als etwas, das sie nicht wirklich etwas angeht, nicht berührt und deshalb auch nicht konkret kritisiert werden kann. Dabei verweist eben dieses Nicht-Festmachen-Können auf das latente Gefühl des Nicht-Berührt-Werdens und damit auf Entfremdung. Ein Schüler kann explizite Kritik nur anbringen, wenn ihn etwas störend tangiert und er die Möglichkeit und Fähigkeit besitzt, dies entsprechend auszudrücken. Mangelnde Fähigkeiten, Kritik zu verbalisieren, können also durchaus mit einem habitualisierten restringierten Sprachcode (vgl. Bernstein 1970) begründet, dürfen aber keinesfalls mit Kritiklosigkeit gleichgesetzt werden. Dies würde eine erneute Verkürzung der Problemlage darstellen, die das breite Spektrum an Äußerungsmöglichkeiten jenseits der gesprochenen Sprache übersieht.

Deutlich wird dies beispielsweise dann, wenn das Phänomen der Langeweile einer genaueren Betrachtung unterzogen wird. Nach Stefan Wellgraf, der die Atmosphären der Langeweile in einer Hauptschule in Berlin Neukölln ethnologisch untersucht, ist sie »nicht einfach eine neutrale Diagnose von langsam vergehender Zeit, sie impliziert auch ein Unbehagen« (Wellgraf 2018, 54). Dieses Unbehagen gründet darin, dass Schüler, die Langeweile empfinden, ganz genau wissen und spüren, dass die Zeit in der Schule, also der Unterricht, gefüllt sein *könnte* und es eigentlich so sein müsste, dass der Unterricht aus etwas besteht, das einen angeht, und nicht aus einem gähnenden Hauch von etwas, das nichtssagend vor mir liegt. Die Langeweile beschreibt nicht die Leere an sich, sondern das Wahrnehmen von Leere bei gleichzeitigem Bewusstsein, dass eine Fülle möglich wäre. Sie ist der Empfindungsmodus von Formen ohne Inhalt, der deshalb bemerkenswert ist, weil die Formen nur in Bezug auf einen Inhalt einen Sinn haben und so etwas wie Berechtigung besitzen, die wegfällt, wenn der Inhalt schwindet und Formen als bloße leere Hüllen überdauern, die in ihrem Bestehen lediglich auf etwas Fehlendes verweisen.

Eine damit verbundene Langeweile an den leeren Formen des Unterrichts, denen ihr Zweck der Vermittlung von Inhalten, ja die

Materialität des Unterrichts selbst und damit sein Herzstück abhandengekommen ist, lässt sich mit Siegfried Kracauer als ›radikale Langeweile‹ beschreiben, mit der eine kritische Reflexion der Umstände einhergeht (Wellgraf 2018, 54). Langeweile führt zu Fragen wie: *Was mache ich hier eigentlich? Was soll das Ganze? Wo ist der Sinn?* Henri Lefébvre verortet in der Langeweile »Spuren von unerfüllten Wünschen und nichtrealisierten Möglichkeiten« (ebd., 54).

Empfundene Langeweile besitzt also ein Moment der Kritik, das kulturwissenschaftlich von Benjamin über Kracauer bis Lefébvre differenziert behandelt wurde. Nur in der Schule wird Langeweile offensichtlich konsensfähig als unbegründete Verweigerung bestimmter Schüler umgedeutet, als ihr privates Problem, von dem aus nicht weitergedacht wird. Die von den Schülern zur ›Bekämpfung‹ von Langeweile eingesetzten Ablenkungs- und Stimulationshandlungen werden dabei mit impulsivem Verhalten gleichgesetzt und möglicherweise sogar als Aufmerksamkeits-Hyperaktivitäts-Syndroms (ADHS) medikamentös behandelt. Wellgraf spricht hier von einer »Privatisierung, Pathologisierung und Medikamentalisierung von Langeweile« (ebd., 55), die dazu beitragen, ihre sozialen Ursachen und gesellschaftlichen Dimensionen zu verwischen und ihr so das kritische Potential rauben.

Fehlende Aufmerksamkeit in der Schule muss also nicht nur pathologisch begründet, sondern kann auch als Hinweis auf eine entfremdete Beziehung zu den Materialitäten des Unterrichts und damit als Reflexionsanlass über ihre Qualität und die Exklusionsmechanismen ihrer Vermittlung, gedeutet werden.

Kritik lediglich auf ihre explizite verbale Äußerung zu reduzieren und sie nicht auch in offensichtlicher Langeweile auszumachen, zeugt vom bildungsbürgerlich verengten Blick der Schule, der Benachteiligung überhaupt erst erzeugt. Wie Tanja Sturm beschreibt, führt die verbal geäußerte Kritik privilegierter Schüler dazu, dass Lehrkräfte ihre Unterrichtsinhalte oder die Art ihrer Vermittlung modifizieren, also an die Präferenzen der Schüler anpassen (Sturm 2016, 79). Es findet ein aufeinander Einschwingen zwischen kritisierenden Schülern und den die Kritik aufnehmenden Lehrkräften statt. Die offensichtliche Langeweile von Kindern und Jugendlichen aus randständigen Milieus scheint dagegen kaum zu einer derartigen Modifizierung zu führen oder zumindest als Anlass für ein auf Veränderung abzielendes Zueinanderkommen zu fungieren. Von hier aus spannt sich kein wechselseitiger Prozess auf, der zu einem gemeinsamen Be- und Aushandeln der Unterrichtsgegenstände führt. An der Langeweile sind die Schüler dem Vernehmen nach meist selbst schuld, sie wird durch subjektivierende Techniken zu einer Art Charaktereigenschaft deformiert, vereinfacht als ›Null-Bock-Einstellung‹ in den Zuständigkeitsbereich der Kinder und Jugendlichen verlagert und die Verantwortung der institutionell schulischen Seite dadurch verschleiert.

Am Problem sekundärer Resonanzbenachteiligung ließe sich also auch dadurch etwas ändern, dass nicht nur verbale, sondern auch körperlich-leibliche Äußerungen als Formen der Kritik registriert, ernst genommen und aufgegriffen werden. So können Prozesse angestoßen werden, die den Kontakt zwischen den Materialitäten sowie Vermittlungsformen des Unterrichts und den jeweiligen Präferenzen der Schüler herstellen.

5.3 Schulklima und Schulatmosphäre – Vertikale Resonanzachse

Neben der Entfremdung zum sozialen Interaktionsgeschehen in der Schule (horizontale Achse) und den dort behandelten Gegenständen (diagonale Achse) soll im Folgenden Schulentfremdung als Phänomen beschrieben werden, welches in gewisser Weise das Dasein in der Schule insgesamt umfasst, die Grundgestimmtheit des Subjekts im Schulkontext (vertikale Achse).

In Anlehnung an den Phänomenologen Maurice Merleau-Ponty stellt Hartmut Rosa heraus, dass die Urform unseres Erlebens darin besteht, dass *etwas da ist* (Rosa 2016, 435). Die ersten Erfahrungen, die ein Säugling bei gelingender Bindung zu den Eltern macht, bestehen darin, dass dort ein Außen ist, das reagiert, wenn er schreit. Das ist der Grundmodus unseres Daseins. Das Ursprungsmoment von Religion und Spiritualität liegt schließlich darin begründet, dass dieses *Etwas* als ein Entgegenkommendes, Wohlwollendes wahrgenommen wird (ebd., 435). Sowohl Religion als auch Spiritualität zeigen sich im Glauben an eine antwortende, entgegenkommende Welt, die nicht stumm ist, sondern auf den Menschen reagiert, mit ihm in Verbindung steht. Die Welt erscheint dabei nicht als Ausschnitt, sondern als ›die Welt‹ an sich oder ›das Universum‹ im Gesamten.

Auch wenn es eine Reduzierung auf einen spezifischen Bereich in Form einer gesellschaftlichen Institution ist, glauben wir, dass sich eine derartige Grundgestimmtheit ebenso auf den Schulkontext übertragen lässt. Schule kann in annähernd analoger Weise als eine solche Gesamtheit betrachtet werden, die als entgegenkommend oder aber als verschlossen erlebt werden kann. Als im Grunde gut oder als von Grund auf verdorben. Es geht dementsprechend im Folgenden nicht um die Beziehung zu einer bestimmten Lehrkraft, zu diesem Mitschüler oder jenem Unterrichtsinhalt, sondern um die Beziehung zu *Schule an sich*. Schule erscheint hier als Gesamtheit der in ihr ablaufenden Handlungen, der in ihr wirksamen Personen, Räume und Situationen. Dabei kann auch von einer Einbindung in und einer Bindung an die Schule als sinnhaftes – oder sinnloses – Ganzes gesprochen werden. Schule erscheint als eigener Kosmos, der einerseits von der Welt da draußen ein Stück weit unabhängig ist, diese aber auch widerspiegelt. Oder wie Andreas Gruschka treffend beschreibt: »Eine Welt für sich und doch der Vorgriff auf die reale ist die Schule« (Gruschka 2021, 24). Entsprechend ist die Grundfrage dann: *Wird Schule als etwas wahrgenommen, das wohlwollend ist, entgegenkommt und antwortet? Oder ist Schule etwas Kaltes, das nichtssagend vor mir liegt, mich abstößt oder angreift?*

5.3 Schulklima und Schulatmosphäre – Vertikale Resonanzachse

Atmosphäre und Klima

»Eine bestimmte gefühlsmäßige Haltung des Erziehers entspricht also einer bestimmten gefühlsmäßigen Einstellung des Kindes, und beide sind zum Gelingen der Erziehung in gleicher Weise erforderlich ... Es geht also um die pädagogische Situation im ganzen und insbesondere die Kind und Erzieher gemeinsam übergreifende Gestimmtheit und Abgestimmtheit des einen auf den anderen, die für das Gelingen der Erziehung erforderlich ist. Mit einem abscheulichen Wort der modernen psychologischen Menschenführung würde man vielleicht von einem pädagogischen Betriebsklima sprechen können oder wenn man diese mit Recht belastete Bezeichnung vermeiden will, von einer für die Erziehung günstigen oder vielmehr erforderlichen Gestimmtheit des Menschen.« Otto Friedrich Bollnow

Die Grundgestimmtheit der Schulerfahrung lässt sich mit dem Begriff der *Atmosphäre* fassen. Gernot Böhme stellt in seinen ästhetischen Studien heraus, dass diese etwas ist, das uns unmittelbar trifft (Böhme 2001, 45 f.). Während das Spüren von Anwesenheit den neutralen Grundmodus der Wahrnehmung beschreibt, steht die Atmosphäre für eine emotionale Färbung dieser ersten grundlegenden Wahrnehmung, noch bevor unsere Kognition zergliedernd in sie eingreift.

Dass uns Atmosphären dabei regelrecht treffen, zeigt Böhme daran, dass wir ohne unseren Willen in sie geraten, ja uns plötzlich *in ihnen* vorfinden. Und zwar derart, dass man »ein Etwas wahrnimmt, indem man in es hineingerät« (ebd., 46). Das ist beispielsweise der Fall, wenn wir einen Saal betreten, in dem eine festliche Stimmung herrscht, oder zu einer Gesprächsgruppe stoßen, in der eine gedrückte Atmosphäre besteht. Diese Stimmungen der Situation sind uns unmittelbar zugänglich, wir finden uns in ihnen vor. An der Atmosphäre zeigt sich »daß ich Gefühle erfahren kann, die nicht meine sind« (ebd., 48) und mich dennoch treffen. »Atmosphären werden gespürt, indem man affektiv von ihnen betroffen ist« (ebd., 46).
Was hat dies nun mit sekundärer Resonanzbenachteiligung zu tun?

Neben dem Phänomen, in eine Atmosphäre zu geraten, das Böhme als »Ingression« (ebd.) bezeichnet, schildert er auch den Aspekt, dass eine

Atmosphäre unserer inneren Gestimmtheit widersprechen kann. Beispielsweise dann, wenn wir nach dem Tod eines geliebten Menschen an einem heiteren, sonnigen Tag durch einen Park spazieren. Es besteht dann eine deutliche Diskrepanz zwischen der Stimmung der äußeren Welt und unserer inneren Stimmung. Die äußere Stimmung ist warm, heiter und sonnig – in uns aber herrscht Trauer und Dunkelheit. Wir erleben dann, »dass durch die Erfahrung der Diskrepanz oder des Kontrastes die eigene Traurigkeit in eine Spannung gerät, gewissermaßen sich verschärft oder versteift« (ebd., 48). Die Traurigkeit zieht sich im Empfinden noch mehr auf mich als Person zusammen, wird mir noch bewusster und kann mir gleichzeitig, »gerade weil ich doch von der heiteren Atmosphäre draußen angemutet werde, mir selbst in gewisser Weise fremd werden« (Böhme 2001, 48). Es findet also eine Entfremdung von der eigenen Stimmung aufgrund einer divergenten äußeren Atmosphäre statt, was dazu führt, dass ich meiner Selbst unsicher werde.

Kindern aus randständigen Milieus, die mit Resonanzerwartungen in die Schule starten, dort aber auf eine Atmosphäre des Unzugänglichen, Fremden stoßen, scheint es oft ähnlich zu gehen. Ihre innere Stimmung unterscheidet sich stark von dem, was sie in der Schule atmosphärisch vorfinden. Erinnern wir uns erneut an unsere Einleitungsgeschichten. Mia lauscht am ersten Schultag der Rede ihrer neuen Rektorin, von der sie nicht wirklich etwas versteht. Ben und Yusuf sind von dem, was die Schule zu bieten hat, zunehmend enttäuscht. Die einzige Zeit, in der sich ihre Kreativität ausgestalten kann, ist in den Pausen, in denen sie mit ihren Amigos verschiedenste Bau- und Buddelprojekte starten. Jenny findet in der Schule zu wenig Sicherheit vor, um ihre unsicheren Bindungserfahrungen von zuhause ausgleichen zu können. Es ist dabei nicht immer klar ersichtlich, wo einzelne Ursachen dafür liegen, dass diese Kinder nicht so recht in der Schule ankommen und sich deshalb nicht auf die Lerngegenstände einlassen zu können. Die Unzugänglichkeit scheint eher die Folge einer Vielzahl diffuser Entfremdungserfahrungen und einem emotionalen Klima der Irritation und Verschlossenheit zu entspringen.

5.3 Schulklima und Schulatmosphäre – Vertikale Resonanzachse

Verdeutlichen lässt sich dies anhand einer Situation, die vermutlich jeder Leser kennt:

Sie stoßen, einer Einladung oder beruflichen Verpflichtungen folgend, zu einer Gruppe dazu und fühlen sich von Beginn an irgendwie fehl am Platz oder nicht wirklich wohl. Schwer zu sagen, an was das liegt. Die Menschen um Sie herum verhalten sich irgendwie anders, als Sie es gewohnt sind. Vielleicht sprechen sie besonders gewählt oder betont cool, vielleicht ist es sogar etwas an der Körperhaltung beim Sprechen, das Sie irritiert. Wahrscheinlich tut das Lokal, in dem sie sich treffen, den Rest: ein ziemlich nobles Restaurant mit zu viel Besteck auf dem Tisch oder eine auf bestimmte Art und Weise lässige Szenekneipe, deren propagierte Lässigkeit dann irgendwie doch wieder ziemlich gezwungen wirkt. Zudem herrscht in der Gruppe eine ganz bestimmte Art von Humor vor, die Sie nicht wirklich verstehen oder nachvollziehen können und auch sonst scheint Ihnen in der Interaktion manches im Verborgenen zu liegen. Das ist irgendwie nicht Ihre Welt. Dass die Leute eigentlich sehr freundlich zu Ihnen sind, hilft da auch nicht wirklich weiter. Manchmal kommt Ihnen diese Freundlichkeit eher wie Mitleid oder zusätzliche Machtdemonstration vor. Sie fühlen sich etwas außen vor und irgendwie nicht gut genug, um hier ankommen zu können. Dieses Gefühl verleitet Sie unter Umständen dazu, Dinge zu tun, die Ihnen selbst irgendwie fremd sind, hinter denen sie nicht wirklich stehen und nur tun, um dazuzugehören – ein unangenehmes Gefühl, das Selbstbetrug nahekommt. Aber im Vergleich zum Gefühl, nicht dazu zu gehören, vielleicht weniger schlimm? Ist das Verbiegen des Eigenen die einzige Möglichkeit, um hier anzudocken? Entweder geben Sie sich selbst auf, in der Hoffnung anzukommen, oder sie rücken mit ihrem Selbst heraus, was die Gefahr mit sich bringt, unnötig anzuecken und noch mehr, als es ohnehin der Fall ist, aufzufallen. Keine der beiden Optionen scheint wirklich attraktiv, und dennoch sind Sie in der Interaktion ständig gezwungen zu handeln, Entscheidungen zu treffen ...

Es werden Bruchstellen und Konfliktlinien deutlich, die sich zu einer inneren Anspannung und Belastung summieren, was dazu führt, dass wir uns verhärtet in die Welt gestellt erleben. In gewisser Weise stehen wir nicht nur in Opposition zu den Anderen da draußen, sondern auch zu uns selbst. Stellen wir uns jetzt noch vor, dass Sie sich eigentlich auf einen schönen Abend gefreut hatten, wird die emotionale Diskrepanz besonders deutlich. Die fremde Atmosphäre führt zu einem verhärteten Selbstbezug und partieller Entfremdung von den eigenen Werten und Grundmustern, die plötzlich als differierend in Frage gestellt erscheinen. Kindern aus Milieus, die nicht mit dem bürgerlichen Mainstream übereinstimmen, scheint es in der Schule oft ähnlich zu gehen. Sie sind gezwungen, sich in einem Gefüge aus materialen und sozialen Aspekten zurechtzufinden, das ihnen eher fremd als vertraut ist.

Wir vertreten im Folgenden die These, dass an Schulen oft a) eine Art bürgerliche Atmosphäre herrscht und sich b) Schulentfremdung als Summe der dadurch gemachten Diskrepanz-Erfahrungen auf der horizontalen und diagonalen Achse aufschichtet, die als erlebtes Schulklima irgendwann das Dasein in der Schule derart grundlegend betreffen, dass die einzelnen Teile, die zu diesem Entfremdungserleben führen, nur noch schwer auszumachen sind. Unter der schulischen Entfremdung leidet die Weltbeziehung im Gesamten. Schulentfremdung erscheint als diffuses Negativ der resonanten Erfahrung einer entgegenkommenden, antwortenden Welt im Sinne einer verschlossenen, stummen Welt, die sich entzieht. Schule ist dann starr und abweisend – das Subjekt bindender Beziehungen zu ihr beraubt.

Während die Analyse der horizontalen und diagonalen Resonanzachsen für die pädagogische Profession im Hinblick auf mögliche Ansatzpunkte der Veränderung sekundär benachteiligender Strukturen immens wichtig ist, scheint die Analyse der vertikalen Achse – Stimmung, Atmosphäre, Klima – dem unmittelbaren subjektiven kindlichen Erleben am nächsten zu kommen. Da Kinder die einzelnen Entfremdungsprozesse und -faktoren noch nicht in dem Ausmaß reflektieren, wie es bei Erwachsenen der Fall ist, schlagen sich die Effekte vor allem emotional nieder, in Gefühlen des Fremdseins, des Nicht-Wohlfühlens, der Ausgeschlossenheit aus den sozialen Interaktions-, Beziehungs- und Anerkennungsprozessen. Es handelt sich hierbei um das Ausbleiben von Resonanz in einem Klima der Entfremdung, einem

5.3 Schulklima und Schulatmosphäre – Vertikale Resonanzachse

Grummeln im Bauch, einer Enge in der Brust, sobald das Schulgebäude betreten wird oder die Lehrkraft in das Klassenzimmer kommt. Die Folge ist nicht selten Vermeidungsverhalten und innerer Rückzug, ein unbeteiligtes Absitzen des Unterrichts oder aktives Ankämpfen gegen die Entfremdung als verzweifelter Versuch, der Schulwelt doch noch eine Antwort abzutrotzen.

Neben einer allgemein bestehenden Schulatmosphäre, die stark von bürgerlichen Standards und Werten geprägt ist, lässt sich von einem subjektiv erlebten Schulklima sprechen, das sich aus den gemachten Schulerfahrungen aufschichtet. Der Unterschied liegt darin, dass die Atmosphäre bereits besteht und relativ unveränderlich ist, das Klima dagegen von den konkret gemachten Erfahrungen abhängt und deshalb erst entsteht. Hier liegt der Ansatzpunkt der Pädagogik, die allerdings die grundlegende Atmosphäre einer durch und durch bürgerlich geprägten Institution schwerlich verändern kann, wohl aber ihr Wissen um die eigene Präfiguration und ihren Umgang, ihre Haltung gegenüber Abweichungen und Differenzen auf Seiten der Kinder. Das wiederum hat Einfluss auf die Erlebensqualitäten der Schüler, sodass eine bürgerliche Atmosphäre nicht automatisch bedeutet, dass sich bei Kindern mit divergierender Sozialisation ein Klima umfassender Entfremdung breitmachen muss. Die Gefahr dafür ist höher als bei bürgerlich sozialisierten Kindern, ein entfremdetes Klima deshalb jedoch kein Selbstläufer. Hier kommt es auf die Sensibilitäten der in der Schule aktiven Personen und auf ihre Bereitschaft an, sich auf Abweichendes einzulassen und die eigenen ›Normalitäten‹ reflektiert in Frage zu stellen, um so authentischen Kontakt zu ermöglichen.

Wärme und Kälte

»Und nun blicken sie mich an und lachen: und indem sie lachen, hassen Sie mich noch. Es ist Eis in ihrem Lachen.« Friedrich Nietzsche

Dass Kälte nicht nur die Körperempfindung niedriger Temperaturen beschreibt, sondern auch als Metapher für soziale Stimmungen und

5 Sekundäre und tertiäre Resonanzbenachteiligung

Atmosphären dient, wird daran deutlich, dass wir die Begegnung mit jemanden, der reserviert und berechnend ist, als ›kühl‹ bezeichnen. Jemandem, der sich gegenüber dem Leid anderer abschirmt, schreiben wir ein kaltes Herz zu. Ein Treffen ist unterkühlt, wenn kein gegenseitiges Einschwingen gelingt und die Gegenseite mit einer bestimmten Einstellung in den Austausch startet, an der sie unerbittlich festhält. Kälte drückt soziales Unbehagen aus, einen Rückzug auf das Eigene und Abschirmen gegen das Andere in einen berechnenden Umgang.

Der Erziehungswissenschaftler Andreas Gruschka (1994) versucht, die bürgerliche Weltbeziehung mit dem Begriff der Kälte zu fassen, und stellt Schule als Institution heraus, in der dieser kühle Umgang nicht nur als grundlegende Strukturierung besteht, sondern auch für das restliche Leben angeeignet wird. Kälte ist seiner Ansicht nach immer dann wirksam, wenn auf erlebte Widersprüche mit Distanz reagiert wird. Sie ist somit ein probates Mittel, um Dinge nicht zu nah an sich herankommen zu lassen und damit trotz einer komplexen Welt und trotz unvermeidbarer Widersprüche handlungsfähig zu bleiben.

Diese ›Technik‹ der Kälte als Garant reibungsloser Abläufe zeigt sich paradigmatisch daran, dass sekundäre Resonanzbenachteiligung nicht selten daraus entsteht, dass der Umgang der Schule mit scheiternden Kindern relativ kalt, nüchtern und wenig mitfühlend ist. Auf diese Art wird mit dem Widerspruch umgegangen, der zwischen dem pädagogischen Ideal, alle Kinder gleich zu behandeln, und dem institutionellen Auftrag der Selektion besteht. Genauso trägt sie dazu bei, sich von den erlebten ungleichen Startbedingungen der Kinder zu distanzieren und so einen für alle gleichen Unterricht betreiben zu können, der diese Unterschiede beflissentlich übersieht. Distanzierung vom Leid scheiternder Kinder wird dann durch personorientierte und zugleich objektivierende Begründungsmuster erzeugt: Sie sind nicht sehr intelligent, nicht begabt genug oder ihnen fehlt die Unterstützung von zuhause, und daran könne man als Pädagoge sowieso nichts ändern. Genau hier zeigt sich Kälte als Reaktion der Distanzierung.

5.3 Schulklima und Schulatmosphäre – Vertikale Resonanzachse

Das alles bedeutet jedoch nicht, dass im Umkehrschluss ein möglichst ›warmer Umgang‹ wesentlich zu einer Verbesserung der Situation dieser Kinder beitragen würde. Interessanterweise geht es Gruschka nicht darum, Kälte mit einer Art pädagogischen Wärme entgegenzuwirken, sondern mittels des Aufdeckens und Beschreibens der Kälte erzeugenden Strukturen (vgl. Beljan 2019, 107). Denn das Praktizieren vordergründiger Wärme droht lediglich deshalb Bestand zu haben, um Kälte vergessen zu machen, zu verschleiern oder für einen späteren Zeitpunkt zu rechtfertigen. Wärme steht damit oft im Dienst der Kälte. Gruschka verdeutlicht dies an den Aufnahmeszenarien am ersten Schultag weiterführender Schulen (Gruschka 1994, 216 ff.). Diese seien mittlerweile Feste, welche die neuen Schüler vordergründig warmherzig willkommen heißen, ohne dass sich an den kalten Strukturen der Schule etwas geändert habe. Schüler und Eltern werden also getäuscht. Die Schule erscheint ihnen am ersten Schultag als etwas Warmes, obwohl ihre Strukturen nach wie vor kalt sind (Selektion, Leistungsdruck, Konkurrenz, Form ohne Inhalt). Wenn früher gleich am ersten Tag an Gymnasien eine Aufnahmeprüfung geschrieben wurde, sei das sicherlich hart gewesen, aber zumindest ehrlich. Die Schüler wussten von Anfang an, auf was sie sich einzustellen hatten.

Gruschka zeigt hier eindrücklich, wie eine vordergründige pädagogische Wärme über das professionelle Bewusstsein hinwegzutäuschen versucht, dass Schule nach wie vor eine Institution ist, in der die kalten Strukturen dominieren – eine Institution der Leistungsgesellschaft. Diese Beobachtungen lassen sich auch auf den Umgang mit mangelhaft performenden Schülerinnen und Schüler übertragen. Während die Regelschule den scheiternden Kindern oft unterkühlt begegnet, scheint es zum guten Ton der Sonderpädagogik zu gehören, ihre Klientel in eine betont wohlwollende Wärme zu packen. Mit Gruschka darf kritisch gefragt werden, ob das ihren Schülern wirklich hilft.

Denn ähnlich wie sich die Kälte von der Wirklichkeit abwendet, indem sie sich einem moralischen Anspruch entzieht, etabliert die heimelige pädagogische Wärme eine Art Ablenkungsmanöver gegenüber den Strukturen, welche die prekäre Situation benachteiligter Kinder erzeugen und aufrechterhalten. Überspitzt formuliert: Benachteiligten hilft es nicht, wenn sie lediglich in einen Mantel pädagogischer Wärme gehüllt werden, der sie kurzfristig vor der Kälte der gesellschaftlichen Außenwelt abschirmt. Ihnen kann nur geholfen werden, wenn die kalten Strukturen der Benachteiligung (auch innerhalb der Pädagogik) konsequent aufgedeckt werden.

Das heißt auch: Die kalten Strukturen der Institution Schule dürfen pädagogisch genauso wenig versteckt werden wie die Kälte der Gesellschaft, in der diese Kinder später als Erwachsene zurechtkommen müssen. In etwas zynischer, aber in ihrem Kern wahren Form zeigt sich dies in Bertolt Brechts *Flüchtlingsgesprächen* (1961):

> »Ich höre, dass die Schulen oder wenigstens einige von ihnen heute auf anderen Prinzipien aufgebaut seien als zu meiner Schulzeit. Die Kinder würden in ihnen gerecht und verständig behandelt. Wenn dem so wäre, würde ich es sehr bedauern. Wir lernten noch in der Schule solche Dinge wie Standesunterschiede, das gehörte zu den Lehrfächern. Die Kinder der besseren Leute wurden besser behandelt als die der Leute, welche arbeiteten. Sollte dieses Lehrfach aus den Schulplänen der heutigen Schulen entfernt worden sein, würden die jungen Menschen diesen Unterschied in der Behandlung, der so unendlich wichtig ist, also erst im Leben kennenlernen. Alles, was sie in der Schule, im Verkehr mit den Lehrern, gelernt hätten, müsste sie draußen im Leben, das so anders ist, zu den lächerlichsten Handlungen verleiten. Sie wären kunstvoll darüber getäuscht, wie sich die Welt ihnen gegenüber benehmen wird. Sie würden fair play, Wohlwollen, Interesse erwarten und ganz und gar unerzogen, ungerüstet, hilflos der Gesellschaft ausgeliefert sein. Da wurde ich doch ganz anders vorbereitet! Ich trat ausgerüstet mit soliden Kenntnissen über die Natur des Menschen ins Leben ein. Ich hatte, nachdem meine Erziehung einigermaßen abgeschlossen war, Grund zu der Erwartung, daß ich, mit einigen mittleren Untugenden ausgestattet und nicht allzu schwere Scheußlichkeiten noch erlernend, halbwegs passabel durchs Leben kommen würde.« (Brecht 1961, 35 f.)

Und damit sind wir erneut bei Sartres Begriff der Aufrichtigkeit. Eine aufrichtige, ehrliche Schulatmosphäre nimmt Kinder und Jugend-

5.3 Schulklima und Schulatmosphäre – Vertikale Resonanzachse

liche ernst, indem sie diese in ihrer konkreten Situation anerkennt und nicht mit wärmenden Illusionen abspeist. Gerade aus dieser Ehrlichkeit kann wirkliche Solidarität als Resonanz zwischen der Situation der Schüler und einem pädagogischen Bemühen entstehen, das den Problemen ins Gesicht sieht, anstatt durch Kälte wie durch Wärme eine Distanz zu etablieren und ihnen damit auszuweichen. Bürgerliche Kälte und pädagogische Wärme erscheinen hier als Strategien, die wirkliche Solidarität in der Begegnung mit Prekarität verhindern.

»Mit Kälte tendieren die Menschen zur Gleichgültigkeit gegenüber den erlebten Widersprüchen« (Gruschka 1994, 75) – mit Wärme versuchen sie, die Komplexität der Widersprüchlichkeit zu reduzieren. Denn die gesellschaftlichen Bedingungen sind nichts, das auf irgendeine Art außerhalb unserer selbst besteht. Sie verlaufen durch uns hindurch. Wenn wir sie kritisieren, können wir uns selbst aus dieser Kritik nicht ausnehmen (vgl. Adorno 2010). Solidarität kann deshalb nur im Ernstnehmen und Reflektieren erlebter Widersprüche bestehen. Beispielsweise dem, dass Schule in einer demokratischen Gesellschaft den Prinzipien von Gleichheit und Gerechtigkeit verpflichtet ist und de facto durch die Strukturierung des bestehenden Bildungssystems dennoch stark nach sozialer Herkunft selektiert und jungen Menschen so von vornherein bestimmte Wege verbaut. Oder dem, dass ich als Lehrkraft, die etwas verändern möchte, durch meine Ausbildung und Anstellung erst Teil des Systems werden muss, dass einer Veränderung unterzogen werden soll.

Das beschriebene Ernstnehmen beinhaltet nicht selten ein Fürsprechen und Partei-Ergreifen für Schüler, denen jegliche politische und soziale Lobby fehlt. Dass eine derartige Solidarität weniger mit Wärme, denn mit Resonanz zu beschreiben ist, (die, wie wir bereits wissen, unabhängig ist von der Art des emotionalen Inhalts, sondern durch das In-Kontakt-Sein besteht), zeigt die langjährige Erfahrung Gotthilf Gerhard Hillers als Fürsprecher und Alltagsbegleiter ehemaliger Schüler (vgl. Hiller 2015). Hiller hilft diesen Jugendlichen nicht, indem er ihnen warme Versprechungen macht, sondern indem er keinen Zweifel an der Kälte der gesellschaftlichen Wirklichkeit aufkommen lässt. Gleichzeitig lässt er den Kontakt zu diesen Schülern nicht abreißen, nimmt diesen auch dann wieder auf, wenn er von ihrer Seite unterbrochen wurde, und prangert zugleich unnachgiebig die kalten Strukturen in den Sozial- und Bildungssystemen an. So schreibt er einer Lehrkraft einen Brief, die einen Schüler auch aufgrund seiner Herkunft ungerecht bewertet, nachdem er mit ihrer Korrektur der Deutscharbeit nicht einverstanden ist (Hiller 2015, 433 f.), oder führt hartnäckige Telefonate mit Behörden und Ämtern. Noch als Lehrkraft war er darum bemüht, die Schüler in einer realitätsnahen Schule auf ihre spätere Lebenswirklichkeit vorzubereiten, ihnen keine Illusionen zu machen, sie aber gerade dadurch nicht aufzugeben. Im schülerzentrierten Unterricht macht er das, was von den Schülern kommt, selbst zum Lerngegenstand und strahlt in all seinen Methoden den Willen aus, den Schülern das Gefühl zu vermitteln, dass ihr Denken und Fühlen von unersetzlichem Wert für *ihren* Lernprozess ist. Im Sinne Rancières erkennt Hiller die Intelligenz seiner Schüler bedingungslos an, versucht nicht, ihnen hierarchisch zu erklären, sondern Gegenstände des Gemeinsamen zu schaffen, auf die er unermüdlich ihren Willen ausrichtet.

Will Schule etwas zur Reduktion von sozialer Benachteiligung beitragen, darf sie keine trügerische Wärme verbreiten, sondern muss ehrlich sein, sich nach Hillers Beispiel mit schlechter gestellten Schülern solidarisieren und Kälte erzeugende Strukturen aufdecken.

Auf unmittelbarer Ebene geht es darum, sich in der Schule um ein Klima zu bemühen, das vom Willen und der Bereitschaft geprägt ist, sich auf *alle* Schülerinnen und Schüler einzulassen, mit ihnen in Kontakt zu kommen und in einen authentischen Austausch einzutreten. Otto Speck spricht in diesem Zusammenhang vom »Ethos einer pädagogischen Institution« (Speck 1996, 208), das sich im pädagogischen Willen zeigt, alle Schüler erreichen zu wollen und die Rahmenbedingungen der Institution Schule so zu gestalten, dass in ihr gelingende Weltbeziehung für alle Beteiligten möglich wird. Dies scheint nur realistisch, wenn Lehren und Lernen von Lehrkräften als wechselseitiger, zwischenmenschlicher Prozess des Sich-aufeinander-Einlassens gesehen werden kann. Das Gegenteil zur distanzierenden Kälte besteht im Willen zur Nähe. Diese kann schmerzhaft, nervenaufreibend und schwierig sein und ist deshalb keine bloße Wärme. Sie ist authentischer Kontakt und im besten Fall milieuübergreifende Resonanz.

Schule als spezielle und totale Entfremdungszone

»Mir wird immer etwas weh ums Herz, wenn ich die Erstklässler auf dem Weg zur Einschulung sehe. Sie sind so freudig aufgeregt, so stolz, so lernbegierig. Und binnen weniger Jahre, oft noch viel, viel schneller, wird die Schule es schaffen, aus so vielen von ihnen Problemkinder zu machen: Demotivierte, Faule, Schulschwänzer, Klassenclowns, Mathehasser, Sportversager, Unmusikalische und so weiter.« Alan Posener

Schule scheint eine Institution zu sein, die zu einem wesentlichen Teil durch Kälte oder funktionalisierter Wärme bestimmt ist. Dieser distanzierte berechnende Umgang erschwert das Zustandekommen von Resonanz und trägt mit seiner verdinglichenden Haltung zur Entfremdung bei. Davon sind zunächst – unabhängig von ihrer sozialen Herkunft – alle Kinder und Jugendlichen in gleichem Maße betroffen. Kälte ist in das Organisationsmilieu Schule, in ihre Abläufe und ihre Strukturierung eingeschrieben und damit auch eine Tendenz zur Entfremdung. Trotzdem zeigt sich sekundäre und tertiäre Resonanzbenachteiligung darin, dass Kinder aus randständigen Sozialmilieus von dieser Entfremdungstendenz in einem stärkeren Ausmaß betroffen sind. Das liegt daran, dass bei ihnen, zusätzlich zu denen aus der Grundstruktur von Schule erwachsenden Entfremdungstendenzen, eine Vielzahl weiterer Entfremdungsfaktoren hinzutreten.

5 Sekundäre und tertiäre Resonanzbenachteiligung

Schule wird erlebt als ...

1. **Raum mit allgemeinen (aber nicht umfassenden) Entfremdungstendenzen (für alle Schüler)**
   * Primat von Leistung, Konkurrenz, Qualitätssicherung Messbarkeit
   * Fokus auf Weltaneignung statt Weltanverwandlung
   * Form ohne Inhalt

→ Verdinglichung des schulischen Lernens

2. **Resonanzraum (für Kinder mittlerer und oberer Milieus)**
   * unterrichtliche Resonanzbereiche (Verständnis der sozialen Bedeutungsstrukturen, Atmosphäre von Vertrautheit, Bezug zu Lehrern, gelingende Interaktion ...)
   * außerunterrichtliche, leistungsunabhängige Resonanzbereiche (zu jeweiligen Interessen passende AGs, Schulklima/-atmosphäre ...)
   * diese Resonanzbereiche tragen zum »Durchstehen« partieller Entfremdung aus 1) bei, wirken ausgleichend, motivierend

→ Bindung an Schule; Erzeugung dispositionaler Resonanz

3. **Spezielle Entfremdungszone (für Kinder randständiger Milieus)**
   * Milieu-Unterschiede zwischen Lehrern und Schülern
   * mangelnde Kenntnis sozialer Codes, präreflexiver Strukturen der bürgerlichen Welt
   * fehlendes Passungsverhältnis zwischen Art der Weltbeziehung, präferierten Resonanzachsen und den schulischen Angeboten (keine oder deutlich weniger passende Resonanzbereiche innerhalb und außerhalb des Unterrichts als bei anderen Milieus)
   * Erfahrungen von Fremdheit, Zurückweisung, Unzugänglichkeit

→ Keine oder kaum Bindung an Schule; Erzeugung dispositionaler Entfremdung

4. Totale Entfremdungszone (für Kinder randständiger Milieus)
- Kombination aus 1) und 3)
- 3) führt zum ›Nicht-Ankommen‹ in Schule und dies wiederum zu schlechten Leistungen, die in Folge von 1) den Großteil von Schule ausmachen und das Subjekt demütigen, das Selbstwertgefühl angreifen
- Keine oder kaum ausgleichenden Resonanzerfahrungen bei anhaltender Frustration

→ Schule als umfassende Entfremdungszone.

Soziale Atmosphären, sprich präreflexive Strukturen von Handlungskontexten, scheinen nicht nur situativ, sondern auch in Kombination mit der Sozialisation der Beteiligten zu bestehen. Subjekte, die im Vergleich zu einem gegebenen sozialen Setting eine sich stark unterscheidende Habitualisierung aufweisen, machen Diskrepanzerfahrungen, die ihnen unmittelbar und zum Teil unabhängig von der Zuwendung beteiligter Personen signalisieren, und im leiblichen Erleben spürbar zeigen, dass sie hier nicht dazu gehören, sondern fehl am Platz sind.

Bei Schülerinnen und Schülern, deren Sozialisation sich stark von einem bürgerlichen Habitus unterscheidet, kann davon ausgegangen werden, dass derartige ›Ingressionen‹ (Böhme 2001, 46) ab der Einschulung zum Normalfall ihres Schulerlebens werden, wenn auf Seiten der Institution keine Sensibilität für Abweichungen besteht. Das Erleben in der Schule ist dann das der Absonderung, des Nicht-Dazugehörens, der Diskrepanz zwischen Innerem und Äußerem. Sie fühlen sich in der Schule wie Öl im Wasser, dem vorgeworfen wird, nicht in Kontakt mit der Umgebung zu treten.

Die Atmosphäre des Fremden, Unvertrauten und Verschlossenen, die sekundär resonanzbenachteiligte Schülerinnen und Schüler in der Schule erleben, scheint dabei vom Zeitpunkt der Einschulung an aus unzähligen, zum Teil präreflexiven (Mikro)Erfahrungen zu entstehen und fortzubestehen, die sich zu einer umfassenden Schulentfremdung aufschichten und verdichten können. Die Entfremdung von der

5 Sekundäre und tertiäre Resonanzbenachteiligung

Schule führt dann zu innerer Kündigung, einem unbeteiligten Absitzen des Unterrichts, zu Schulabsentismus oder aktivem Auflehnen gegen das schulische Setting.

Entfremdung von der Schule scheint sich dabei zwar aus einzelnen Erfahrungen aufzuschichten, die auf der horizontalen und diagonalen Achse erfolgen. Ab einer gewissen ›Dichte‹ dieses Entfremdungserlebens wird die Beziehung zur Schule jedoch *insgesamt* auf der vertikalen Achse als entfremdet erlebt. Schule ist dann an sich und grundlegend etwas, das den Schüler nichts angeht. Etwas, zu dem er oder sie keinen Bezug hat und keine Beziehung aufbauen kann.

Es sind folgende Fragen, die dabei subjektive Relevanz besitzen:

Ist der (Sozial)Raum Schule etwas, der in mir das Gefühl induziert, dass ich in meiner Eigenheit wertgeschätzt werde? Darf ich hier sagen, was ich denke, sein, wie ich bin? Habe ich das Gefühl, dass auf mich reagiert wird, wenn ich mit eigener Stimme spreche, oder habe ich das Gefühl, dass ich in diesem Fall gemaßregelt, verachtet, belächelt, ignoriert oder überhaupt nicht gesehen werde? Kann ich meine gewohnte Art der Bezugnahme auf Welt fortsetzen und behutsam verändern? Kann ich Selbstwirksamkeitserfahrungen sammeln oder nicht? Geht mich die Schule etwas an, oder gehe ich ihr lieber aus dem Weg?

6

Was muss eine Lehrkraft wissen, wollen und können, um Resonanzfähigkeit zu unterstützen?

6.1 Lehrerbild und Schülerrolle

Wenn sich Theodor W. Adorno nach dem Zweiten Weltkrieg mit *Tabus über den Lehrberuf* befasst, tut er das, indem er als sorgfältiger Alltagsbeobachter *Abneigungen gegen den Lehrberuf* mit folgenden Worten darstellt: »Erlauben sie mir, daß ich einige triviale Belege dafür gebe. Liest man etwa Heiratsannoncen in den Zeitungen – das ist recht lehrreich –, so betonen die Inserenten, wofern sie Lehrer oder Lehrerinnen sind, sie seien keine Lehrertypen, keine Schulmeister«

(Adorno 1964, 71). Bis heute gilt die Feststellung »Du bist lehrerhaft« nicht als Kompliment – anders als etwa »Du sprichst wie ein Arzt« oder »Du hast 'was von einem Juristen«. Das Bemühen, »gute Lehrer« und »schlechte Lehrer« nicht nur treffend zu beschreiben, sondern die Erkenntnisse im Blick auf Lehrerbildung fruchtbar zu machen, reicht viele Jahrhunderte zurück.

Mitte des 20. Jahrhunderts veröffentlicht der Erziehungswissenschaftler Christian Caselmann (1953) die Ergebnisse seiner Studien zur Typologie von Lehrerpersönlichkeiten. Er unterscheidet den »logo-tropen« vom »paido-tropen« Lehrer. Während der Erstgenannte (*griech. logos* = Wort, Sinn, Vernunft, Wissen) ein Lehrer ist, der auf Inhalte, Fachwissen und Methodik ausgerichtet und fixiert ist, wird der eher »paido-trope« Lehrer als menschenzugewandt und für die Kinder und Jugend interessiert beschrieben. Solche Typologien alleine helfen in der Frage nach der »guten« und »schlechten« Lehrkraft nicht entscheidend weiter. Denkanstöße gibt allerdings der Blick auf andere Disziplinen. Die Qualität eines Arztes als Mediziner wird beispielsweise nicht in erster Linie an seiner Freundlichkeit und Menschlichkeit bemessen – so erfreulich sie sein mögen. Vielmehr sind in erster Linie die Belastbarkeit seiner Diagnostik und die Effektivität der verordneten Therapie entscheidend. Der gute Arzt soll heilen und Gesundheitsprobleme beheben helfen. Parallel argumentiert, lässt sich im Blick auf den Lehrer folgende Erkenntnis formulieren: Hier entscheiden nicht die angeblichen Effekte seiner Lehrmethoden im Sinne trivialer Verhaltensänderungen und positiver kognitiver Lernkurven – so erfreulich sie sein mögen. Vielmehr sind in erster Linie die individuelle Resonanzförderung, die Begeisterungsfähigkeit und Selbstständigkeit entscheidend. Der gute Lehrer hilft, Begeisterung zu wecken und zu bewahren, Angst zu überwinden und Selbstvertrauen aufzubauen. Er hilft aus der Unselbstständigkeit und der Hilflosigkeit heraus, hin zur Selbstständigkeit und damit zur Mündigkeit seines Edukanten. Dies ist Ziel und Zweck der Erziehung – insbesondere der Erziehung in sozial riskanten Lebenslagen. Wie der Arzt für eine zutreffende Diagnose zu sorgen hat, sorgt ein guter Lehrer für das, was Otto Friedrich Bollnow das »pädagogische

Betriebsklima« nennt. So lange allerdings das »Schülermaterial« zu einem Ziel hin trainiert, geformt und modelliert werden soll, verkennt der Lehrer »den eigentlichen Kern der Erziehung, der darauf beruht, dass hier ein freies Wesen einem anderen freien Wesen fordernd entgegentritt« (Bollnow 1959, 114). Auch Jacques Rancières Prinzip der ›Gleichheit der Intelligenzen‹ verdeutlicht, dass eine Lehrkraft die Intelligenz eines Schülers der eigenen nicht unterordnen, sondern zunächst vorbehaltlos anerkennen sollte (Rancière 2007). Insofern gehört *Reflexionsvermögen* zu den zentralen pädagogischen Kompetenzen eines Professionellen. Wer nicht über sich nachdenken kann, ist den Geschehnissen im Leben hilflos ausgeliefert. Ein wesentliches Merkmal und Ziel der Bildung des Menschen ist sein reflektiertes Verhältnis zu sich selbst, zu anderen und zur Welt. So behindert womöglich eine in verschiedenen Sozialisationsinstanzen erworbene *allzu strenge Ordnung* in den Gedanken des Menschen, in seinen Überzeugungen und in seinem Rollenverständnis die Weiterentwicklung. Erst durch den Prozess der Reflexion beginnt der Mensch, neuen Wissensbestandteilen Bedeutung beizumessen. Die *Bereitschaft zur Selbstkritik* wird deshalb insbesondere für die Fähigkeit, sich auf die Lage der Kinder angemessen einstellen zu können, als zentral beschrieben (vgl. von Carlsburg/Heyder 2005, 159).

6.2 Wissen, Haltung und Fertigkeiten

Nehmen wir an, unsere Geschichten von Mia, Ben, Yusuf, Jenny und Rassim hätten in einem fiktiven Remake ein Happy End erfahren. Die Hauptpersonen sind auf resonanzfördernde, ermutigende und feinfühlige Lehrkräfte gestoßen und konnten ihre vorhandenen Resonanzachsen weiter ausbauen oder – im Fall Jenny und Rassim – erleben, dass beeinträchtigte Resonanzfähigkeiten ausgeglichen wurden. Welche Kenntnisse, Haltungen und Fertigkeiten sind an Lehrerinnen und Lehrern zu beobachten, die Resonanzfähigkeit bei

Kindern fördern und entwickeln? Zunächst rufen wir uns in Erinnerung, was Resonanzerleben auszeichnet.

> **Vier Aspekte menschlichen Empfindens beim Resonanzerleben**
>
> 1) Affizierung: *Ich empfinde, dass mir die Welt etwas gibt, dass sie relevant für mich ist, ich will sie.*
> 2) Wechselseitige Anverwandlung: *Ich empfinde, dass mich die Welt berührt und sogar verändert.*
> 3) Selbstwirksame Antwort: *Ich erlebe meinen Einfluss auf das Geschehen in der Welt, ich kann also gestalten und mitwirken.*
> 4) Unverfügbarkeit: *Die mich bewegenden Erlebnisse sind in gewisser Weise unverfügbar, d. h., sie sind nicht nach bestimmten Regeln und Formen machbar.*

Berufliche Qualifikation entsteht durch das Zusammenspiel dreier Faktoren, die schon in der *Antike* als Voraussetzungen für ein »glückendes« Leben angesehen wurden: Es müssen Kenntnisse gesammelt, Haltungen entwickelt und Fertigkeiten erworben werden. Gelingende Lebensführung und erfolgreiches berufliches Engagement entstehen in der Schnittmenge des Wissens, des Wollens und des Könnens eines Menschen. Professionelle Handlungsfähigkeit einer Lehrerin oder eines Lehrers muss dabei ebenso wie die Lebensfähigkeit an sich in Gänze, nicht in Teilleistungen erworben werden. In ungünstigen Konstellationen bildet sich – z. B. aufgrund des brillanten Examens am Ende eines sehr theoretischen Studiums – die trügerische Gewissheit aus, gut vorbereitet zu sein, obwohl lediglich genug *gewusst wird* und die Einstellungen und Fertigkeiten völlig aus dem Fokus geraten sind. Ebenso ist denkbar, dass sich ein Berufsanfänger in der Schule vollständig auf sein sogenanntes *Bauchgefühl* verlässt und die »blasse Theorie« der Studienzeit für überflüssig hält, die de facto jedoch seinen Horizont, seinen Blick auf die Schüler und sein Verständnis erweitern könnte, oder – dritte Variante einer Teilqualifikation – die *selbstlos liebende* Referendarin will sich für die »armen

Schätzchen« aufopfern und gibt emotional alles, um alles richtig zu machen, ist aber außerstande, eine sinnvolle Gesamtstrategie zu entwickeln.

Der Mensch ist angesichts der Herausforderungen seines Lebens von klein auf mit dem Wissen-Lernen, dem Wollen-Lernen und dem Können-Lernen beschäftigt (ausführlich bei Ellinger/Hechler 2021). Die *verschiedenen Berufe* verlangen dabei von den jeweiligen Profis unterschiedliche Wissens-Bestände, Einstellungen und Fertigkeiten. Im Blick auf die notwendigen Qualifikationen von Pädagoginnen und Pädagogen formuliert Paul Moor drei grundlegende Prinzipien für ihre Arbeit: Der Pädagoge stellt klar, dass es 1.) nicht um einen mechanistischen Konditionierungs- oder Unterweisungsvorgang gehen kann, dass 2.) eine konstruktive Fehlerkultur entscheidend ist und dass 3.) das Kind einschließlich seines Sozialisationshintergrundes aufgefangen, verstanden und in den Erziehungsprozess eingebunden werden muss.

> **Pädagogische Grundprinzipien nach Paul Moor (1965):**
>
> *1) Erst verstehen, dann erziehen.*
> *2) Nicht gegen den Fehler, sondern für das Fehlende.*
> *3) Nicht nur das Kind, auch seine Umgebung ist zu erziehen.*

Nur wenn die Pädagogin /der Pädagoge auf diese Weise zum *bedeutsamen Anderen* für das Kind wird, kann sie oder er das Ankommen und die Integration sozial gefährdeter Kinder maßgeblich begleiten. Dann wird das Kind nicht in erster Linie angeglichen, fehlerbereinigt und mit einigen nötigen Ressourcen ausgestattet für die Welt der Schule passend gemacht, sondern zunächst verstanden, gestärkt und in seiner milieuspezifischen Plausibilität zur Selbstständigkeit und Mündigkeit erzogen. Diese Grundposition kann als Matrix für den pädagogischen Umgang angesichts unterschiedlicher Gefährdungslagen gelten.

Im Blick auf *sozio-ökonomisch gefährdete* Kinder beklagt Ivan Illich in seiner bemerkenswerten Monographie über *die Entschulung der Gesellschaft* einen folgenschweren Automatismus:

»Viele Schüler, zumal wenn sie arm sind, wissen intuitiv, was die Schulen mit ihnen anstellen. Sie werden geschult, Verfahren und Inhalt miteinander zu verwechseln. Wird dieser Unterschied erst einmal verwischt, so gilt eine neue Logik: je mehr Behandlung, desto besser die Ergebnisse« (Illich, 2017, 17).

Dem Kind wird also eine neue Logik der Welt-Interpretation auferlegt. Es sind nicht die bekannten Regeln der Faszination, des Entdeckens, der Neugier und des Verstehens, sondern die Anpassung an formelle Kriterien dessen, was in der Schule angeblich gut, erstrebenswert und richtig ist. Diese Wertigkeiten werden im Wesentlichen materiell dargestellt und sichtbar gemacht. Selbst wenn nun eine Lehrkraft dem Kind nach Kräften hilft, diesen äußerlich-materiellen Formen, formellen Reglements und speziellen formalen Handlungen gerecht zu werden, bleibt eine Förderung der bereits bestehenden milieuspezifischen Resonanzachsen aus. Unter bildungsorientierter Perspektive stellt allerdings nicht lediglich die *äußere*, sondern auf besondere Weise auch die *innere Armut* eine wesentliche und existentielle Gefahr dar. Innerer Reichtum ist nicht abhängig von äußerer Ausstattung, einem Funktionsmodus oder formellem Erfolg. Der Sonderpädagoge Thomas Müller führt aus: »Innerlich reich sind Kinder und Jugendliche wohl nur so lange, wie die inneren Bilder in ihnen lebendig bleiben und sich mit der ›Welt‹ und den sie umgebenden Menschen positiv, kreativ, wohlwollend und zutrauend verbinden« (Müller 2013, 154). Schule scheint Kindern aus randständigen Milieus oft nicht nur aufstiegsbezogene Ressourcen zu verwehren, sondern auch das Lebendig-Bleiben einer derartigen inneren Verfassung durch vermehrtes Entfremdungserleben im schulischen Kontext immens zu erschweren und dadurch zu einer inneren Verarmung zu führen.

Ein *bedeutsamer Anderer* schafft dagegen mit den Kindern eine gemeinsame Plausibilitätsstruktur und entwickelt auf diese Weise ihren inneren Reichtum fort.

Andreas Möckel spricht im Blick auf *sozio-emotional Gefährdete* davon, dass sie auf Lehrerinnen und Lehrer angewiesen seien, die *pädagogisch heilen*. Emotionale Verletzung kann durch Profis geheilt werden, die einen neuen Zugang zum Kind gefunden haben. Die Krise, um die es im Blick auf Kinder wie Jenny geht, »ist eine Krise der

6.2 Wissen, Haltung und Fertigkeiten

Erwachsenen, die den Auftrag haben zu erziehen und nicht wissen, wie sie ihn erfüllen sollen. Die Krise ist zunächst eine Sache der für die Erziehung Verantwortlichen und dann erst eine Krise der Kinder. Die Kinder geraten in Not, *weil die Erziehungspflichtigen in Not sind*« (Möckel 2019b, 30). Schule und Unterricht sind Beziehungsräume und nicht Lernfabriken – und aus diesem Grund muss kognitiv, affektiv und sozial gelernt werden. Voraussetzung dafür ist das, was der Erziehungswissenschaftler Oliver Hechler (2018) folgerichtig »feinfühlig unterrichten« nennt. Erziehung als professionelle Praxis muss sich der Aufgabe stellen, wesentliche Elemente menschlicher Wertschätzung, menschlichen Vertrauens, menschlicher Kommunikation und emotionaler Sicherheit in der Schule zu ermöglichen.

Ein *bedeutsamer Anderer* stellt die Beziehung zu den Kindern in den Mittelpunkt seiner pädagogischen Arbeit, ohne dabei lediglich einen schönen Schein pädagogischer Wärme erzeugen zu wollen. Er folgt dem Willen authentischen Kontaktes und stärkt auf diese Weise die Entwicklung der horizontalen Resonanzachse.

Last but not least warnt Gotthilf Hiller bereits 1990 im Blick auf Kinder aus *sozio-kulturellen Gefährdungslagen* die zuständigen Lehrerinnen und Lehrer aus den bürgerlichen Leitmilieus mit folgenden Worten vor Selbstgerechtigkeit: »*Sollten wir uns nicht viel kritischer als bisher mit der schleichenden Eingewöhnung in (klein)bürgerliche Formen der Selbst- und Weltsicht auseinandersetzen?*« (Hiller 1990, 174). Wer Kulturgüter wie Kunst, Musik und allgemein Ästhetik klar definiert von Maßstäben der bürgerlichen Mitte ableitet, läuft Gefahr, den Schülerinnen und Schülern ihren kulturellen Boden unter den Füßen zu entziehen. Der Schweizer Pädagoge Emil E. Kobi führt in diesem Zusammenhang aus:

> »Erziehung ist ein Muster, ein Strukturelement, eine Konstellation und Konfiguration innerhalb derer dieselben materialen, psychischen und sozialen Gegebenheiten und Ereignisse sehr unterschiedliche Erlebens- und Lebensdeutungen erlangen können« (Kobi 2004, 90).

Selbst wenn solche Bewertungsprozesse durch die Lehrkraft salbungsvoll und beinahe karitativ in einem freundlichen und »bewusst wertschätzenden« Klima geschehen, bleibt am Ende die Entwertung der »Unterlegenen« und damit ein Raum der Entfremdung. Dabei weist Oliver Hechler in diesem Zusammenhang auf den pädagogisch bedeutsamen Unterschied zwischen der gerne vorgetragenen *Wertschätzung* und einer entwicklungsfördernden *Anerkennung* hin. Während die sogenannte Wertschätzung zur »Einebnung der Differenz« und damit »zur künstlichen Harmonisierung der erzieherischen Verhältnisse« tendiere, thematisiert die Anerkennung gerade die Differenz und zielt eben nicht darauf ab, diese zum Verschwinden zu bringen (Hechler 2016, 78). In diesem Sinne ist mit Christiane Micus-Loos zu fordern, dass pädagogische Ethik über einer didaktisch-methodischen Fertigkeit rangieren muss. Die Pädagogin beschreibt die »Fähigkeit zur intersubjektiven Anerkennung« als den Mittelpunkt des Kompetenzprofils des Lehrerberufs (Micus-Loos 2012, 311).

Ein *bedeutsamer Anderer* ermöglicht den Kindern und Jugendlichen die Identifikation mit der Kultur ihrer Lebensstilgruppe und stärkt auf diese Weise die Entwicklung der diagonalen Resonanzachse.

Unabhängig von den konkreten Gefährdungslagen sozial benachteiligter Kinder plädierte der Didaktiker Horst Rumpf im Blick auf die Lehrerbildung bereits vor 30 Jahren dafür, in der pädagogischen Beziehung zu den Schülerinnen und Schülern »den Krebsgang zu wagen«, und meint damit, »die Ärmlichkeit unserer didaktischen Monokultur« zu überwinden, indem wir – im Bild gesprochen seitwärts gehend – neue Wege für die pädagogische Arbeit suchen (Rumpf 1991, 7). Solche Krebsgänge sind nur möglich, wenn Lehrerinnen und Lehrer gleichermaßen professionelles Wissen, professionelles Können und professionelles Wollen entwickelt haben. Ins Zentrum einer gelungenen Verknüpfung von Theorie und Praxis rückt das, was wir landläufig das *intuitive Handeln einer Lehrkraft* nennen. Weil sie sich zunächst häufig einer rationalen Erklärung entzieht, wird Intuition dann als übersinnliche Ahnung oder sogar als göttliche Eingebung angesehen. Es scheint eine Art Aktion nach Bauchgefühl zu sein. Bei genauer Betrachtung handelt es sich aber um eine neuzeitliche begriffliche Variante des »pädagogischen Taktes«, den Johann F. Herbart bereits 1802 in seiner Vorlesung beschreibt, indem er feststellt:

> »Nun schiebt sich aber bei jedem noch so guten Theoretiker, wenn er seine Theorie ausübt (...), zwischen die Theorie und Praxis ganz unwillkürlich ein Mittelglied ein, ein gewisser *Takt* nämlich, eine schnelle Beurteilung und Entscheidung, die nicht wie der Schlendrian, ewig gleichförmig verfährt, aber auch nicht, wie eine vollkommen durchgeführte Theorie wenigstens sein sollte, (...) die wahre Forderung des individuellen Falls ganz und gar zu treffen« (Herbart 1802, 126).

Der Takt setzt an den Stellen ein, »welche die Theorie leer ließ«, und wird so »der unmittelbare Regent der Praxis« (ebd.). Im Begriff des pädagogischen Taktes lässt sich eine Antwort auf das aktuelle Theorie-Praxis-Problem in der Lehrerbildung finden. Pädagogische Intuition muss also erarbeitet und als Qualifikation erworben werden (Eggenberger 1998). Hochqualifiziertes Fachpersonal unterschiedlicher Disziplinen folgt in beruflichen Routinesituationen häufig selbstverständlich seiner Intuition. In der Luftfahrt verantwortliche Personen tun dies ebenso, wie sich auch Psychologen und Psychotherapeuten auf ihre intuitive Wahrnehmung stützen und z. B. Ärzte auf medizinisch-diagnostische Intuition angewiesen sind. *Intuitives Handeln* wird allgemein ermöglicht durch fundierte Fachkenntnis und kritisch reflektierte Erfahrungen. Darüber hinaus nimmt eine intuitiv handelnde Person einzelne Situationen innerhalb eines größeren ethischen Sinnzusammenhangs wahr. Die Bedeutung eines Einzelerlebnisses kann so über den unmittelbaren Erlebensrahmen hinausweisen und macht dadurch u. U. übergeordnete Anknüpfungspunkte sichtbar. Konkret wird intuitives Handeln angebahnt durch eine besondere Wachheit in der Situation, aufgrund derer der Handelnde auf unterschiedlichen Ebenen Eindrücke wahrnimmt und darauf reagieren kann. Wollten wir eine *Definition von Intuitionsfähigkeit* versuchen, lautete sie etwa so:

> »Professionelle Intuition kann als ganzheitliches Erfassen einer Situation und der notwendigen Handlungen über die offensichtlichen Bedeutungsgehalte hinaus beschrieben werden und stellt das Ergebnis einer fundierten theore-

tischen Ausbildung in Verbindung mit reichhaltiger, sorgfältig reflektierter Erfahrung und der Entwicklung einer selbstbewussten Persönlichkeit mit bewusst entwickelten ethischen Werten dar« (Ellinger 2016, 122).

Um Kindern Resonanzerfahrungen zu ermöglichen, ist es weiterhin notwendig, über *Motivierungsfähigkeit* zu verfügen. Die betreffende Qualifikation fasst die von Werner Loch beschriebene »Darstellungsfähigkeit«, die den Lehrer zu einem »faszinierenden Darsteller« macht, und die »Aktivierungsfähigkeit«, die »ihre Schüler weder über- noch unterfordert« (Loch 1991, 102 f.), zusammen. Die so beschriebenen Lehrkräfte haben Spaß daran, ihr Fach von seiner interessantesten Seite zu präsentieren und stellen dafür bei Bedarf eine Vielfalt an Materialien und Medien zur Verfügung. Zugleich werden motivierende Lehrerinnen und Lehrer in Befragungen als Menschenfreunde dargestellt (Bessoth 1994). Ihr Unterricht trägt bisweilen spielerische Züge und wirkt durch die Begeisterung der Lehrkraft ansteckend. Wenn der britische Philosoph David Hume davon spricht, dass Vernunft immer nur der Sklave der Leidenschaft sein sollte, niemals andersherum, beschreibt er mit anderen Worten die Bedeutung der Emotionen. Sie sind ein wichtiger Verbündeter des rationalen Denkens und nicht zuletzt auch eines wissensorientierten Unterrichts, nicht dessen Feind. In Erinnerungen ehemaliger Schüler werden motivierende Lehrerinnen und Lehrer als Menschen beschrieben, die ihre Schüler von Herzen mögen und sie auch außerhalb des Unterrichts privat unterstützen (Stolz 1997; Ellinger/Brunner 2015). In der Fachwelt herrscht Konsens darüber, dass der Mensch ein Beziehungswesen ist und auch in der Schule davon lebt, zwischenmenschliche Anerkennung, Wertschätzung, Zuwendung und Zuneigung zu erfahren. Emotionen machen effektives Lernen erst möglich, Angst und Unsicherheit wirken dagegen lähmend. Einer motivierenden Lehrkraft gelingt es, die für erfolgreiches Lernen so entscheidende positive emotionale Befindlichkeit zu erzeugen.

6.3 Prospektive Lehrerbildung

In der Lehrerbildung stehen sich immer wieder Forderungen nach theoriegeleiteter Bildung und Hinweise auf einen Mangel an praktischer Anwendung im Studium gegenüber. Glaubt man einschlägigen Gerüchten, so werden Hochschulabsolventen beim Eintritt in das Referendariat mit der Aufforderung empfangen: »Jetzt vergessen sie mal alles, was sie im Studium gelernt haben, und lassen sie sich auf die Praxis ein!«. Das wahrgenommene Theorie-Praxis-Problem ist nicht schon immer so dichotom behandelt worden wie heute. Die Begriffe von Theorie und Praxis bezogen sich ursprünglich auf die Gestaltung unterschiedlicher Lebensweisen. Für Aristoteles existierten drei gleichberechtigte Wissenschaftsarten, die er als die praktische, die poietische und die theoretische Wissenschaft benannte. Im Blick auf die praktische Wissenschaft ist ihre Abgrenzung zur Poiesis bedeutend. *Poietisches* lässt sich als »Machen« beschreiben, das seinen Sinn durch das Ergebnis erfährt. Die *Praxis* dagegen ist kein Agieren oder Machen, sondern ein *Handeln*, das seinen Sinn schon in sich trägt und daher eher prozesshaft ist. Selbstverantwortliche Menschen handeln sinnvoll und sozial – also auf andere Menschen hin ausgerichtet. In diesem Verständnis stellen Praxis und Theorie ergänzende Aspekte der Wissenschaft dar. Wir sprechen deshalb im Blick auf die Pädagogik von einer *praktischen Wissenschaft*. Der Pädagoge Johannes Kühnel (1920) beschreibt das Spannungsverhältnis zwischen erzieherischer Praxis und pädagogischer Theorie folgendermaßen: »Genau in dem Maße, wie die Wissenschaft der Medizin – in Verbindung mit der Praxis – den Arzt ›macht‹, so ›macht‹ die theoretische Pädagogik – in Verbindung mit der Praxis – den Erzieher« (Kühnel 1920, 21). Das Lehramtsstudium sollte also dasjenige pädagogische Wissen zum Gegenstand haben, das in Verbindung mit der Praxis Handlungsfähigkeit hervorbringt (nota bene: *nicht* »in Vorbereitung zur Anwendung in der Praxis«). Dabei schreibt der Erziehungswissenschaftler Heinz-Elmar Tenorth auch 180 Jahre nach Herbart dem von ihm beschriebenen pädagogischen Takt zentrale Bedeutung zu, denn er versetze den Professionellen in die Lage, »in Situationen der Ungewißheit und des Risikos ohne die Möglichkeit einer eindeutigen Abstützung im wissenschaftlichen Wissen und daher ohne technologische Lösung (...) dennoch handlungsfähig zu bleiben« (Tenorth 1986, 295 ff). Damit wird womöglich das Täuschungspotenzial einer detaillierten Planung und akribischen Unterrichtsvorbereitung im Blick auf ihre stabilisierende Bedeutung sichtbar: Sicherheit, Beziehungsfähigkeit und Vertrauenswürdigkeit erlangt die Lehrkraft durch ihr geübtes Improvisieren, durch ihre Gewissheit in der Spontanität und ihre grundsätzliche Bereitschaft, sich auf offene Prozesse einzulassen. Diese persönliche Sicherheit wurzelt in theoretischem Wissen.

Noch zwanzig Jahre vor Tenorth fasst Jakob Muth (1967) das Wesen des pädagogischen Takts weiter. Seinen Erläuterungen zufolge treten neben die Situationssicherheit des betreffenden Pädagogen dramaturgische Fähigkeiten, eine improvisatorische Gabe und die innere Bereitschaft zu freien Handlungsformen. Ein in diesem Sinne taktvoller Erzieher ist damit in der Lage, eine *gelassene Haltung* einzunehmen, die ihn offen sein lässt »für das, was unvorhersehbar auftritt« (Muth 1967, 77). Einige Jahre zuvor hatte der Würzburger Pädagogikprofessor Albert Reble eine alte Tradition aufgegriffen, die 1852 von Carl Kirchner in einem Leitfaden zum Hochschulstudium entfaltet worden war. Reble betont die Bedeutung der *Hodegetik* als Bestandteil der Lehrerbildung. Neben der Lehre der Wissensvermittlung (Didaktik) und der Lehre der ausgewogenen Lebensführung (Diätetik) erforscht und ergründet die Lehre der Persönlichkeitsbildung (Hodegetik) ethische Erziehungsziele an Bildungsstätten. Damit werden die Voraussetzungen geschaffen, universitäre Lehrerbildung mindestens *auch* als Persönlichkeitsbildung aufzufassen. Reble begründet in seinen Ausführungen, dass »das eigentlich zentrale Anliegen der Lehrerbildung« die Entwicklung und Ausformung der »persönlichen Erziehungskraft im angehenden Erzieher« ist (Reble 1958, 134 f.). Weil Kinder und ihre individuellen Lernsituationen weder standardisiert noch normiert werden können, bedarf es einer Qualifikation der Lehrkraft, die nicht auf vorher Beschreibbares,

6.3 Prospektive Lehrerbildung

eindeutig Messbares und postoperativ Evaluierbares baut. Rund 15 % der Kinder in der Schule lernen unter Risikobedingungen, können dem Unterricht also aufgrund einer sozialen Gefährdungslage oder Behinderung nicht problemlos folgen. Deshalb ist die Lehrkraft auf Handlungsfähigkeit angewiesen, die insbesondere bei strukturellen Ungewissheiten und der Konfrontation mit Fremdem trägt. In diesem Zusammenhang betont Werner Sacher: »Nur soweit der Lehrer eine Persönlichkeit ist, kann er über die bloße Vermittlung von Kompetenzen hinaus auch erziehen und bilden« (Sacher 1980, 39). Der Diskurs darüber, ob wir grundsätzlich von einer notwendigen *Persönlichkeitsbildung* oder vom Erwerb *professioneller Handlungsfähigkeit* sprechen, wird von jeher geführt, verändert die notwendigen Qualifizierungsinhalte der Lehrerbildung aber nicht. Der langjährige Seminardirektor Horst Aye und seine Kollegen beschreiben die Aufgaben der Lehrerbildung wie folgt:

> »Obwohl die Lehrerbildung in den einzelnen Bundesländern unterschiedlich ist, steht generell am Anfang der Professionalisierung eine wissenschafts- und fächerorientierte Ausbildung, die schwerpunktmäßig das Feld des Unterrichtens vorsieht; dagegen garantiert die Beherrschung von ›Unterrichtsplanung‹ noch keinen guten Unterricht. Vielmehr ist die *Persönlichkeit des Lehrers* gefragt« (Aye et al. 1991, 123).

Es geht um eine Lernwelt, in der Kinder mit ihren Bedürfnissen nach Anerkennung und Geborgenheit, nach Selbstverantwortung und Mitverantwortung, und nach spontanem Selbstausdruck gesehen werden.

Wenn ein Kapitel zur prospektiven Lehrerbildung den Abschluss eines Buches über Resonanzförderung bildet, hat dies selbstredend zur Folge, dass kein »Sack zugebunden«, keine »Figur geschlossen« und kein »Fazit gezogen« werden kann. Resonanzerleben stellt einen *offenen Prozess*, stellt *Unwägbarkeit* dar und führt deshalb den Versuch, eine planbare Ordnung zu schaffen, strukturell ad absurdum. Ausgangspunkt unserer Überlegungen war die Frage, wie es gelingen kann, dem offensichtlich als zwangsläufig akzeptierten Muster zu begegnen, dass Kinder, die in sozialen Risikolagen aufwachsen, in der deutschen Schule signifikant weniger Erfolg haben als Kinder aus bürgerlichen Lebensstilgruppen. Obwohl sich der Zusammenhang zwischen sozialer Herkunft und schulischem Erfolg oder Misserfolg in den vergangenen Jahren herumgesprochen hat und angesichts der offensichtlichen statistischen Zwangsläufigkeit inzwischen auch für die eine oder andere Entrüstung sorgte, werden im Rahmen empirischer Forschungsbemühungen nach wie vor kognitive, haptative und verhaltensbezogene Trainings, organisatorische Konzepte zur Klassenführung und neue Ansätze in der Elternarbeit evaluiert. Derlei Ansätze lassen allerdings das Lösungspotenzial resonanztheoretischer Modelle konsequent außer Acht.

Für die hier verhandelte Fragestellung sind *formale Handlungsformen* dieser Art nur insofern relevant, als z. B. vorstellbar ist, dass zwar *formal »guter Unterricht«* stattfindet, den die Lehrkraft möglicherweise sogar mittels moderner Konzepte und evaluierter Förderprogramme legitim durchführt, aber zugleich der *Inhalt*, das intrinsische Lernen *aller Schülerinnen und Schüler*, längst aus dem Blick geraten ist. Die Form wird gewahrt und durch Lernkontrollen legitimiert, echte Begegnungen und persönliches Ergriffensein des Lerners finden aber keinen Platz mehr. Obwohl der Form nach ein schützender Rahmen für echte Begegnung vorhanden ist, findet sie nicht statt. Martin Buber (1986) prägt für diese entleerte Form den Begriff der *Vergegnung* und beschreibt eben jene Form der Interaktion, die hohl und sinnfrei nur eine Pflicht erfüllt und keine offene inhaltliche Kommunikation ermöglicht.

Durch die resonanztheoretische Untersuchung pädagogischer Settings werden dreierlei Schlussfolgerungen sichtbar: *Erstens* zeigt sich Resonanzfähigkeit eines Menschen in seinem Erleben von *Betroffenheit*, nicht etwa anhand seiner Funktionsfähigkeit oder formalen Leistungsfähigkeit. Sie führt zu innerem Reichtum – nahezu unabhängig von äußerlichen Umständen. Im Kern ist es das, was auch für erfolgreiche Lernprozesse notwendig ist und angestrebt wird: Angesprochen und betroffen – vielleicht sogar *elektrisiert* – zu sein, sich selbstwirksam und selbstgesteuert zu erleben und über den Flow und das Unplanbare zu staunen.

6.3 Prospektive Lehrerbildung

Ein solches Betroffensein des Lerners setzt allerdings in der Schule und anderen pädagogischen Institutionen *zweitens* eine *gemeinsame Deutungswelt* der Lehrkraft und des Kindes voraus. Dabei impliziert diese nicht die komplementäre und milieuspezifische Deutungshoheit des Lehrers bzw. der Lehrerin, sondern ein von Verständnis getragenes, sensibles Bemühen um Weiterentwicklung der Resonanzachsen des Kindes. Diese wird möglich durch das Anverwandeln von Kultur und Ästhetik, nicht durch die Vermittlung milieuspezifischer Präferenzen oder Distinktionen.

Unweigerlich wird damit eine *dritte Figur* vor dem Hintergrund resonanztheoretischer Untersuchungen sichtbar: Lehrerbildung, die auf schulische Unterstützung sozial benachteiligter Kinder und Jugendlicher vorbereiten will, hat eine klare Haltung zu vermitteln. Wer das lernende Kind wie eine triviale Maschine zum Output führen will, unterschätzt sowohl die Bedeutung emotionaler Befindlichkeiten im schulischen Kontext als auch die Qualität der nicht-bürgerlichen Kultur und maßgeblichen Plausibilitätsstrukturen dort. Die Haltung einer resonanzsensiblen Lehrkraft wurzelt im unbedingten Willen, das Kind zu verstehen.

7
Literatur

Adler, A. (1993): Das Leben gestalten. Vom Umgang mit Sorgenkindern. Frankfurt a. M.
Adler, A. (1996): Individualpsychologie. (Original 1929). 7. Auflage. Frankfurt a. M.
Adorno, T. W. (2010): Probleme der Moralphilosophie. Herausgegeben von Thomas Schröder. Frankfurt a. M.
Adorno, T.W. (1964): Jargon der Eigentlichkeit: Zur deutschen Ideologie. Frankfurt a. M.
Adorno, T.W. (1995): Studien zum autoritären Charakter. 7. Auflage. Frankfurt a. M.
Aye, H., Jensen, D., Schuster, A., Sominka, J. & Thielmann, H. (1991): Handelndes Lernen in der Lehrerbildung. In: Homfeldt, H.G. (Hrsg.): Ausbilden und Fortbilden. Krisen und Perspektiven der Lehrerbildung. Bad Heilbrunn, 123-149.
BAMF (2020): Asylgeschäftsstatistik Juli 2020. In: https://www.bamf.de/SharedDocs/Meldungen/DE/2020/20200805-asylgeschaeftsstatistik-juli.html?nn=284830, 05.08.2020.

7 Literatur

Baron, Ch. (2014): Klasse und Klassismus. Eine kritische Bestandsaufnahme. In: PROKLA. Zeitschrift für kritische Sozialwissenschaft. Bd. 44, Nr. 175, 225–235.

Bauer, T. (2019): Die Vereindeutigung der Welt. Über den Verlust an Mehrdeutigkeit und Vielfalt. Stuttgart.

Beck, S. & Perry, T. (2007): Migranten-Milieus. Erste Erkenntnisse über Lebenswelten und wohnungsmarktspezifische Präferenzen von Personen mit Migrationshintergrund in Deutschland. In: vhw FW 7, 187–195.

Becker, D. & Birkelbach, K. (2013): Lehrer als Gatekeeper? Eine theoriegeleitete Annäherung an Determinanten und Folgen prognostischer Lehrerurteile. In: Becker, R. & Schulze, A. (Hrsg.): Bildungskontexte: Strukturelle Voraussetzungen und Ursachen ungleicher Bildungschancen. Wiesbaden, 207–237.

Beers, S.R. & DeBellis, M.M. (2002): Neuropsychological function in children with maltreatment-related post-traumatic stress disorder. In: American Journal of Psychiatric 159, 483–486.

Behr, J. (2012): Identitätssuche in jugendlichen Subkulturen: Skinheads, Punks und Gothiks. Saarbrücken.

Beljan, J. (2019): Schule als Resonanzraum und Entfremdungszone. Eine neue Perspektive auf Bildung. 2. Auflage. Weinheim.

Berger, P.A. & Kahlert, H. (Hrsg.): Institutionalisierte Ungleichheiten. Wie das Bildungswesen Chancen blockiert. Weinheim.

Berkemeyer, N. (2016): Chancengerechtigkeit: gewollt ungewollt!? In: Jungkamp, B. & John-Ohnesorg. M. (Hrsg.): Soziale Herkunft und Bildungserfolg. Berlin, 25–31.

Bernitzke, F. (2019): Heil- und Sonderpädagogik. 6. Auflage. Köln.

Bernstein, B. (1970): Soziale Struktur, Sozialisation und Sprachverhalten, Aufsätze 1958-1970. Amsterdam.

Bessoth, R. (1994): Lehrerberatung – Lehrerbeurteilung. 4. Auflage. Neuwied.

Brecht, B. (1961): Flüchtlingsgespräche. Berlin, Frankfurt a. M.

BMBF (2020): Bildung auf einen Blick: OECD-Indikatoren. Berlin.

Böhmer, M. & Heimer, A. (2008): BMFSFJ (Hrsg.): Dossier Armutsrisiken von Kindern und Jugendlichen in Deutschland. In: http://www.bmfsfj.de/RedaktionBMFSFJ/Broschuerenstelle/Pdf-Anlagen/Dossier-kinderarmut,property=pdf,bereich=bmfsfj,sprache=de,rwb=true.pdf, 11.08.2012.

Bollnow, O.F. (1959): Existenzphilosophie und Pädagogik. Otto Friedrich Bollnow Schriften Band VIII. Hgg. von Boelhauve, U., Kühne-Bertram, G., Lessing, H.-U. & Rodi, F. (2014). Würzburg.

Bollnow, O.F. (1968): Die pädagogische Atmosphäre. Heidelberg.

Bolte, K.M., Kappe, D. & Neidhardt, F. (1967): Soziale Schichtung der Bundesrepublik Deutschland. In: Bolte, K.M. (Hrsg.): Deutsche Gesellschaft im Wandel. Opladen, 233–351.

7 Literatur

Bourdieu, P. (1982): Der feine Unterschied. Stuttgart.
Bourdieu, P. (1983): Die verborgenen Mechanismen der Macht. Frankfurt a. M.
Bourdieu, P. (2001): Wie die Kultur zum Bauern kommt. Hamburg.
Brewin, C.R., Cloitre, M., Hyland, P., Shevlin, Maercker, A., Bryant, R.A. & Reed, G. M. (2017): A review of current evidence regarding the ICD-11 proposals for diagnosing PTSD and complex PTSD. In: Clinical Psychology Review, 58, 1–15.
Brückl, T. & Binder, E.B. (2017): Folgen früher Traumatisierung aus neurobiologischer Sicht. In: Forensische Psychiatrie, Psychologie, Kriminologie 11, 118–132.
Buber, M. (1986): Das dialogische Prinzip. Gütersloh.
Budde, J. & Rißler, G. (2017a): Die Exklusion aus dem schulischen Anspruch. (Re)Produktionsprozesse sozialer Ungleichheit im Unterricht in der Sekundarstufe I. In: Diehm, I., Kuhn, M. & Machold, C.: Differenz – Ungleichheit – Erziehungswissenschaft. Verhältnisbestimmungen im (Inter-)Disziplinären. Wiesbaden, S. 179–198.
Budde, J. & Rißler, G. (2017b): Praktiken des Ausschlusses aus der schulischen Leistungsordnung. ResearchGate.
Butterwegge, C. (2010): Deprivation und Desintegration – die Schattenseiten des Risikokapitalismus: Arbeitslosigkeit, Armut und soziale Ausgrenzung im Zeichen der Globalisierung. In: Weiß, H., Stinkes, U. & Fries, A. (Hrsg.): Prüfstand der Gesellschaft: Behinderung und Benachteiligung als soziale Herausforderung. Würzburg, 9–32.
Carlsburg, G.-B. von & Heyder, S. (2005): Der »gute« Lehrer: Impressionen zur Lehrerpersönlichkeit als tragender Determinante der Lehrer-Schüler-Beziehung. Eine Alltags-Studie. In: Carlsburg, G.-B. von & Heitger, M. (Hrsg.): Der Lehrer – ein (un)möglicher Beruf. Frankfurt a. M., 153–170.
Carrey, N.J., Butter, H.J., Pesinger, M.A. & Bialik, R.J. (1995): Physiological and cognitive correlates of child abuse. In: Journal of American Academic Cild Adolesc Psychiatry 34, 1067–1075.
Caselmann, C. (1953): Wesensformen des Lehrers. Stuttgart.
Chassé, K.A. (2010): Die im Dunkeln sieht man nicht – Kinderarmut als wachsendes gesellschaftliches Problem. In: Weiß, H., Stinkes, U., Fries, A. (Hrsg.): Prüfstand der Gesellschaft: Behinderung und Benachteiligung als soziale Herausforderung. Würzburg, 33–63.
Cramer, F. (1998): Symphonie des Lebendigen: Versuch einer allgemeinen Resonanztheorie. Frankfurt a.M.
Dahrendorf, R. (1964): Arbeiterkinder an unseren Universitäten. In: http://www.zeit.de/1964/26/arbeiterkinder-an-unseren-universitaeten/seite-1, 27.01.2021.
Dahrendorf, R. (1965): Die Gesellschaft und Demokratie in Deutschland. München.

Delle Fave, A. (2020): Journal of Happiness Studies. An Interdisciplinary Forum on Subjective Well-Being. Wiesbaden.
DELTA (2020): Delta-Institut für Sozial- und Ökologieforschung. In: http://www.delta-sozialforschung.de/delta-milieus/delta-milieus/delta-milieusr/, 27.01.2021.
DESTATIS (2020): Statistisches Bundesamt: Wirtschaftsrechnungen Fachserie 15 Reihe 3. Bonn.
DESTATIS (2021): Behinderte Menschen. In: https://www.destatis.de/DE/Themen/Gesellschaft-Umwelt/Gesundheit/Behinderte-Menschen/_inhalt.html, 27.01.2021.
Diehm, I. & Radtke, F.-O. (1999): Erziehung und Migration: Eine Einführung. Stuttgart.
DIMDI (2004): Deutsches Institut für medizinische Information und Dokumentation: Internationale Klassifikation der Funktionsfähigkeit, Behinderung und Gesundheit (Original WHO 2001). Köln.
Diouani-Streek, M. (2011): Perspektivplanung von Pflegeverhältnissen (§ § 32, 37 SGB VIII): Onlinestudie in deutschen Jugendämtern. In: Zeitschrift für Sozialpädagogik 2, 115–142.
DIPF (2020a): Autorengruppe Bildungsberichterstattung: Bildung in Deutschland 2020: Ein indikatorengestützter Bericht mit einer Analyse zu Bildung in einer digitalisierten Welt. Bielefeld.
DIPF (2020b): Autorengruppe Bildungsberichterstattung: Bildung in Deutschland kompakt 2020. Bielefeld.
Ditton, H. (2008): Der Beitrag von Schule und Lehrern zur Reproduktion von Bildungsungleichheit. In: Becker, R. & Lauterbach, W. (Hrsg.): Bildung als Privileg. Erklärungen und Befunde zu den Ursachen der Bildungsungleichheit. Wiesbaden, 247–275.
Eggenberger, E. (1998): Grundlagen und Aspekte einer pädagogischen Institutionstheorie. Die Bedeutung der Intuition für das Ausüben pädagogischer Tätigkeit. Bern.
El-Mafaalani, A. (2012): BildungsaufsteigerInnen aus benachteiligten Milieus. Habitustransformationen und soziale Mobilität bei Einheimischen und Türkeistämmigen. Wiesbaden.
El-Mafaalani, A. (2020a): Das Integrationsparadox. Warum gelungene Integration zu mehr Konflikten führt. Aktualisierte und erweiterte Neuausgabe. Köln.
El-Mafaalani, A. (2020b): Mythos Bildung: Die ungerechte Gesellschaft, ihr Bildungssystem und seine Zukunft. Köln.
Ellinger, S. (2013a): Förderung bei sozialer Benachteiligung. Stuttgart.

7 Literatur

Ellinger, S. (2013b): Form und Inhalt: Soziologische Implikationen für pädagogisches Bewusstsein. In: Braune-Krickau, T., Ellinger, S. & Sperzel, C.: Handbuch Kulturpädagogik für benachteiligte Jugendliche. Weinheim, Basel, 239–252.

Ellinger, S. (2013c): Benachteiligende Lebenssituationen. In: Braune-Krickau, T., Ellinger, S. & Sperzel, C.: Handbuch Kulturpädagogik für benachteiligte Jugendliche. Weinheim, Basel, 61–90.

Ellinger, S. (2016): Ökonomisierung + Inklusion = Evidenzbasierte Pädagogik? In: Ders. et al.: Evidenzbasierte Pädagogik. Stuttgart, 100–128.

Ellinger, S. & Brunner, J. (2015): Alp-Traumlehrer: Von flüchtigen Fledermäusen und multikulturellen Frohnaturen. Studierende erinnern sich. Theilheim b. Würzburg.

Ellinger, S. & Hechler, O. (2021): Entwicklungspädagogik. Erzieherisches Sehen, Denken und Handeln im Lebenslauf. Stuttgart.

Fegert, J.M., Plener, P.L. & Kölch, M. (2015): Traumatisierung von Flüchtlingskindern - Häufigkeiten, Folgen und Interventionen. In: Recht der Jugend und des Bildungswesens Jg. 63, 2015, Nr. 4, 380–389.

Felten, M. (2020): Unterricht ist Beziehungssache. Stuttgart.

Fuhs, B. (2014): Der Zauber der Dinge in der Kindheit. Materielle Kinderkultur im Kontext von Sach- und Erinnerungsforschung. In: Schachtner, Ch.: Kinder und Dinge. Dingwelten zwischen Kinderzimmer und FabLabs. Bielefeld, 63–88.

Gag, M. (2018): Transparenz – Partizipation – Parteilichkeit – Bildungsbegleitung und Schulsozialarbeit für junge Geflüchtete. In: Ders. (Hrsg.): Geflüchtete in der Schule. Stuttgart, 155–181.

Geißler, H. (2009): Hartz IV – der große Betrug. Zu Gast bei Maischberger. In: https://www.youtube.com/watch?v=zNPlDA27gno, 27.01.2021.

Geißler, R. (2008a): Die Sozialstruktur Deutschlands. 5. Auflage. Wiesbaden.

Geißler, R. (2008b): Die Metamorphose der Arbeitertochter zum Migrantensohn. Zum Wandel der Chancenstruktur im Bildungssystem nach Schicht, Geschlecht, Ethnie und deren Verknüpfungen. In: Berger, P.A. & Kahlert, H. (Hrsg.): Institutionalisierte Ungleichheiten. Wie das Bildungswesen Chancen blockiert. Weinheim, 71–100.

Geißler, R. (2011): Die Sozialstruktur Deutschlands. 6. Auflage. Wiesbaden.

Gogolin, I. & Krüger-Potratz, M. (2006): Einführung in die interkulturelle Pädagogik. Weinheim.

Goffman, E. (1990): Stigma. Über Techniken der Bewältigung beschädigter Identität. 9. Auflage. Frankfurt a. M.

Gomolla, M. & Radtke, F.-O. (2002): Institutionelle Diskriminierung. Die Herstellung ethnischer Differenz in der Schule. Opladen.

Gruschka, A. (1994): Bürgerliche Kälte und Pädagogik. Moral in Gesellschaft und Erziehung. Wetzlar.

Gruschka, A. (2011): Verstehen lehren: Ein Plädoyer für guten Unterricht. Stuttgart.

Gruschka, A., Pollmanns, M. & Leser, C. (2021): Bürgerliche Kälte und Pädagogik. Zur Ontogenese des moralischen Urteils. Opladen, Berlin, Toronto.

Hansen, K. P. (2000): Kultur und Kulturwissenschaft. Eine Einführung. 2. Auflage. Tübingen, Basel.

Hartz, P. (2007): Hartz 4 – der große Betrug. In: http://www.youtube.com/watch?v=zNPlDA27gno&feature=related, 08.08.2012.

Hechler, O. (2016): Evidenzbasierte Pädagogik – Von der verlorenen Kunst des Erziehens. In: Ders. et al.: Evidenzbasierte Pädagogik. Stuttgart, 42–83.

Hechler, O. (2018): Feinfühlig unterrichten. Stuttgart.

Herbart, J.F. (1802): Die ersten Vorlesungen über Pädagogik. In: Asmus, W. (Hrsg.): Herbart – kleinere pädagogische Schriften (1964). Düsseldorf, 121–143.

Hiller, G.G. (1989): Ausbruch aus dem Bildungskeller. Pädagogische Provokationen. Langenau-Ulm.

Hiller, G.G. (1990): Zur Alphabetisierung benachteiligter Kinder. In Hiller, Kautter: Chancen stiften. Langenau-Ulm.

Hiller, G.G. (2015): Unfähig zu inklusivem Deutschunterricht. In: Sonderpädagogische Förderung heute, 423–438

Hiller, G.G. (2018): Soziale Benachteiligung und Schulerfolg Anregungen zum kritischen Umgang mit einem folgenlosen Narrativ. Unveröffentlichtes Manuskript zum öffentlichen Vortrag an der Universität Würzburg am 14. September 2018.

Hiller, G.G. (2019): Auch Rasin muss diesen Anforderungen genügen. In: Behinderte Menschen 4/5, 4–5.

Hiller, G.G. & Mater, D. (2018): Nur Sprache und Berufsschulunterricht? Was brauchen unbegleitete, minderjährige Flüchtlinge wirklich? In: Schroeder, J. (Hrsg.): Geflüchtete in der Schule. Stuttgart, 37–57.

Hoffmann, I. (2016): Begabung und Intelligenz als Konstrukte zur Legitimierung sozialer Ungleichheit. In: Jungkamp, B. & John-Ohnesorg. M. (Hrsg.): Soziale Herkunft und Bildungserfolg. Berlin, 35–39.

Hradil, S. (2001): Soziale Ungleichheit in Deutschland. 8. Auflage. Opladen.

Hübinger, W. (1996): Prekärer Wohlstand. Freiburg i. Br.

Hülshoff, T. (2015): Medizinische Grundlagen der Heilpädagogik. 3. Auflage. München.

Illich, I. (2017): Entschulung der Gesellschaft. 7. Auflage. München.

7 Literatur

Jünger, R. (2011): Der schulbezogene Habitus von privilegierten und nichtprivilegierten Kindern im Vergleich – und einige Folgerungen für die Praxis. In: Erler I., Laimbauer V. & Sertl M.: Wie Bourdieu in die Schule kommt. Analysen zu Ungleichheit und Herrschaft im Bildungswesen. Innsbruck, Wien, Bozen, 88–102.

Jungkamp, B. & John-Ohnesorg M. (2016): Soziale Herkunft und Bildungserfolg. Berlin.

Kindler, H., Lillig, S., Blüml, H., Meysen, T. & Werner, A. (2006) (Hrsg.): Handbuch Kindeswohlgefährdung nach § 1666 BGB und Allgemeiner Sozialer Dienst (ASD). München.

Kleinhenz, L. (2019): Benachteiligung und Resonanz.: Schule als selektiv resonanzverhindernde Institution der Bildungsungerechtigkeit. In: Spuren 3, 34–39.

Klemm, K. (2016): Soziale Herkunft und Bildung im Spiegel neuerer Studien. In: Jungkamp, B. & John-Ohnesorg. M. (Hrsg.): Soziale Herkunft und Bildungserfolg. Berlin,17–22.

Kobi, E.E. (2004): Grundfragen der Heilpädagogik. 6., bearbeitete und ergänzte Auflage. Berlin.

Koch, K. (2007): Soziokulturelle Benachteiligung. In: Walter, J. & Wember, F.B. (Hrsg.): Sonderpädagogik des Lernens. Göttingen, 104–116.

Kracke, N., Middendorff, E. & Buck, D. (2018): Beteiligung an Hochschulbildung, Chancen(un)gleichheit in Deutschland. DZHW Brief 3/2018. Hannover.

Kühnel, J. (1920): Gedanken über Lehrerbildung. Eine Gegenschrift. Leipzig.

Liessmann, K.P. (2016): Geisterstunde: Die Praxis der Unbildung. München.

Loch, W. (1991): Was muss man können, um ein guter Lehrer zu sein? Eine Grundfrage der Lehrerbildung. In: Homfeldt, H.G. (Hrsg.): Ausbilden und Fortbilden. Krisen und Perspektiven der Lehrerbildung. Bad Heilbrunn, 96–122.

Luhmann, N. (1988): Ökologische Kommunikation. Kann die moderne Gesellschaft sich auf ökologische Gefährdungen einstellen? Opladen.

Merton, R. K. (1948): The self-fulfilling prophecy. In: The Antioch Review, 8, 193–210.

Micus-Loos, C. (2012): Anerkennung des Anderen als Herausforderung in Bildungsprozessen. In: Zeitschrift für Pädagogik 3, 302–320.

Möckel, A. (2019a): Pädagogisches Heilen bei Sozialen Benachteiligungen. In: Behinderte Menschen 4/5, 37–42.

Möckel, A. (2019b): Das Paradigma der Heilpädagogik. Würzburg.

Moor, P. (1960): Heilpädagogische Psychologie. Band 1. Bern.

Moor, P. (1965): Heilpädagogik. Ein pädagogisches Lehrbuch. Bern.

Müller, T. (2008): Innere Armut: Kinder und Jugendliche zwischen Mangel und Überfluss. Wiesbaden.
Müller, T. (2013): Äußere und innere Armut. In: Braune-Krickau, T. et. al. (Hrsg.): Handbuch Kulturpädagogik für benachteiligte Jugendlich. Weinheim, 91–112.
Musil, R. (2012): Die Verwirrungen des Zöglings Törleß. Hamburg.
Muth, J. (1967): Monographie einer aktuellen Form erzieherischen und didaktischen Handelns. 2. Auflage. Heidelberg.
Nietzsche, F. (1980): Also sprach Zarathustra. Ein Buch für Alle und Keinen. Sämtliche Werke. Kritische Studienausgabe Band 4. Berlin/New York.
OECD (2018): A Broken Elevatory? How to Promote Social Mobility. Paris.
OECD (2020): Education at a Glance. Paris. In: https://doi.org/10.1787/69096873-en, 08.01.2020.
Ottomeyer, K. (2011): Die Behandlung der Opfer: Über unseren Umgang mit dem Trauma der Flüchtlinge und Verfolgten. Stuttgart.
Petzelt, A. (1946): Grundzüge systematischer Pädagogik. 2018 neu herausgegeben von Thomas Mikhail und Jörg Ruhloff. Freiburg i. Br.
PGV (2019): Der Paritätische Gesamtverband: 30 Jahre Mauerfall: Ein viergeteiltes Deutschland. Der Paritätische Armutsbericht 2019. Berlin
PISA (2018): Programme for International Student Assessment. OECD.
Posener, A. (2012): Kinder sind keine Tyrannen, sie werden dazu gemacht. Welt online, 15.08.2012. In: https://www.welt.de/kultur/article108616885/Kinder-sind-keine-Tyrannen-sie-werden-dazu-gemacht.html, 15.03.2021
Prantl, H. (2005): Kein schöner Land: Die Zerstörung der sozialen Gerechtigkeit. München.
Preuß, O. (1970): Soziale Herkunft und die Ungleichheit der Bildungschancen. Weinheim.
Putman, F.W. (1997): Dissociation in child and adolescents. New York.
Rancière, J. (2002): Das Unvernehmen. Politik und Philosophie. Frankfurt am Main.
Rancière, J. (2007): Der unwissende Lehrmeister. Fünf Lektionen über die intellektuelle Emanzipation. Wien.
Rancière, J. (2009): Der unwissende Lehrmeister. Fünf Lektionen über die intellektuelle Emanzipation. 2. überarbeitete Auflage. Wien.
Rancière, J. (2010): Der Philosoph und seine Armen. Wien.
Reble, A. (1958): Lehrerbildung in Deutschland. Ratingen.
Rister, A. (2003): Pressemitteilung von terres de hommes vom 16.10.2003. In: http://www.lebenshaus-alb.de/magazin/001943.html#axzz24NaXR4ps, 24.08.2012.
Rosa, H. (2016): Resonanz. Eine Soziologie der Weltbeziehung. Dritte Auflage. Berlin.

7 Literatur

Rosa, H. & Endres, W. (2016b): Resonanzpädagogik. Wenn es im Klassenzimmer knistert. Weinheim, Basel.
Rosa, H. (2017): Für eine affirmative Revolution. Eine Antwort auf meine Kritiker_innen. In: Peters, Schulz: Resonanzen und Dissonanzen. Hartmut Rosas kritische Theorie in der Diskussion. Bielefeld, 311–330.
Rosa, H., Buhren, Claus G. & Endres, Wolfgang (2018): Resonanzpädagogik und Schulleitung. Neue Impulse für die Schulentwicklung. Weinheim, Basel.
Rosa, H. (2019): Unverfügbarkeit. Wien, Salzburg.
Rosenberg, F. v. (2008): Habitus und Distinktion in Peergroups. Ein Beispiel zur rekonstruktiven Schul- und Jugendkulturforschung. Berlin.
Rumpf, H. (1991): Didaktische Interpretationen. Weinheim.
Sacher, W. (1980): Muss der Lehrer eine Persönlichkeit sein? Personale Existenz als Qualifikationszentrum im Lehrberuf. In: Göschel, H. (Hrsg.): Die Bedeutung der Lehrerpersönlichkeit für Erziehung und Unterricht. München, 36–49.
Salgo, L. (1987): Pflegekindschaft und Staatsintervention. Darmstadt.
Salgo, L. (2009): Verbleib oder Rückkehr? – aus jugendrechtlicher Sicht. In: Stiftung zum Wohle des Pflegekindes (Hrsg.): 4. Jahrbuch des Kinderpflegewesens. Idstein, 43–71.
Salgo, L. & Zenz, G. (2010): Kontinuitätssichernde Strukturen und Verfahren im Pflegekinderwesen. Rechts- und sozialpolitische Forderungen. In: Frühe Kindheit 13, 26–28.
Sartre, J.-P. (2019): Das Sein und das Nichts. Versuch einer phänomenologischen Ontologie. 21. Auflage. Reinbeck bei Hamburg.
Schifferdecker, L., Gärtner, C., Abilgaard, P. & Schifferdecker, M. (2016). Traumatisierte Patienten in der stationären psychiatrisch-psychotherapeutischen Versorgung. Die Belastungssymptomatik als Ausdruck traumatischer Erfahrungen. In: Trauma & Gewalt, 10 (1), 2–13.
Schroeder, J. (2007): Recht auf Bildung – auch für Flüchtlinge. Aktuelle Regelungen, konzeptionelle Überlegungen und bildungspolitische Folgerungen. In: Die Deutsche Schule 2, 231–249.
Schroeder, J. (2018): Annäherung an Lebenslagen und Biografien junger Geflüchteter – eine unabdingbare Voraussetzung für eine pädagogische Kommunikation »auf Augenhöhe«. In: Ders. (Hrsg.): Geflüchtete in der Schule. Stuttgart, 13–36.
Schroeder, J. & Seukwa, L.H. (2007): Flucht – Bildung – Arbeit. Fallstudien zur beruflichen Qualifizierung von Flüchtlingen. Karlsruhe.
Schulze, G. (2005): Die Erlebnisgesellschaft. Kultursoziologie der Gegenwart. 2. Auflage. Frankfurt a. M.

Schumacher, E.E. (1977): Die Rückkehr zum menschlichen Maß. Alternativen für Wirtschaft und Technik. Reinbek b. Hamburg.

Simon, I. (2009): Ergebnisse aus der Traumaforschung. In: Ellinger, S. et al. (Hrsg.): Ganztagsschule für traumatisierte Kinder und Jugendliche. Oberhausen, 40–68.

Simons, M. & Masschelein, J. (2016): Gouvernementale, politische und pädagogische Subjektivierung: Foucault mit Rancière. In: Casale, R. u. a.: Das Pädagogische und das Politische. Paderborn, 165–186.

Sinus (2010): Pressearchiv. In: http://www.sinus-institut.de/presse/pressearchiv/pyear/2010.html, 11.08.2012.

Speck, O. (1996): Erziehung und Achtung vor dem Anderen. Zur moralischen Dimension der Erziehung. München.

Sternfeld, N. (2009): Das pädagogische Unverhältnis. Lehren und lernen bei Rancière, Gramsci und Foucault. Wien.

Streeck-Fischer, A. (2006): Trauma und Entwicklung. Stuttgart.

Sturm, T. (2016): Lehrbuch Heterogenität in der Schule. München.

Tenorth, H.-E. (1986): Lehrerberuf s. Dilettantismus. Wie die Lehrprofession ihr Geschäft verstand. In: Luhmann, N. & Schorr, K.-E. (Hrsg.): Zwischen Intransparenz und Verstehen. Frankfurt a.M., 275–322.

Thiel, J. (2020): Kein Pausenbrot, keine Kindheit, keine Chance. Wie sich Armut in Deutschland anfühlt und was sich ändern muss. München.

Tiefensee, A. & Grabka, M.M. (2021): Das Erbvolumen in Deutschland dürfte um gut ein Viertel größer sein als bisher angenommen. In: https://www.diw.de/documents/publikationen/73/diw_01.c.560982.de/17-27-3.pdf, 27.01.2021.

TIMMS (2019): Trends in International Mathematics and Science Study. Wissenschaftliche Leitung Prof. Dr. Knut Schwippert, Universität Hamburg.

Twardella, J. (2008): Pädagogischer Pessimismus. Eine Fallstudie zu einem Syndrom der Unterrichtskultur an deutschen Schulen. Frankfurt a. M.

Twitter (2015): Ich bin fast 18. In: Naina@nainablabla Tweet, 10.Januar 2015.

Ueltzhöffer, J. & Faig, B. (1992): Spuren der Gemeinsamkeit? Soziale Milieus in Ost- und Westdeutschland. In: Weidenfeld, W. (Hrsg.): Deutschland, Eine Nation – doppelte Geschichte. Köln, 61–81.

Waldenfels, B. (2016): Grundmotive einer Phänomenologie des Fremden. 5. Auflage. Frankfurt am Main.

Walther, P. (2009): Förderung bindungsunsicherer Schülerinnen und Schüler an Ganztagsschulen. In: Zeitschrift für Heilpädagogik 12, 496–503.

Weintritt, V. (2020): Resonanzförderung durch Kulturpädagogik – Die pädagogische Bedeutung des außerschulischen Lernorts ›Schoko‹ für das Unterrichten lernbeeinträchtigter Schülerinnen und Schüler. Unveröffentlichte Wissenschaftliche Hausarbeit. Würzburg.

7 Literatur

Wellgraf, S. (2018): Schule der Gefühle. Zur emotionalen Erfahrung von Minderwertigkeit in neoliberalen Zeiten. Bielefeld.
Wetzel, D. (2017): Resonanz in der Soziologie: Positionen, Kritik und Forschungsdesiderata. In: Breyer et. al.: Resonanz – Rhythmus – Synchronisierung. Interaktionen in Alltag, Therapie, Kunst. Bielefeld, 47–64.
Wildin, S.R., Williamson, W.D. & Wilson, G.S. (1991): Children of battered women: Developmental and learning profiles. In: Clinical Pediatrics 30, 299–304
Wimmer, M. (2014): Pädagogik als Wissenschaft des Unmöglichen. Bildungsphilosophische Interventionen. Paderborn.
Wippermann, C. (2011): Milieus in Bewegung. Würzburg.
Yang, B. & Clum, G.A. (2000): Childhood stress leads to later suicidality via its effects on cognitive functioning. In: Suicid Life Threat Behavior 30, 183–198.
Zimmermann, D. (2017): Traumatisierte Kinder und Jugendliche im Unterricht: Ein Praxisleitfaden für Lehrerinnen und Lehrer. Weinheim.